L'HORIZON DES POSSIBLES

KARINE JOLY

Sous la direction de Frédéric Veille

City
Témoignage

Retrouvez tous les titres City Editions :

www.city-editions.com

Photo de couverture : D.R.
Photo de 4e de couverture : © Ewan Cowie
ISBN : 978-2-8246-2763-2
Code Hachette : 30 5602 2
Collection dirigée par Christian English et Frédéric Thibaud
Catalogues et manuscrits : city-editions.com

Dépôt légal : Octobre 2024

Sommaire

Préface

Quel parcours ! Karine, parachutiste hors norme et aventurière sans limites, nous donne ici une belle leçon de vie. Ses mots décrivant les sensations et émotions vécues dans la découverte de ce sport extraterrestre vous saisissent. Un sport, aux valeurs essentielles, qui forgent le caractère et vous préparent à toute épreuve : l'audace, l'engagement, le dépassement de soi, la camaraderie, la rigueur, la précision des gestes… que l'on retrouve aussi dans le pilotage, la plongée, l'escalade, et quelques autres disciplines exigeantes. Sauf qu'ici, en chute libre, vous n'avez que votre corps et votre mental pour évoluer en trois dimensions et produire une œuvre artistique dans le ciel. Aucun appareillage quelconque ne vient conforter l'être humain dans le contrôle de son vol. Bien sûr, le parachute est là, plié dans le dos, mais seulement pour la phase suivante du saut. Comme l'oiseau qui quitte le nid et apprend à voler, Karine a déployé ses ailes de plus en plus performantes sous tous les cieux de la planète, dépassant les capacités acrobatiques du volatile.

Dès notre première rencontre au pied du Centre national d'études spatiales, je comprends que cette championne n'a pas attendu les années pour découvrir le monde, sur terre comme dans les airs. Évidemment, la conversation embraye très vite sur notre sport préféré et son lot d'anecdotes. Très impressionné par son palmarès et son titre de championne du monde, je la questionne sur ce parcours perché au sommet depuis une dizaine d'années, et sur son rôle d'ambassadrice du sport.

Dans cette autobiographie, Karine nous transporte sur tous les continents, à la découverte de DZ (*drop zones* – centres de saut, en français) parfois improbables. Alors étudiante, elle choisit ses destinations de vacances en fonction des DZ existantes dans les parages. Idem pour sa première installation professionnelle au Brésil. On admire cette énergie débordante et on s'attache à ces amitiés spontanées qui se multiplient à son contact. Karine suit son étoile et rencontre Greg, son âme sœur et presque jumeau, à quatre jours près, qui deviendra son compagnon de vie, de compétitions victorieuses et de projets professionnels. Karine et Greg sont des artistes, qui transforment chaque chute libre en œuvre d'art. Ils ont dépassé la dimension sportive. Ils sont devenus patineurs artistiques du ciel, sans patins ni gravité, en duo, grâce à la parfaite maîtrise du corps jusqu'au bout des doigts.

J'ai toujours été convaincu que le parachutisme avait joué un rôle majeur dans ma sélection d'astronaute. Comme pour Karine, il a été une véritable école de vie avec ses joies et ses difficultés. Même si le pilotage et la plongée m'ont beaucoup apporté, je reconnais que la chute libre demeure pour moi l'expérience sportive, physique et psychologique, la plus intense vécue préalablement à mes missions spatiales. La lecture de ce livre me confirme dans ce ressenti. Je me dis que si le cosmos ne m'avait pas aspiré très jeune, j'aurais aimé que mon parcours ressemble à celui raconté dans ces pages.

Cette histoire vraie, sincère, écrite avec le cœur, ne laisse pas indifférent. J'espère qu'elle inspirera et motivera le plus grand nombre de lecteurs à se « lancer » au sens propre comme au sens figuré, guidés par une envie de liberté et de gagner.

Merci, Karine, pour ce partage et cet enseignement.

Jean-François Clervoy
Astronaute français,
ayant 3 missions spatiales
de la NASA à son actif.
Fondateur de AirZeroG.

1

Étincelle

Le moteur rugit, ça sent fort le carburant. L'hélice tourne si vite qu'elle en devient transparente. Je m'approche de cette bête bruyante, mon cœur palpite. Un pied sur le bord de la porte, une main sur la poignée extérieure, je me hisse dans le petit avion, suivie de neuf autres personnes. On est serrés comme des sardines. Me voilà à califourchon sur un petit banc, écrasée contre mon moniteur... de chute libre !

Je sens mon cœur battre. J'ai hâte de découvrir ce qui m'attend. La porte coulissante se referme, les dés sont jetés.

Je m'appelle Karine Joly. Je suis née à Lyon et l'une de mes premières phrases a été : « Moi, toute seule ! »

Artiste dans l'âme, je passe mon enfance à dessiner. Tête en l'air, j'observe, je pense, je rêve. Emprise de liberté, je n'aime pas rentrer dans le rang ni m'asseoir sagement.

À l'école, j'avance dans ce circuit forcé en n'ayant qu'une hâte : partir au ski, en balade ou en voyage !

Mes parents offrent à notre fratrie le plus beau des cadeaux : un foyer où l'on se sent aimé, écouté et respecté. Chacun a sa personnalité. David, de trois ans mon aîné, essuie les bancs d'école pour moi et laisse une réputation plutôt indisciplinée… Très social et *leader*, il fait rire la galerie et revient tous les soirs avec de nombreuses anecdotes. Quant à moi, je suis plus réservée, dans mon monde, et m'exprime à travers mes peintures et mes dessins.

Loin d'être enfermés, mes parents nous ont donné le goût de l'aventure en nous emmenant chaque été en voyage hors des sentiers battus. Le Maroc en voiture à l'âge de huit ans, le Mexique et ses pyramides, la Turquie et sa Cappadoce insolite. Chaque visite est une véritable exploration. Les langues et les cultures différentes aiguisent notre curiosité, les paysages surprenants et magnifiques éblouissent nos rétines. Les routes sont *rock'n roll*, truffées de nids de poule, les hébergements n'ont pas tous l'eau chaude ni l'eau claire d'ailleurs… Je n'ai pas la maturité nécessaire pour analyser ce que nous vivons, mais suffisamment pour comprendre la chance d'avoir tout ce confort chez moi !

Ma mère, orthophoniste, adore découvrir les peuples autochtones et raffole des marchés locaux. Mon père, médecin, se ressource grâce au contraste avec son quotidien. Véritable bouffée d'air pour tout le monde, nous partageons nos impressions et sillonnons les sentiers pour remplir nos yeux et nos cœurs de souvenirs.

Grand skieur, mon père nous a formés, mon frère et moi, dès l'âge de trois ans. La glisse et la vitesse dans la peau, je grandis dans l'euphorie du sport d'hiver. Qu'il pleuve, qu'il vente ou qu'il neige, rien ne saurait nous empêcher de skier !

Je profite des télésièges pour admirer la vue d'en haut. Flotter au-dessus des sapins enneigés est atypique, et j'adore ça ! Ce paysage de montagne aux multiples visages est majestueux. Lorsque la mer de nuages cache la vallée, je me sens dans un autre monde. Et lorsque le soleil couchant illumine les flancs enneigés, c'est toute une poésie fantastique qui s'offre à moi.

Vitesse, hauteur et exploration font déjà partie de mon ADN. Curieuse, j'aime découvrir et partir à l'aventure. Entre deux escapades, je voyage dans mes dessins, dans l'univers qui se révèle sous mes pastels secs.

Le collège et le lycée se passent dans un établissement public, vivement la suite ! Bac littéraire en poche, je m'apprête à partir en études d'architecture d'intérieur où je pourrai enfin laisser libre cours à ma créativité, j'ai hâte !

16 juin 1999 — Lyon — 7 heures : surexcitée !

Aujourd'hui, j'ai dix-huit ans. Surprise ! Mes parents me sortent du lit pour m'embarquer dans la voiture, vers une destination inconnue. Après quarante-cinq minutes de route, nous nous arrêtons sur un parking d'aérodrome où se trouve le reste de ma famille. Je comprends que je vais sauter en parachute !

Fan de sensations fortes, les battements de mon cœur s'accélèrent à mesure que j'approche du hangar. Qui n'a jamais souhaité pouvoir voler, toucher les nuages ? Là, j'ai l'occasion de réaliser ces rêves d'enfant.

Pour cela, je dois faire confiance à un moniteur que je ne connais pas, au matériel que je vais porter, au pilote et à son avion. Difficile de ne pas penser à toutes ces histoires que l'on entend sur le parachutisme !

On m'enfile un harnais. J'écoute le *briefing* comme je peux, car la pression mêlée à l'euphorie me plonge dans un état second. Je n'en reviens pas, je vais sauter !

Le moniteur me guide vers l'avion.

Je lance un dernier regard à ma famille. Comme dans les films, je l'accompagne de grands signes d'adieux.

Ni eux ni moi n'en avons encore conscience, mais la personne qu'ils retrouveront lorsque je serai redescendue sur terre ne sera plus jamais la même.

Le PC6 Porter nous attend. Compact, avec une porte latérale coulissante, ce petit avion a l'air puissant et produit un sacré boucan ! Mon moniteur grimpe, je me hisse dans l'habitacle, suivie de neuf autres parachutistes. L'espace est optimisé. Nous sommes serrés les uns contre les autres, solidaires, au sens propre du terme.

L'avion s'élance-sur la piste, accélère en rugissant un peu plus, et décolle vers l'aventure !

Rapidement, nous prenons de plus en plus de hauteur et l'excitation monte autant que ma nervosité. Il s'agit d'un mélange d'euphorie et de tension qui, dans cet habitacle précaire et bruyant, crée une atmosphère spéciale, intense.

Je dois faire confiance et débranche mon cerveau pour ne pas capter « radio panique ». Je porte alors mon regard vers l'extérieur et observe le paysage, histoire de focaliser mon attention. Mais, sur les montres-altimètres, je vois l'aiguille continuer sa course folle vers le haut. Ma respiration raccourcit, je ressens des papillons dans le ventre.

Puis en un instant, ça s'agite autour de moi. Les autres parachutistes entament un dernier *check* de leur matériel : vérification des sangles et des poignées. Et dans un geste de fraternité, qui annonce une action imminente, tout le monde se tape la main et le poing.

Mon moniteur commence à remuer dans mon dos. Une montée d'adrénaline s'empare de mon corps. Il serre fort les sangles, qui nous relient, très fort même ! Mise en place des lunettes, fermeture des casques... la porte s'entrouvre et l'air s'engouffre d'un coup dans la carlingue. *OK ! Serre les sangles à fond !*

Le bruit du moteur, mêlé à celui du vent, met tous mes sens en alerte.

Rester focus. Ah oui ! Je dois mettre les mains au harnais. D'un coup, ceux qui étaient assis disparaissent instantanément, comme happés par l'air. Puis un autre groupe se jette dans le vide, c'est complètement dingue à voir !

La peur me pique alors comme une pointe acérée, mais l'exaltation prend le dessus.

Mon moniteur nous installe à la porte. Assise sur ses genoux, j'ai le vent en pleine figure et les jambes dans le « vide » ! Ventre serré et cœur en *stand by*, chaque seconde semble une éternité.

Ça va partir, ça va partir, ça va... tout d'un coup, le décor bouge dans tous les sens, je ressens une accélération, puis tout se stabilise. Je relève la tête pour découvrir le *cameraman* en face de moi qui me fait des grimaces.

Je n'ai pas l'impression de tomber comme on peut le ressentir lorsque l'on saute d'un haut plongeoir ou d'un grand rocher. Non ! J'ai la sensation d'être sur un coussin d'air bien stable. Je sens la vitesse du vent qui s'écoule sur mon visage, sa puissance qui m'enveloppe. Il rentre aussi dans mes narines, le flux est fort. *C'est bizarre ! J'ai l'impression de ne pas réussir à respirer… ah si ! C'est bon.*

Bien que nous descendions à 200 km/h, je n'ai pas le ventre « soulevé » comme dans une descente de grand huit. Concentrée sur cette nouvelle impression, je sens la vitesse et ce matelas d'air, complètement palpable.

Le *cameraman* me fait l'effet d'un miroir : je réalise que nos corps « flottent » dans l'air. C'est incroyable, grandiose !

Soudain, brusque décélération… la voile se déploie. Sacré contraste ! Je n'entends plus le bruit de la chute libre, tout est calme, juste un petit sifflement de brise.

Mon corps commence à peine à se détendre quand d'un coup, comme désolidarisée de mon moniteur, je tombe. Montée de panique… *mais qu'est-ce qu'il fait ? Ouf, c'est bon !* Je suis encore accrochée, il a juste relâché un peu le serrage.

Subjuguée par ce que je viens de vivre, je regarde en bas. Nous sommes à mille et quelques mètres du sol, je vois tout l'agencement du paysage. J'adore ce point de vue inhabituel !

Après quelques virages, mon moniteur me passe les commandes. En tirant fort sur l'une des deux poignées jaunes, je nous fais plonger sur le côté : plusieurs manèges en un, c'est génial !

Malheureusement, l'instant magique va bientôt cesser. Le sol se rapproche. Il y a quelques minutes, il n'était que contours, mais, là, j'aperçois tous les détails.

Je lève les jambes et l'atterrissage se fait en douceur. Nous nous posons dans un cercle constitué de graviers servant d'amorti. Toute ma famille est là.

Le moniteur me décroche et je le remercie de nous avoir sauvé la vie. Je cours alors vers les miens pour les prendre dans mes bras. J'ai survécu ! J'ai survécu, mais surtout, j'ai découvert un monde extraordinaire d'une intensité folle, une sensation de liberté inégalée ! C'est le coup de foudre ! Ma seule envie, là tout de suite, c'est de remonter pour un tour !

— J'ai trouvé ce que je veux faire dans la vie !

Mes parents, surpris, me répondent gentiment :

— Poursuis tes études et tu feras ce que tu veux après !

Je m'attendais un peu à cette réponse. Eh oui ! Je n'ai que dix-huit ans et une école d'architecture d'intérieur m'attend à Paris. Ils ont certainement raison ! Mais comme le dit si bien Léonard de Vinci : « Une fois que vous aurez goûté au vol, vous marcherez à jamais les yeux tournés vers le ciel, car c'est là que vous êtes allés et c'est là que toujours vous désirerez ardemment retourner. »

1er septembre 2000 — Paris — 17 heures : déboussolée !

Dans cette jungle de béton, la foule anonyme grouille comme dans une termitière. Les gens se bousculent, se marchent sur les pieds, les métros sont bondés. Moi, qui ai grandi dans un village de la région lyonnaise, je suis déboussolée. Comment vais-je faire pour tenir cinq ans ?

Lorsque je croise le regard d'un individu, il me dévisage d'un air étonné. Mes « bonjours » restent sans réponses, mes sourires engendrent de la méfiance. Je croise des tas de gens qui monologuent ou s'énervent contre un personnage imaginaire. Mais où est-ce que j'ai atterri ?

Mon studio, perché au vingt-cinquième étage de la tour Athènes, me sauve. Dans le 13e, face à l'ouest, sa grande fenêtre m'offre une vue dégagée sur la ville et quelques jolis spectacles de coucher de soleil. Cette hauteur m'est complètement salutaire : un peu plus près de mon ciel, je peux respirer, m'évader.

Ma vie s'organise autour de Camondo, mon école de *design*, où je rencontre enfin des professeurs qui encouragent la créativité au lieu de la refréner. Quel contraste avec le collège et le lycée ! Les matières sont passionnantes et les exercices plus loufoques les uns que les autres. Ça me plaît, je suis dans mon élément. Pour autant, il m'est impossible d'oublier mon expérience de chute libre. Depuis mon saut en tandem, j'économise pour apprendre un jour à m'élancer seule. Inscrite dans une agence d'hôtesse d'accueil, j'alterne missions et service en restauration.

C'est en quatrième année que l'opportunité se présente. Un ami très proche, Matthieu, est parti travailler dans une multinationale à Ciudad Juárez, au Mexique. Depuis mes dix-huit ans, je lui rabâche les oreilles :

— Il faut absolument que tu sautes en parachute, tu vas tellement adorer !

Un jour, il me dit avoir trouvé une *drop zone,* au Texas, située juste de l'autre côté de la frontière. Un de ses collègues s'est motivé, ils veulent directement apprendre à sauter, en solo. Mon rêve! Je le supplie de m'attendre pour effectuer le stage ensemble. Mes vacances d'hiver approchent et l'avantage du Texas, c'est que la météo permet de sauter toute l'année. Ça fait un peu loin, certes, mais l'occasion est trop belle : partager cette aventure avec Matthieu et découvrir le désert américain, je ne peux pas rater ça!

20 février 2004 — El Paso — États-Unis — 14 heures : dépaysée!

Je suis le flot des passagers à travers d'immenses couloirs aseptisés. Des files d'attente se construisent pour passer le contrôle d'identité. Un mur de guérites abrite des policiers, aux airs désabusés, criant *next* (suivant)! Je m'approche en prenant soin de ne pas mordre sur la ligne rouge tracée au sol. L'expérience m'a appris que les Américains sont très stricts là-dessus : *the law is the law* (la loi, c'est la loi). Mieux vaut laisser notre souplesse latine de côté! Pas de plaisanteries, non plus, sur le formulaire où l'on doit répondre à des questions comme : « Avez-vous l'intention de tuer le Président ? », « Venez-vous travailler illégalement aux États-Unis ? » ou encore « Êtes-vous sans papiers ? »...

Le coup de tampon sur mon passeport, l'officier regarde déjà le prochain voyageur : *next*!

Matthieu m'attend dans son van vert. Nous prenons la route pour Ciudad Juárez tout en discutant *non-stop.*

Très rapidement, nous voilà face à un gigantesque drapeau mexicain, en surplomb des portiques de douane. Nous franchissons la frontière sans difficulté, il y a très peu de contrôle dans ce sens-là. D'un coup, le décor se transforme. Des grandes rues propres et blocs organisés, nous passons aux constructions anarchiques très colorées. La musique, mêlée aux bruits des klaxons, retentit dans les voies sinueuses et cabossées. La foule grouille au cœur de cette ville frontière où la fête mélange les deux peuples.

Devant sa résidence, de hauts murs couronnés de barbelés donnent le ton : dans cette ville tourmentée par la violence des cartels de drogue, il est nécessaire de se protéger. Cette forteresse abrite donc les expatriés qui travaillent dans les grandes entreprises internationales en quête de main-d'œuvre bon marché. Répartis dans un complexe d'appartements en U autour d'une piscine, ils sont tous en colocation. Rien de mieux pour créer des liens et des souvenirs inoubliables ! Matthieu me présente à sa communauté, j'ai l'impression de débarquer en plein milieu d'un épisode de la série *Melrose Place* !

21 février 2004 — Ciudad Juárez — Mexique — 7 h 30 : survoltée !

Mes yeux s'ouvrent dès la première sonnerie du réveil. Je bondis du lit tel un enfant le jour de son anniversaire. Matthieu, son collègue et moi montons dans le van, direction Skydive El Paso. On va apprendre à sauter ! Il appuie sur *play* et l'album *Smash* du groupe

The Offspring retentit dans la voiture. Ce son *punk rock* américain correspond tout à fait à notre état du moment. En approchant de la frontière, la route s'élargit brusquement à une neuf voies. Nous roulons au pas avant d'être à l'arrêt pour un temps indéterminé. Contrairement à l'aller, l'entrée sur le territoire américain est ultrasurveillée.

Commence alors le défilé des vendeurs ambulants poussant leurs chariots de chips, de *chewing-gums*, de sodas, de ponchos et de produits en tous genres entre les files. Je vois même passer des tableaux religieux représentant *La Cène* de Léonard de Vinci, c'est folklorique !

Nous atteignons enfin la ligne de contrôle. On nous demande d'éteindre le moteur et d'ouvrir le coffre. Un officier nous assaille de questions tandis qu'un autre inspecte minutieusement toute la voiture. C'est sacrément intimidant ! Même en étant complètement en règle, on se sent comme des bandits passés au détecteur de mensonges ! Le policier agite la main de droite à gauche pour nous faire signe de circuler. Ouf ! Soulagement ! Le CD de The Offspring repart de plus belle, de grands drapeaux américains flottent au-dessus de nos têtes, un vent de liberté s'empare de moi.

Le GPS nous éloigne rapidement de toute civilisation. Autour de nous, de grandes plaines désertiques de sable ocre, surplombées par les Franklin Mountains qui contrastent par leur couleur marron foncé ; un vrai décor de western ! Nous suivons la pancarte de Santa Teresa *airfield* (aérodrome) qui nous mène devant plusieurs hangars, perdus au milieu de nulle part. Nous garons le van devant une porte métallique sur laquelle est écrit Skydive et trouvons Bob, un ancien militaire à l'œil vif et à la moustache grisonnante. C'est le *boss* de Skydive El Paso.

Nous visitons les lieux avant de signer toutes les décharges pour notre formation. Il s'agit d'une progression en automatique. Nous exécuterons nos premiers sauts à basse altitude, avec une sangle reliée à l'avion qui déploiera le parachute pour nous. Cette méthode permet d'être seul en l'air dès le début. Arrive alors un grand gars, qui semble du même âge que nous. C'est Mike, notre moniteur. Il nous invite à le suivre, s'empare d'un parachute sur les *racks* accrochés aux murs et nous explique chaque partie qui le compose — *c'est beaucoup plus complexe que je l'imaginais* :

- le harnais (ou enveloppe);
- la partie basse contenant le parachute principal;
- la partie supérieure avec le parachute de secours;
- un petit boîtier électronique, qui déclenche automatiquement la voile de secours, si la vitesse n'a pas fortement diminué autour des trois cents mètres – *C'est bon à savoir !*

Trois poignées :

- La première, située en bas à droite du sac, pour déployer le parachute.
- La deuxième, située sur l'avant à droite, permet de détacher la voile principale en cas de problème.
- La troisième, située sur l'avant gauche, permet de déclencher le secours manuellement.

- Trois sangles : une de poitrine et deux cuissardes (pour enfiler les jambes).

Puis Mike nous installe dans une salle vidéo, appuie sur *play*, et quitte la pièce. Le film explique les bases du saut en parachute, étape par étape. Jusqu'ici, tout va bien. Puis vient la partie des procédures à suivre en cas de problème. Les images s'enchaînent : parachute à moitié déployé, suspentes emmêlées, tissu déchiré, voile bloquée dans le harnais… une sueur froide me traverse le corps. On se regarde tous les trois, un rire nerveux vient casser le silence de notre angoisse.

En revenant dans la salle, Mike trouve nos mines déconfites. Ça le fait sourire. Il nous rassure en disant que ça n'arrive que très rarement, mais qu'il est nécessaire de pouvoir identifier les problèmes afin de lancer la procédure d'urgence au besoin.

De retour dans le hangar, il prend une planche à roulettes, s'allonge sur le ventre et nous montre la position de chute. Nous l'imitons. Je dois tendre un peu mes jambes, cabrer pour lever la tête et placer mes bras devant moi. *C'est loin d'être confortable !*

Puis, une main vers le front, l'autre au-dessus de la fesse, je reproduis le geste d'ouverture que je devrai effectuer une fois en l'air. De nouveau sur nos pieds, nous enfilons un faux harnais et simulons cette fois la procédure de libération de voile et de déclenchement de réserve, en tirant sur des poignées témoins. Nous répétons cette gestuelle en boucle, façon militaire. *Dans quoi me suis-je lancée ?*

Autour de nous, les « sautants » réguliers se préparent. Bob a une clientèle d'habitués de tous âges, dont Renée, une sexagénaire qui vient tous les week-ends. *Si elle peut le faire, il n'y a pas de raison que je n'y arrive pas !*

Je me retrouve donc sans excuses, à répéter la position de chute et le geste d'ouverture. Mike nous supervise et revoit toute la procédure depuis la sortie de l'avion jusqu'au posé. Je vais devoir « désescalader » l'aéronef, en mettant un pied sur la roue, les mains sur le hauban (barre de renfort structurel sous l'aile), puis me hisser jusqu'à avoir les deux jambes pendues dans le vide. Exactement comme dans un film d'action. Je lâcherai au signal du moniteur.

Pour l'atterrissage, nous serons guidés par radio avant d'être autonomes. Un des deux avions de Bob, resté dans le hangar, nous permet d'effectuer la mise en place pour notre sortie. Nous répétons jusqu'à ce que nos gestes deviennent des réflexes. Le premier saut aura lieu demain matin. Pour éviter de repasser la frontière, nous avons prévu de dormir sur place.

22 février 2004 — Skydive El Paso — États-Unis — 8 h 30 : stressée.

Fini les simulations, maintenant c'est pour de vrai ! Après quelques répétitions, il est temps de s'équiper. Combinaison, altimètre, lunettes, casque, radio, *check* ! J'enfile mon parachute-élève et m'avance d'un pas assuré avec mon moniteur vers la piste de décollage. Le petit Cessna 182 nous attend.

J'embarque tant bien que mal avec mon gros parachute dans le dos. Mike s'assied juste derrière moi et ferme la porte. L'avion s'élance sur la piste… je m'élève au-dessus du désert. C'est réel ! J'ai le trac. Mon cerveau m'envoie des signaux d'alarme en continu : *mais pourquoi fais-tu ça ? Tu n'as rien à prouver !*

J'essaye de reprendre le contrôle et de me raisonner. *J'ai attendu ce moment depuis le jour de mon tandem, j'ai voulu faire cette formation… pas question de me dégonfler maintenant !* Je suis transie de peur, mais m'interdis de renoncer.

Mike ouvre la porte, mon corps tremble. Je souffle un bon coup et me focalise sur chaque étape : le pied gauche sur la roue, les mains au hauban. Je prends appui, puis me hisse plus loin. Le sol semble proche, je distingue chaque petit buisson. *On est bas quand même* !

J'enlève mon pied de la roue, me voilà suspendue à l'aile de l'avion. C'est complètement dingue et grisant à la fois. Chargée d'adrénaline, je regarde Mike qui affiche un grand sourire et me donne le signal, les deux pouces en l'air. *C'est parti !*

À cet instant, mes doigts ne lâchent pas seulement l'avion, mais tout le réel, toutes les conventions. J'échappe à toute emprise. Dans cet élan de liberté, je retrouve mon coup de foudre initial pour le parachutisme.

Après ces quelques instants qui échappent au temps, la sangle se tend et la voile se déploie. Je sens les pulsations de mon cœur frapper dans ma poitrine. Je lève la tête, le parachute est bien ouvert et les suspentes ne sont pas emmêlées. Ma vie tient à ces quelques ficelles et à ce morceau de tissu… pas d'habitacle ni de structure, juste mon corps dans l'élément.

Je me sens si libre et si vulnérable à la fois…

Tout à coup, une voix me sort de mon rêve éveillé. Bob à la radio me donne des instructions pour diriger mon parachute. Premiers tests : je tire la commande de droite vers le bas, et tourne dans cette direction, celle de gauche, et je bascule de l'autre côté, les deux en même temps, je freine. Tout marche bien.

Au fur et à mesure de ma descente, le sol s'agrandit. Sur les derniers mètres, la vitesse d'approche verticale m'impressionne.

— *Get ready... break!* (Prépare-toi... freine!)

Je tire les commandes et me réceptionne comme si je sautais d'un mur assez haut et lance un cri d'exaltation! *Ça y est, j'ai sauté en parachute toute seule!*

Mon cœur bat la chamade. Je ramasse ma voile et n'ai qu'une hâte : m'inscrire dans le prochain avion pour remonter le plus vite possible.

Je me fais aider pour le pliage du parachute et repars aussitôt pour mon deuxième saut.

Les roues ont à peine quitté la piste que mon ventre se serre à nouveau. Décharge d'adrénaline... j'ai toujours aussi peur! Mon cerveau me joue encore des tours et tente, par tous les moyens, de me convaincre d'abandonner. Je m'accroche. Intrinsèquement, quelque chose m'appelle et me pousse à ne rien lâcher. Il se passe une sorte de duel entre mon instinct de survie et mes envies profondes. Plus je saute, plus j'apprivoise ma peur. Focalisée sur les exercices à accomplir, je valide les étapes et gagne le droit de monter un peu plus haut, pour déclencher moi-même l'ouverture du parachute.

Lorsque Bob me tend le sac sans système automatique, j'ai une énorme sueur froide. Je ne me sens pas prête. *Et si je ne trouvais pas la poignée ?* Son regard me fait comprendre que je n'ai pas le choix. Je prends sur moi, enfile le parachute et embarque dans le Cessna. L'aiguille de mon altimètre grimpe, l'angoisse d'échouer s'accroît. La porte s'ouvre, je prends mon courage à deux mains, souffle un bon coup et me lance. Bassin en avant, tête relevée, bras tendus, je suis stabilisée sur le coussin d'air. Nerveuse, mais concentrée, je vérifie mon altimètre toutes les secondes. L'heure d'ouvrir la voile arrive.

Je descends ma main droite et cherche la poignée à tâtons, paume ouverte. Je sens le coin de mon sac, elle ne devrait pas être loin… *je la tiens !*

Mes doigts serrent le petit tube en plastique, je tire l'extracteur hors de sa pochette et me retrouve sous une voile bien déployée… quel soulagement ! Je profite de ce moment pour savourer cette victoire. Fierté et excitation me transcendent. Après quatre sauts, je suis *K.-O.* Les montées en pression, sous toutes leurs formes, cumulées à l'attention constante prennent beaucoup d'énergie.

Il s'agit d'une bonne fatigue, comparable à celle ressentie après une bonne séance de sport. Je suis *rincée* au sens propre comme au figuré, car ces sauts font l'effet d'une douche. Je me sens lavée de tout aspect négatif, de tout souci. Je saute au maximum pour profiter de mon temps ici. Le danger est toujours présent en arrière-fond et j'ai encore un peu d'appréhension, mais je me sens plus vivante que jamais. C'est la révélation !

3 mai 2004 — Paris — 19 heures : incomplète !

Je suis en manque ! Plus de deux mois se sont écoulés depuis mon retour des États-Unis. Et si j'ai réussi à bien tenir en surfant sur l'énergie emmagasinée, aujourd'hui, j'arrive à court. J'aime mes études, mais rien ne saurait égaler l'envie et le plaisir de retourner voler. La chute libre est entrée dans mon ADN, et sans elle, je me sens incomplète. Les sauts ont épuisé toutes mes économies… je suis à sec ! Il faut absolument que je trouve une solution ! Alors que je réfléchis à concilier ma nouvelle passion avec la réalité de mes études, l'invraisemblable se produit. La vente d'un local appartenant à mon grand-père génère une somme inattendue dont ma mère décide de me faire profiter. Cette aubaine va m'ouvrir le champ des possibles !

Pour finir cette quatrième année, on nous demande de proposer un sujet de diplôme sur lequel nous travaillerons toute l'année suivante. *Eurêka !*

Sur la route de Ciudad Juárez à El Paso, je me souviens d'un bâtiment qui avait attiré mon attention. Une sorte de sphère posée sur un promontoire, abandonnée depuis quelques années. Autant joindre l'utile à l'agréable ! J'appelle Matthieu et lui demande de m'envoyer des photos de cette architecture atypique.

« Réhabilitation d'un bâtiment à la ville frontière de Ciudad Juárez » : mon projet surprend, mais il est accepté. Je vais devoir m'absenter pour passer du temps sur place et développer mon projet de diplôme…

26 juin 2004 — Skydive El Paso — États-Unis — 7 h 30 : heureuse !

Je respire à pleins poumons cette odeur de rosée, fraîchement posée sur le désert. Allongée dans mon duvet, j'observe le ciel dégagé, le sourire aux lèvres. Matthieu sort du sien et scande « skydive ! » en guise de « bonjour ». On entend les pans de métal coulisser, les premières voitures arriver sur le parking. La *drop zone* s'éveille.

Bob ouvre la porte, je retrouve ma tribu. Mike me fait un petit rappel théorique et m'accompagne pour mon saut de reprise. L'odeur du carburant met tous mes sens en éveil. Le corps se rappelle… mon ventre aussi ! Bien que je meure d'envie de me retrouver en l'air, le trac est encore là. *Est-ce que je vais me souvenir de tout ? Trouver ma poignée ?* Heureusement, Mike sera avec moi. Toujours décontracté, son calme imperturbable me rassure.

La porte de l'avion s'ouvre. Une pointe de peur me pique l'estomac, mais je suis beaucoup moins stressée qu'avant… je me sens prête. Nous nous élançons. Le vent s'engouffre dans mes narines et vient me remonter les joues. Je me stabilise sur le coussin d'air qui me porte et retrouve instantanément toutes mes sensations. Mike se tient juste devant moi. Pour la première fois, je saute avec quelqu'un d'autre… *c'est magique !* Complice de ces instants uniques, l'expérience prend une autre dimension.

Le sourire accroché aux oreilles, je surveille mon altimètre et déploie mon parachute à mille cinq cents mètres. *Quel bonheur !*

J'enchaîne les sauts et valide enfin ma licence A. Me voilà officiellement parachutiste autonome !

Libre comme l'air, je teste toutes sortes de figures : sortie en *superman*, *loops* avant et arrière, tonneau, flèche, assise. Je joue avec le vent qui me chasse et me repousse à la première asymétrie de mon corps. *C'est tellement ludique !*

Matthieu partage le même engouement. La semaine, je travaille sur mon projet et les week-ends, nous venons à la *drop zone*. Les locaux nous ont adoptés. Mike et les *flyers* confirmés de nos âges sont maintenant devenus de très bons amis. Nous sautons en groupe dans une ambiance festive et fraternelle. Ce que nous vivons est tellement fort, qu'il n'y a pas de place pour l'artifice. Une authenticité rare, qui tisse des liens très profonds. J'ai maintenant soixante-dix sauts à mon actif et me sens prête à quitter le nid pour m'élancer dans le monde entier.

20 septembre 2004 — Paris — 9 heures : choquée !

Maquette dans les bras, je descends les escaliers du métro. Les quais sont bondés ! Les portes s'ouvrent, j'essaye d'entrer dans un wagon, mais le flot humain s'engouffre devant moi et les portes se ferment sous mon nez. Dépitée, j'attends la prochaine rame. Le crissement des roues sur les rails annonce une arrivée imminente. Cette fois, je ne me ferai pas avoir. Écrasée contre la vitre, je prie pour que ma maquette résiste. Je la protège comme je peux, dans l'indifférence générale.

Le contraste de la ville et de sa densité avec mon désert américain est de plus en plus violent. Je sors boulevard Raspail et marche jusqu'à mon école sous la grisaille d'automne, avec mon soleil intérieur pour bouclier. Je m'accroche au positif. J'ai la chance d'appartenir à un petit groupe soudé de copines de classe et les cours sont toujours aussi enrichissants. Je profite quand je peux du florilège culturel de Paris avec ses expositions, ses architectures, ses spectacles. Mais rapidement, je suffoque et le besoin de me reconnecter à la nature devient vital. Je rentre quelques fois à Lyon pour voir ma famille et en profite pour retourner là où tout a pris naissance, à Corbas, où j'avais découvert la chute libre pour mes dix-huit ans. Aujourd'hui, je vole de mes propres ailes !

Après avoir montré ma licence américaine et mon carnet de sauts, on me donne un parachute-élève et me voilà dans le même avion qu'il y a cinq ans. Ne connaissant personne et n'ayant pas de brevet français, je suis restreinte à sauter seule. Ma bande d'El Paso me manque !

Je me mets dans ma bulle et contemple la vue citadine. Dans tout Lyon, à cet instant précis, seules dix personnes ont la chance et le privilège de se lancer d'un avion à quatre mille mètres d'altitude, et j'en fais partie !

Je m'élance, groupée en boule avant, et me laisse tourner plusieurs fois avant de me déployer sur le ventre. Quelle exaltation ! Même seule, chaque saut est un réel exutoire, une « douche » régénératrice. Rechargée, je retourne à ma vie parisienne. Plus que deux mois avant mon retour sur le territoire américain.

26 décembre 2004 — Skydive Arizona — États-Unis — 14 heures : émerveillée !

Deux cactus gigantesques marquent l'entrée. La pancarte Skydive Arizona surplombe une allée aux multiples pavillons hissés. Les parkings sont bondés et dans la voiture, l'ambiance est survoltée ! Toute ma joyeuse bande du Texas se retrouve là. Au-dessus de nous, des voiles entament leur descente tandis qu'un avion prend son envol de l'autre côté. Nous marchons tête levée, on ne sait plus où regarder !

L'allée de drapeaux débouche sur un grand carré d'herbe. En son centre, une petite piscine. Tout autour, un salon-restaurant, un magasin d'équipement, des hébergements et des stands gonflables.

Nous n'en revenons pas ! Un vrai village dédié au parachutisme.

Cette *drop zone* se révèle une des plus grandes au monde, de par sa flotte aérienne et ses installations. Elle organise régulièrement de grands événements, comme ce *Christmas Boogie*, un festival sur une semaine où se retrouvent les parachutistes confirmés du monde entier. C'est l'occasion de faire des rencontres et de se joindre à des sauts organisés par les *rocks stars* de la chute libre… Comme un fan de foot qui jouerait avec Mbappé pour quelques jours.

L'animation bat son plein. Des gens de tous âges s'affairent dans tous les sens. On entend parler différentes langues : anglais, français, italien, russe, slaves, nordiques. Nous enjambons les voiles qui recouvrent le sol. *Quelle effervescence !* Nos attestations remplies, nous voilà enregistrés, prêts à sauter.

— *Which plane do you want ?* (Quel avion voulez-vous ?) me demande l'hôtesse d'accueil derrière son comptoir.

Comme au restaurant ! Ici, c'est à la carte !

Skydive Arizona possède une flotte impressionnante : Twin Otter, King Air, Skyvan. Nous avons le choix pour nous envoyer en l'air ! La compagnie propose même des sauts d'hélicoptère et de montgolfière ! Le rêve de tout *skydiver* est de sauter du Skyvan : un avion aux allures de boîte à chaussures qui s'ouvre par l'arrière, et où l'on tient debout.

Cette « tranche arrière » offre une multitude d'options pour s'élancer. Véritable attraction, une barre permet même de se suspendre sous l'avion. Nous le prenons aussi souvent que possible et essayons tout ce qui nous passe par la tête :

- s'élancer sur le dos en regardant l'avion partir ;
- courir depuis le fond de la carlingue pour se jeter sur un complice resté à la porte, façon plaquage de *rugbyman* ;
- rester en équilibre sur les mains et basculer en arrière… Les idées ne manquent pas !

Au micro, ils annoncent le dernier largage de la journée. Tout le monde est invité à se rapprocher de la zone de posé, pour assister au *hit and chug*. Curieuse, je me place au premier rang. Des canettes de bière sont réparties sur le gazon dédié aux atterrissages. Les parachutistes doivent atterrir au plus près, saisir la canette et la boire d'un trait. C'est incroyable comme ça motive les gens à être précis ! Le *show* commence. Beaucoup dérapent et finissent en cascades, d'autres les attrapent au passage. Les bières fusent à l'ouverture. Ça rigole dans tous les sens… tous les prétextes sont bons pour lâcher prise.

Puis un *bonfire* (feu géant) nous rassemble au milieu du désert et fournit l'occasion d'établir des liens avec tout le monde. On partage nos histoires en grillant des brochettes. Les opinions politiques et les milieux sociaux n'ont pas d'importance, tout le monde se mélange. Nous sommes là, ensemble, à savourer la vie, à partager la même passion, à profiter de l'instant présent. Le parachutisme, bien plus qu'un sport, est un style de vie. On se sent libre d'être soi-même.

2 juin 2005 — Paris — 4 heures : exténuée !

Mon studio est en chantier, on croirait qu'une *piñata* a explosé : morceaux de papier, carton-plume, et tubes de colle recouvrent le sol. Je place les tabourets de bar de mon restaurant-club panoramique sur la maquette. Mes yeux piquent. J'en suis à ma deuxième cafetière, il faut que j'avance. J'ai passé beaucoup de temps à sauter, mais maintenant je dois mettre les bouchées doubles. Les nuits blanches se multiplient… c'est intense !

Mon jour de soutenance arrive. Je présente la réhabilitation du bâtiment mexicain pour la matière d'architecture intérieure et une chaise ultralégère pour le *design*. Le jury m'écoute attentivement, regarde en détail mes planches et mes maquettes. Ils ont l'air séduits et, rapidement, le verdict tombe : je suis diplômée !

La célébration s'étend sur plusieurs jours, puis la fête laisse place à de nouvelles responsabilités. *Vers quoi m'orienter ?* Comme un livre ouvert qui attend que j'écrive mon histoire, la question de mon choix de vie se pose. J'ai reçu une proposition de travail au Vietnam : bon salaire, statut d'expatrié, intéressant… je me renseigne un peu plus. Basée à Hô Chi

Minh-Ville, je travaillerais dans la plus grande cité du pays, sans aucune *drop zone* à proximité. *Aïe !*

Ces cinq années à Paris m'ont drainée. Le béton, les odeurs, le manque de luminosité, la foule déshumanisée… J'ai besoin de nature et de jovialité ! Récemment, j'ai encore vécu un épisode marquant : assise dans le métro, je regardais un homme en face de moi qui mangeait son sandwich. Soudain, une tomate s'est échappée et est tombée sur ses genoux. Il a relevé les yeux pour voir si quelqu'un était témoin de la scène et a croisé mon sourire complice. Quelques stations plus tard, il s'est approché de moi et m'a demandé :

—Excusez-moi mademoiselle, le sourire, tout à l'heure, c'était pour moi ?

—Euh ! Oui…

—Merci, merci ! m'a-t-il répété les mains jointes avant de sortir du wagon.

Comment en sommes-nous arrivés à ce point ? Remercier quelqu'un de ne plus être transparent…

Voilà pourquoi je veux de la lumière, des couleurs et de vraies relations humaines ! Quel est le pays où la nature est luxuriante, où le soleil brille la majorité de l'année, où les gens sont joyeux ? Le Brésil me vient tout de suite à l'esprit. *Ce serait vraiment fou !*

À peine évoqué, je ressens des papillons dans le ventre. Ce pays m'appelle alors que je ne le connais pas. Je me renseigne… Est-ce que l'on peut sauter en parachute là-bas ? Mon cœur bondit ! Je tombe sur Boituva, une énorme *drop zone,* en activité toute l'année, proche de São Paulo. Encore plus près se trouve la ville de Campinas, qui semble assez dynamique et à taille humaine. J'essaye de garder la tête froide. C'est quand même osé de prétendre travailler dans un pays dont je ne parle pas la langue… *Comment vais-je faire ?*

« Les folies sont les seules choses qu'on ne regrette jamais », me soufflent Oscar Wilde et mon cœur. Si le parachutisme m'a bien appris une chose, c'est celle-ci !

2

Nouvelle vie

15 juillet 2005 — São Paulo — Brésil — 6 heures : dubitative !

Le capitaine annonce la descente. Je colle ma tête au hublot et découvre une véritable jungle urbaine qui se dessine à l'horizon. Mon sang se glace. Du béton à perte de vue, la mégalopole de São Paulo semble d'une densité effrayante. Je m'attendais à beaucoup plus de verdure ! Campinas n'est située qu'à une centaine de kilomètres ! Je marche d'un pas fébrile en direction des tapis à bagages. *N'aurais-je pas fait une grosse erreur ?*

Valises en main, je m'approche de la sortie, craintive. Les portes vitrées de l'aéroport de Guarulhos s'ouvrent, un air tiède vient m'envelopper comme pour me rassurer. Les gens portent des tongs bien qu'on soit en hiver. *Bon, c'est déjà ça !* Je loue une voiture et me retrouve sur l'axe qui longe le fleuve Tietê. La densité du trafic m'impressionne ! Noyée dans une cinq voies, je traverse des kilomètres de constructions, en direction de Campinas. Je croise les doigts.

Timidement, quelques arbres commencent à s'insérer dans le paysage. Plus je m'approche de ma destination, plus la nature reprend ses droits. Je suis soulagée… ce n'était pas un mythe ! J'arrive à mon auberge, dépose mes affaires et repars tout de suite explorer la ville. Je veux sonder l'ambiance, me rendre compte de son échelle. De petites maisons colorées côtoient des habitations plus modernes. Des fils électriques traversent les rues de manière anarchique. Il y a de la vie… la végétation fait entièrement partie du décor. Entre deux blocs de bureaux ou de commerces, les arbres sont rois. Puis quelque chose accroche mon regard. Sur le trottoir, au loin, des papiers jonchent le sol, concentrés en un endroit, on dirait que quelqu'un a perdu des prospectus. J'arrive à leur niveau et découvre… un tapis de fleurs. Je lève la tête. Un arbre majestueux me surplombe. Ses branches croulent sous le poids de ses ornements. Quel accueil ! Je prolonge ma promenade, le cœur réchauffé.

D'un quartier à l'autre, l'ambiance change : du chic au populaire, tout se mélange et cohabite. De grands parcs aèrent la ville, les *buildings* ne sont pas si hauts, Campinas reste à l'échelle humaine. Par contre, niveau communication avec les autochtones, c'est assez comique ! Mes phrases en anglais provoquent des grimaces et des fous rires, ils ne parlent que portugais ! Je me retrouve donc à devoir mimer avec des bruitages pour me faire comprendre. Ultrasympathiques, les Brésiliens arrêtent de suite leurs activités pour m'aider. Je suis épatée, *ça me change de Paris !*

30 juillet 2005 — Boituva — Brésil — 9 heures : impatiente !

Sur le bord de l'autoroute, j'aperçois déjà des voiles dans le ciel. Mon corps s'émoustille. Je prends la sortie et suis les pancartes Paraquedismo… l'excitation monte. Les files de voitures garées annoncent la couleur. Je trouve une place, attache mon parachute sur le dos et rejoins le terrain. Du monde s'affaire devant chaque école de chute libre. Une grande piste de terre rouge marque l'herbe verte fluorescente. Des termitières s'érigent de part et d'autre, la nature foisonne, *ça me change de mon désert !*

Je quitte mes tongs Havaianas et marche pieds nus sur ce sol chargé d'énergie. Je respire à pleins poumons. Quel bonheur ! J'apprivoise les lieux et vais à la rencontre de ma nouvelle tribu. En entrant dans l'école située juste devant moi, je me présente :

— Bonjour, je suis une parachutiste française. À qui dois-je m'adresser pour sauter ?

— Tu vois la devanture bleue là-bas ? C'est eux que tu dois aller voir.

— *OK*, merci !

Après avoir franchi la porte du magasin, une femme derrière son ordinateur me lance :

— Bonjour, comment puis-je t'aider ?

— Je voudrais sauter, mais je ne connais pas les démarches, ici.

— Tu as une licence ? Combien de sauts voudrais-tu effectuer aujourd'hui ?

— Oui, je possède une licence américaine, et je pense faire cinq sauts.

— Alors, tu m'achètes les tickets, puis tu vas à la guérite en face et tu vois avec eux dans quel avion tu peux monter.

Facile ! Ainsi, sans vérification de mon carnet de sauts ni de mon matériel, je me retrouve « avionnée » pour mon premier saut au Brésil. Je retourne à l'école qui m'a orientée et leur demande un *briefing* du terrain, histoire de savoir où atterrir et connaître les obstacles potentiels, comme les lignes électriques, les fossés, etc. Sangue, un jeune moniteur sympathique, prend le temps de me montrer une carte vue du ciel et me propose de poser mes affaires dans un coin de leurs installations.

J'embarque pour mon premier saut, on me salue. Il y a de l'ambiance dans l'avion, *ça me plaît !* Je saute seule pour prendre mes marques. Retrouver mon ciel se révèle toujours un réel délice. La zone de posé est grande, facile à repérer avec sa piste de terre rouge et son cercle de graviers, situé au milieu du gazon. J'atterris en douceur sur cette herbe dense et ne résiste pas à l'envie de sauter pieds nus la prochaine fois. Sentir le vent entre mes doigts de pieds me procure une sensation de liberté magnifiée. Je plonge dans cette nature généreuse, je fais corps avec elle, comme un retour aux sources, aux éléments.

Rapidement, je trouve des partenaires de jeux et nous partons pour plusieurs sauts de groupe. Un *leader* se met en position de « flèche », corps tendus, bras le long du corps, et nous devons le suivre au plus près. Cette posture créant un déplacement horizontal important, ce n'est pas si simple de rester collée. Je les vois groupés, leur maîtrise et leur facilité de déplacement me motivent. *Je veux apprendre à voler comme eux !*

La semaine, je *booste* mon portugais, cherche un logement à louer et prépare mon CV. Le week-end, je vais à Boituva et découvre un peu plus le vol en trois dimensions : le *freefly*. J'ai regardé des vidéos où les gens se déplacent la tête à l'envers et j'ai vraiment hâte de savoir faire ça ! Le *freefly* propose des tas de postures qu'il faut apprendre à dompter pour évoluer dans le ciel avec maîtrise et fluidité. Pour l'instant, je m'essaye à garder la tête en hauteur. Assise dans l'air comme sur un siège éjectable, je me fais projeter à la moindre asymétrie !

Pas si facile de sortir de la position ventrale (position de base), où la stabilité se trouve dans le relâchement. Là, au contraire, il faut rester ultragainée. Je découvre comment accélérer, freiner, avancer et tourner. De temps en temps, j'essaye la tête en bas, mais c'est encore plus « glissant », car la vitesse de chute est plus élevée. La moindre incidence m'envoie dans tous les sens. Le *freefly* est impitoyable ! Je comprends qu'il me faudra du temps avant de maîtriser toutes ces positions, mais chaque étape franchie me paraît une réelle victoire. Semblable à l'euphorie ressentie lorsque l'on fait ses premiers mètres à vélo sans tomber, c'est gratifiant !

Récemment, je me suis « vachée », expression utilisée lorsqu'un parachutiste se pose hors zone. En ouvrant ma voile à mille mètres comme d'habitude, j'ai pris mes commandes et regardé en dessous de moi. Coup de panique ! Je ne reconnaissais pas du tout le paysage. J'ai cherché frénétiquement la *drop zone* autour de moi, jusqu'à l'apercevoir, beaucoup plus loin que d'habitude. Des frissons ont alors parcouru mon corps. *Ne pas paniquer, rester calme !* J'ai essayé de garder la tête froide en me disant : « Si je tente de la rejoindre, je prends le risque de ne pas réussir à atteindre le terrain, auquel cas, c'est route et barbelés ! Je dois me poser ailleurs. »

J'ai alors cherché un endroit dégagé pour me poser en sécurité. Par chance, j'étais entourée de champs et j'ai atterri en plein milieu d'un troupeau de vaches, qui ont levé la tête et m'ont fixée. Je ne sais pas qui, de moi ou elles, a eu le plus peur ! La plus téméraire s'est avancée et toutes les autres lui ont emboîté le pas. Sous adrénaline, j'ai ramassé ma voile en vitesse et sauté au-dessus des barbelés. Parachute en boule dans les bras, j'ai ensuite rejoint un chemin et fait du stop. Une mobylette s'est arrêtée et son pilote, visiblement habitué m'a lancé :

— Parachutiste ? Monte !

16 août 2005 — Indaiatuba — Brésil — 14 heures : surprise !

J'ai trouvé une petite maison à louer dans le petit village d'Indaiatuba, juste à côté de Campinas. Ici, tous les lotissements sont fermés et gardés. Il faut montrer patte blanche à l'entrée pour pouvoir y pénétrer. Des caméras filment les plaques des voitures ainsi que leur conducteur et chacun doit laisser une pièce d'identité pour pouvoir entrer. Cette surveillance paraît à la fois rassurante et inquiétante…

Mon *condominio*, bien que de taille normale pour les Brésiliens, me semble gigantesque ! Un vrai parc doté d'un lac et d'allées verdoyantes, parsemé de villas, dont la mienne, une annexe située dans le jardin d'une maison plus grande. Ma voisine et propriétaire est ravie d'avoir une Française avec qui échanger quelques mots appris dans son enfance. Mais le logement est non meublé. Il me faut trouver au plus vite un matelas et des appareils électroménagers, mais ma recherche sur Internet, dans des magasins de seconde main, apparaît compliquée, en raison de mes lacunes en portugais. Armée d'un dictionnaire, je décide de me rendre directement dans la zone industrielle de Campinas.

Une grande boutique présente des ustensiles et du mobilier de cuisine, je me gare et m'aventure dans les rayons. Tout me semble trop grand ! Les frigos atteignent deux mètres, les fours paraissent énormes… je réalise qu'il s'agit de matériel professionnel. Une vendeuse vient alors à ma rencontre et je lui désigne le mot « frigo » suivi de « usagé ». Elle comprend rapidement ma situation et me fait signe d'attendre. Après quelques mots échangés avec son supérieur, elle m'embarque et me fait monter dans sa voiture.

Nous descendons dans un quartier populaire, proche d'une *favela*. Sans un mot, elle me prend la main et nous fraye un chemin dans les petites rues fréquentées. Nous rentrons dans des mini *shops* où sont disposés quelques fours et frigos. Elle discute avec les locaux et prend note sur un carnet. En sortant, elle me fait comprendre qu'on peut trouver mieux. Je la regarde avec de grands yeux, ébahie par sa gentillesse. Elle passe le reste de l'après-midi à chiner les bonnes affaires pour moi, puis me ramène au magasin où ma voiture m'attend sur le parking. Quand je lui demande comment je peux la remercier, elle me dit de la rejoindre pour boire un verre le soir avec ses amis. Je rentre chez moi, toujours hébétée par ce que je viens de vivre, et me prépare pour la soirée. À l'heure convenue, j'arrive dans le quartier chic et animé de Cambuí. Des *barzinhos* (petits bars), à la musique *live*, rythment chaque coin de rue. Les gens se sont apprêtés, chaque bar est bondé, les rires éclaboussent les rues, les bières et les *caïpirinhas* (boisson locale à base de *cachaça*) recouvrent les tables. On se croirait un samedi soir en France, alors que nous sommes mardi, mais cette animation semble tout à fait normale.

Je rentre dans le SeoRosa, me faufile et retrouve Vana. Ravie de me revoir, elle me présente à son groupe. Tous plus sympathiques les uns que les autres, nous tentons de communiquer avec les moyens du bord. C'est confirmé, le ridicule ne tue pas ! Vana me tend une *caïpirinha*, puis deux. La musique monte, tout le monde se lève et se met à danser. C'est vivant, simple, et beau à vivre. Je ne pouvais pas rêver mieux pour découvrir la culture brésilienne.

Lorsque je récupère mes meubles de seconde main, je me retrouve avec des embouts de prises à trois broches, à deux broches, et même de prises américaines, chacune fonctionnant avec des voltages différents… une véritable anarchie électrique ! Au Brésil, certaines maisons sont équipées en 220 volts, d'autres en 127 volts. Je me retrouve donc avec des adaptateurs et des transformateurs de tension dans tous les sens. Ma cuisine ressemble à une vraie centrale ! Tant que ça ne prend pas feu, c'est bon. On appelle ça le *jeitinho brasileiro* (la façon de faire brésilienne), une sorte de système D. Du bricolage des voitures à la réparation d'un toit, on le voit partout. J'observe et je m'adapte.

Doucement, je m'inspire de ce style de vie. Ici, on prend le temps. Il existe toujours un moyen, une solution.

J'aime cette mentalité ! Nos sorties avec Vana et ses amis deviennent habituelles. En semaine comme en week-end, toujours cette même ambiance joyeuse et bon enfant. Les musiques en *live* me font découvrir différents styles. Du *forró* à la samba, et de la bossa-nova au funk, peu importe le rythme, tout le monde finit par chanter et danser ! Je suis en train de tomber amoureuse de ce pays. Les Brésiliens aiment se retrouver entre amis et en famille autour d'un barbecue, partager des moments simples…

Le climat est incroyable, le soleil quotidien et la végétation ultra généreuse. Je crois avoir trouvé mon jardin d'Éden ! Je me mets rapidement au portugais. Mon petit livre de méthode Assimil me fournit les bases, mais les sorties avec Vana se révèlent d'une efficacité inégalable. La langue brésilienne, chantante, représente bien l'esprit du pays !

24 novembre 2005 — Campinas — Brésil — 18 heures : divisée !

J'ai besoin d'un point d'ancrage. Dans ce pays où tout est nouveau, bien que stimulée, je me sens déracinée. Je vais passer Noël loin de mes proches et, très certainement, rater des événements importants. Je ressens un mélange d'émotions contradictoires. D'un côté, je suis ravie de cette existence que je mets en place, d'un autre, je me sens coupée de mes origines. Il me faut un lien solide, qui crée le pont entre ces deux vies.

Ayant croisé quelques dojos (salle d'entraînement, d'enseignement) de karaté sur Campinas, je vais renouer avec le sport de mon enfance. Mes parents m'avaient inscrite à un club, dès l'âge de huit ans, pour que j'apprenne à me défendre. Et s'il m'a fallu un peu de temps pour accrocher et apprécier cette discipline, le karaté est devenu un pilier dans ma vie d'adolescente. Il m'a développé une musculature, m'a donné confiance en moi, m'a appris l'esprit d'équipe, a renforcé mon courage. Je me souviens de cet état d'alignement, cette force intérieure que je ressentais. C'est exactement ce qu'il me faut aujourd'hui. Après sept ans d'interruption, me voilà de retour sur un tatami.

Le *sensei*, mon professeur au physique rassurant, est cinquième dan – autant dire un *ninja* ! Il ressemble à un bouddha par la sagesse et la bienveillance qu'il dégage. Ses entraînements sont de véritables *boosts*, tant sur le plan physique que mental. Chaque cours représente un *challenge*. Rien que l'échauffement me pousse au-delà de mes limites. J'apprends la discipline comme jamais auparavant. Et bien que ce soit contraignant, je me rends rapidement compte de sa nécessité. Sans discipline et sans rigueur, pas de réels progrès ! Je dois aller au-delà de ce que je pense pouvoir accomplir pour franchir un nouveau cap.

Tous les entraînements sont différents, créatifs. J'alterne *kata*, sorte de chorégraphie de mouvements techniques, et combat. Lorsqu'à bout de souffle, j'ai envie de lâcher prise, le *sensei* me motive pour tenir encore un peu. Entre élèves, on se soutient mutuellement, on encourage l'autre lorsqu'on le sent faiblir. Cette entraide, ce soutien, vaut de l'or. Je me sens partie d'un tout, d'une force supérieure. En joignant nos énergies, la bienveillance nous porte et nous permet d'aller beaucoup plus loin.

Pour changer de ceinture, je dois présenter un *kata* supérieur devant tout le monde, suivi d'un combat. Le *sensei* officie en tant que jury, les autres karatékas sont assis autour du tatami. Je ressens des papillons dans le ventre, mais relativise en me disant que chaque élève doit vivre la même chose. Seule, au milieu de la pièce, je salue et présente mes enchaînements, en poussant le fameux *kiai*, cri libérateur de force et d'énergie. Il s'agit d'un « bruit » personnel, pas facile à assumer devant tous ces spectateurs ! Pendant le combat, je n'ai pas trop le temps de me poser la question du regard des autres, car l'action demande une attention totale (pour éviter de prendre un coup).

Ces cours renforcent ma confiance à tous les niveaux. Au-delà de savoir me défendre, j'apprends à dépasser mes limites, à contrôler mes émotions. Le karaté me forge un mental d'acier. Dans ce dojo, chaque personne est suivie, tirée vers le haut pour développer au maximum ses capacités. Le respect, la discipline, l'effort et la bienveillance en sont les maîtres mots. Ces valeurs me donnent accès à une force et à une grande paix intérieure… je me sens pousser des ailes.

9 janvier 2006 — Campinas — Brésil — 9 heures : audacieuse !

Mon *book* est prêt, mon CV traduit, il faut que je me lance sinon je ne trouverai jamais de *job* ! Dans les sociétés démarchées par e-mail, on me reçoit pour m'expliquer que mon profil les intéresse, mais qu'ils n'ont pas de poste à pourvoir pour le moment. Certains, après avoir étudié mon *book* et reçue en entretien, me trouvent trop qualifiée ; mon profil ne correspond pas à leurs projets de petites envergures. On me conseille plutôt São Paulo. Les grandes villes, je connais, mais je préférerais une autre solution. Il me reste un espoir, j'ai réussi à obtenir un rendez-vous dans un grand bureau d'architecture.

J'arrive devant un bâtiment à la devanture travaillée, sonne et prends une grande inspiration. Le « clac ! » d'ouverture retentit, je pousse la porte et monte une volée de marches. Le patron vient à ma rencontre et nous nous installons dans son bureau. Intéressé par mon portfolio, il m'écoute attentivement, réfléchit et m'annonce qu'il aimerait me voir à l'essai sur un projet. Si ça se passe bien, il m'embauchera. Il s'agit de créer toute une nouvelle signalétique et rafraîchir les bureaux d'une multinationale, qui possède une usine sur Campinas.

Ravie d'obtenir enfin une réponse positive, j'accepte le *deal*. Le lendemain, il m'emmène visiter les installations. Je prends des photos, analyse attentivement les besoins et les problématiques. Je rentre à la maison pleine d'idées et me mets tout de suite au travail. Une semaine plus tard, j'envoie le projet au patron du cabinet d'architecture. Après deux jours sans nouvelles, je le rappelle pour savoir ce qu'il en est. Il m'explique que, bien que le client soit satisfait et me remercie, il ne peut malheureusement pas m'embaucher, sans licencier un de ses employés. Or, ils sont tous compétents dans leur travail. Mon enthousiasme retombe d'un coup. Il ajoute qu'il ne s'inquiète pas pour moi, que je vais réussir à trouver une entreprise qui recrute, puis me souhaite « une bonne continuation » avant de raccrocher. Abasourdie, je reste figée quelques secondes. Je viens de me faire avoir ! Erreur de débutant… j'ai réalisé tout un projet gratuitement… ça m'apprendra à faire aveuglément confiance ! Retour à la case départ… enfin presque ! Dorénavant, je ne produirai rien sans signer un contrat au préalable. Comme sur le tatami, je me suis fait balayer, j'ai pris un coup, mais je me relève. Il en faut plus pour me décourager !

4 février 2006 — Costa Verde — Brésil — 10 heures : téméraire !

Je vide mon air et me laisse couler dans l'océan Atlantique. Je n'aurais pas cru me retrouver un jour vingt mètres sous l'eau, avec une ceinture de plomb ! La mer m'a toujours impressionnée. Traumatisée par le film *Les Dents de la mer*, j'ai toujours eu peur de me baigner quand je ne vois pas le fond. L'angoisse de me faire happer vers les abysses ou toucher par quelque chose me tétanise. En racontant cette phobie à des amis parachutistes qui pratiquent aussi la plongée, ils m'ont proposé de prendre des cours pour surmonter cette peur. À les écouter, je ne peux pas vivre au Brésil sans découvrir les fonds marins.

La plongée possède beaucoup de similitudes avec le parachutisme. Je dois faire confiance à un équipement et connaître un minimum de théorie avant de me lancer. J'apprends d'abord à manipuler le matériel en piscine, ce qui m'aide beaucoup, car je n'ai pas le stress extérieur à gérer. Le gilet stabilisateur me rappelle mon harnais, j'ajuste les sangles pour qu'il me colle au corps. En l'air, je dois surveiller mon altimètre, dans l'eau, deux cadrans : un manomètre, pour l'air restant dans ma bouteille et un profondimètre, pour la profondeur. Le détendeur, dans ma bouche, me demande une forte aspiration pour délivrer de l'air, mais je m'habitue rapidement. Après la théorie de base, le club m'embarque pour Paraty, un petit éden, situé à l'ouest de Rio de Janeiro. Je m'équipe sur le bateau, enfile mes palmes et bascule en arrière pour me jeter à l'eau. Le moniteur me rejoint et me fait signe de descendre. La lumière pénètre en rayons dans ce bleu profond.

Pour la première fois, je « vois » dans cette immensité peu connue : un paysage de massifs recouverts de coraux apparaît sur le fond de sable blanc. Nous nous dirigeons dans leur direction. Contrairement au ciel, dans la masse d'eau, je me déplace lentement, comme au ralenti. Le son des bulles d'air me berce, ma respiration est posée. Une part de moi reste tout de même à l'affût de requins ou de poulpes géants, qui surgiraient pour m'emporter avec eux, mais jusqu'à présent, tout est clément. J'évolue aux côtés de superbes poissons colorés, et découvre au sol, une petite raie aux ailes fluorescente et devant moi, une tortue. *On dirait qu'elle vole pour se déplacer, c'est magique !*

D'être là, à une vingtaine de mètres sous la surface, démystifie ma peur : la faune ne m'apparaît pas aussi dense que je l'imaginais et demeure surtout très pacifique. Aucun animal ne vient m'attaquer, me mordre ou me piquer. Je découvre cet univers parallèle, ce spectacle vivant. Entre deux émerveillements, je surveille mes cadrans et suis mon groupe. Progressivement, nous remontons à la surface. *C'est donc ça la plongée, cet univers doux, enveloppant, apaisant...*

Régulièrement, je retourne explorer de nouveaux sites avec le club. Ce que j'aime le plus c'est flotter sur l'arête d'un « tombant » : j'ai l'impression de voler à un mètre au-dessus du bord d'une falaise, de flirter avec le vide. Mon cerveau ne sait plus quoi penser ! C'est vertigineux sans risque de chute. J'explore aussi la 3D et défie la gravité, la tête à l'envers, mais le moniteur me rappelle à l'ordre lorsqu'on approche des trois mètres. Car dans cette douceur aux échos embryonnaires, il ne faut pas perdre le fil de la réalité. Les accidents de décompression peuvent arriver très vite. En plongée comme en parachutisme, je dois respecter les règles du jeu pour ne pas me mettre en danger. Le risque existe, mais les sensations uniques, ressenties sous l'eau ou dans les airs, en valent la peine.

Ces activités, qui nécessitent de rester alerte s'avèrent de précieux stimulants. Elles me font sentir le privilège d'être en vie. Entièrement dans le moment présent, j'aiguise mes sens, j'augmente mes capacités.

21 février 2007 — Indaiatuba — Brésil — 19 heures : tiraillée !

Ce pays a conquis mon cœur. Mes escapades entre Rio et São Paulo m'ont permis de découvrir un Brésil idyllique. Je réalise à quel point l'environnement influence mon quotidien. Vivre ici a complètement changé ma vision des choses, de la vie. Pendant mes études, je m'imaginais devenir *designer* international et mener une grande carrière. Mais comment allier travail et qualité de vie ? Je me suis résolue à travailler en *free-lance*. Associée à un architecte local, lui aussi fraîchement diplômé, nous avons obtenu quelques projets de maisons et de restaurants, mais rien d'assez régulier pour en vivre et pouvoir rester sur du long terme. Se construire un nom et un carnet d'adresses prend du temps et la réalité des finances m'oblige à prendre une décision. À contrecœur, j'envisage de rentrer en France, le temps de gagner en expérience dans un bureau d'architecture et de réfléchir pour la suite.

L'idée de quitter «mon» Brésil me serre le cœur. J'essaye de me consoler en énumérant les côtés plus sombres de ce pays, et notamment, les inégalités sociales. Les habitations de tôle des *favelas* s'étendent sur des kilomètres et contrastent avec les villas aux allures de château. De grands murs épais, renforcés de barbelés scindent les deux mondes. Chaque Brésilien a une histoire de braquage à raconter, c'est monnaie courante ici. D'où les *condominios* ultrasurveillés.

Dès mon arrivée, on m'avait prévenue : je dois m'enfermer dans ma voiture, ne pas rouler la fenêtre ouverte, toujours garder la première vitesse enclenchée. À São Paulo, beaucoup de monde roule même en voitures blindées. En ville comme sur la plage, il faut faire attention à sortir sans bijoux, sans vêtements de marque et avec un sac à main discret. On doit rester en alerte. Ce sont des habitudes que j'ai prises et par chance, il ne m'est rien arrivé. Mais cette insécurité latente devient une réelle épée de Damoclès. S'ajoute à cela la distance avec ceux que j'aime. De plus, niveau communication, c'est vraiment compliqué ! Skype se fige sur chaque image. Pour appeler à l'étranger, je dois me rendre dans une cabine téléphonique et utiliser une carte aux numéros sans fin. Sans compter le décalage horaire qui limite les contacts. Tout ça me coupe complètement de leur vie !

Malgré tout, cela ne va pas être facile de partir ! Comment retrouver cette qualité de vie ? Si je ne veux pas déprimer, il me faut un endroit ensoleillé avec la mer à proximité, une *drop zone* pour continuer à sauter et une plateforme internationale pour garder une connexion avec l'étranger. Rien que ça ! Le niveau d'exigence est sacrément élevé ! Après recherches, Monaco s'impose comme mon nouvel eldorado.

Avant de quitter le Brésil, je profite de chaque instant au karaté, à Boituva, avec Vana et mes amis… ils vont terriblement me manquer. Mais je dois trouver mon équilibre. Je boucle mes valises, mélancolique, et embarque pour la suite de mes aventures.

3

Impulsion

10 août 2007 — Nice — 11 heures : résolue !

L'avion entame sa descente. Je me pose sur la majestueuse Côte d'Azur. L'élégance s'impose. Telle une vieille dame, elle porte son histoire avec grâce. La promenade des Anglais déroule sa longue traîne de palmiers, de lumières et de palaces sur la baie des Anges. Grand contraste avec mes côtes brésiliennes plus sauvages ! Ici, tout est rangé, ordonné, orchestré dans les moindres détails. Des percées entre les constructions laissent deviner des petites rues animées et pleines de charme. Un nouvel épisode commence pour moi… *Monaco, me voilà !*

Je redécouvre cette principauté avec des yeux d'adultes et cours les agences immobilières. Ma gorge se noue en découvrant les loyers, qui dépassent complètement mon budget. Grâce au réseau des parachutistes, je déniche une colocation vers Villefranche-sur-Mer, où la vie est bien plus abordable qu'à Monaco. Greg, un parachutiste stéphanois m'accueille en tongs et bermuda. Il travaille entre Monaco et Saint-Tropez en tant que *skipper*. On s'était déjà rencontrés sur la *drop zone* de Lyon. Sportifs et pleins d'humour, nous sommes sur la même longueur d'onde. Avec lui, les introductions fusent et j'avoue que c'est agréable de ne pas avoir à se faire sa place toute seule. Il me fait découvrir le monde luxueux des yachts et me fait monter à bord quand il peut. Quel privilège d'observer la côte depuis la mer !

Ces bateaux demandent un pilotage subtil, surtout pour les retours au port. Je le regarde courir entre les pare-battages et les commandes, il gère ! Rapidement, j'entre dans son univers et apprends à le connaître. C'est fou ! Nous pratiquons les mêmes sports. En plus du parachutisme, il fait aussi du karaté et de la plongée. Le week-end, nous prenons le chemin de la *drop zone*, à bord de sa Honda CBR 900, car en plus de savoir piloter des bateaux, il est motard. Tout pour la précision et l'excellence. Cet homme m'intrigue…

Je commence à distribuer mes lettres de motivation aux cabinets d'architecture et à faire du porte-à-porte. J'ai l'impression de revivre la même situation qu'au Brésil. Pour le moment, toutes les équipes sont au complet. Greg me demande alors de lui fournir quelques CV au cas où il rencontrerait des clients intéressés. Je m'arme de patience et persévère, jusqu'au soir où il m'annonce avoir donné mon CV à un architecte naval, dont le bureau est situé à Monaco. Je dois le contacter pour le rencontrer. Sans le savoir, je me retrouve donc à appeler le plus grand *designer* de méga-yachts au monde :

— Bonjour ! Je suis l'amie architecte du *skipper* que vous avez rencontré hier, auriez-vous le temps de boire un café ?

— Oui, ou vous pouvez venir pour un entretien au bureau dans une heure.

Je reste hébétée :

— Bien sûr, à tout à l'heure.

Ni une ni deux, je prends mon *book* et mon courage à deux mains, direction le majestueux port Hercule. Les bureaux se trouvent à proximité des bateaux. Je suis accueillie par le bras droit du *boss*, qui m'invite à les rejoindre dans leur office. Après une bonne heure d'échange, je leur avoue ne rien connaître au milieu nautique, ce qui n'a pas l'air de les déranger. Nous finissons l'entretien en parlant de nos passions respectives : le patron me partage son engouement pour le ski, je rebondis sur la chute libre. Cette société me plaît ! Quelques heures plus tard, je reçois un appel m'annonçant une proposition de CDI. Je saute de joie, un air de samba vibre dans ma tête et mon corps !

5 novembre 2007 — Monaco — 9 heures : comblée !

Les portes vitrées du Castellara s'ouvrent sur un hall de marbre. Le gardien me salue, je traverse le couloir au rythme de mes talons qui résonnent. Quatrième étage, je pousse la porte entrouverte et suis accueillie par la secrétaire. Pierre, l'adjoint au directeur, au visage bienveillant, me présente à mes collègues et me montre les installations. C'est magnifique ! Tous juste installés dans ces nouveaux bureaux, ils travaillent en *open space*. Des maquettes de yachts luxueux trônent entre chaque poste. L'espace lumineux est éclairé par de grandes baies vitrées donnant sur le port Hercule. Un déjeuner de bienvenue est organisé sur le balcon. Nous sommes une petite équipe de quinze personnes, l'ambiance est très conviviale. Quelle chance d'avoir été recrutée ici !

Je m'assieds à mon bureau, remplie de fierté. Me voilà officiellement *designer* dans un bureau d'architecture navale à Monaco ! Mes repères se posent, mon quotidien s'installe. Je continue à sauter tous les week-ends, lorsque la météo le permet. Il faut vraiment que j'augmente de niveau ! Greg et son groupe font des sauts qui me donnent envie, mais je dois, tout d'abord, maîtriser la technique de la tête en bas, pour la sécurité de tous. J'ai encore des progrès à faire !

En semaine, je l'accompagne au karaté. Heureuse de pouvoir continuer à pratiquer les enseignements de mon *sensei*, je me joins aux cours. Nous nous déplaçons essentiellement en moto et je prends rapidement le virus. Cette sensation de liberté et la possibilité d'échapper aux bouchons me séduisent. Je me renseigne pour passer mon permis. Je pensais avoir tout vu, lorsque Greg m'invite à passer un week-end pour découvrir un autre de ses univers : la montgolfière !

— Comment ? Tu pilotes aussi des ballons ?

24 février 2008 — Carroz d'Arâches — 6 h 30 : épatée !

L'alarme du réveil retentit et je me lève enthousiaste à l'idée de réaliser mon premier vol en montgolfière. Sacré plus jeune pilote de France, Greg a passé tous ses week-ends, adolescent, à voler avec son père que nous avons rejoint pour un vol d'exception. Nous partons en 4 × 4, au cœur de la station encore endormie. J'assiste à toute la mise en place :

- Sortir la nacelle de la remorque, puis étaler au sol l'immense toile, appelée « enveloppe ».
- Monter la structure qui supporte le brûleur, charger et arrimer les bouteilles de propane.
- Coucher la nacelle et commencer à gonfler l'enveloppe à l'aide d'un grand ventilateur.
- Fixer les suspentes (câbles qui relient l'enveloppe au « panier ») et continuer à gonfler, cette fois en se servant du brûleur. La chaleur s'engouffre dans la toile gigantesque, qui grossit jusqu'à s'élever au-dessus du panier en osier.

Je suis hypnotisée par leur chorégraphie si bien rodée. Ils me font signe, pour embarquer. J'enjambe la nacelle, qui se met instantanément à glisser sur le sol, puis s'élève en douceur. Quelle sensation étrange ! Je ne me sens pas en mouvement, mais j'ai l'impression d'avoir appuyé sur *dézoomer* dans Google Maps. Les chalets rapetissent, la neige feutre le paysage de son velours blanc, les lumières scintillent, quelle magie !

Entre deux coups de brûleurs, c'est le silence absolu ! Suspendue au milieu de ce spectacle naturel, je suis partagée entre l'émerveillement et le malaise de ne pas avoir mon parachute sur le dos. Le père de Greg refuse catégoriquement que l'on saute de sa montgolfière. J'avoue que me trouver dans un panier en osier, sous un tissu qui reçoit de grands coups de flammes, sans *back up* (plan B), ce n'est pas rassurant ! Je les regarde, décontractés. Curieuse, je leur demande comment ils la dirigent. Son père me répond :

— La montgolfière ne se pilote pas directement. Nous la faisons monter ou descendre pour prendre des courants. Les vents présents aux différentes altitudes font dériver le ballon dans telle ou telle direction.

— C'est très aléatoire ! Comment savoir que vous ne serez pas poussés vers un lieu dépourvu de champs d'atterrissage ?

— On étudie les brises avant de partir pour anticiper le plan de vol. C'est aussi pour cela que l'on décolle tôt, avant que le vent ne forcisse.

Je suis impressionnée. Comment peut-on rester si calme aux commandes d'une technologie si peu contrôlable ? En contact radio permanent avec le sol, une personne suit la montgolfière en 4 × 4. Ce n'est pas le tout de trouver un endroit pour atterrir, il faut aussi que la voiture nous retrouve pour tout remballer dans la remorque. Mais comment va-t-on se poser avec si peu de maniabilité ?

Je n'ai pas d'autre choix que de faire confiance aux experts. Je regarde notre ombre défiler lentement sur les arbres, tout semble paisible. On discute des compétitions de ballons, le père de Greg me raconte plein d'anecdotes de vols au-dessus des châteaux de la Loire, des *touch and go* (posé-décollé) dans les rivières, ses yeux pétillent… J'adore écouter un passionné !

Puis vient l'heure de penser à l'atterrissage. Il repère un espace dégagé et ajuste la vitesse de descente pour « craber » un peu plus. Greg m'avertit, le contact au sol peut être « viril ». Je m'accroche à la structure, prête pour l'impact. Tout à coup, une secousse brutale nous renverse. Couchés sur un côté, nous sommes tractés par l'enveloppe sur quelques mètres avant de nous stabiliser. Effectivement, c'est moins doux que le vol ! Nous rentrons sur Nice, sourire aux lèvres, la tête encore dans les nuages.

1er septembre 2008 — Nice — 22 heures : charmée !

Parachutisme, karaté, plongée… Greg et moi nous découvrons un peu plus à travers nos activités. Plus les jours passent, plus notre complicité grandit. On possède cette énergie commune, la vie ensemble est sans effort. Et tout naturellement, notre collocation évolue en concubinage.

Un soir, je lui demande s'il estime avoir des regrets :

— Je fais en sorte de ne pas en avoir. Je me suis formé dans beaucoup de domaines qui m'intéressaient et j'ai poussé tous mes sports au haut niveau… sauf un, le parachutisme. Oui, j'ai un regret. J'aurais vraiment aimé faire de la compétition en *freefly*, j'ai raté le créneau.

— Comment ça ? T'es encore jeune, on a vingt-sept ans !

On peut commencer à sauter à partir de seize ans, avec des parents très compréhensifs, mais la plupart des gens débutent après dix-huit ans. Tout est encore possible. Je vois cela comme un nouveau *challenge*, qui s'offre à moi. Je lui lance :

— Viens, on monte une équipe !

Le *freefly*, en compétition, nécessite deux performeurs et un *cameraman*, présentant un programme libre et des figures imposées. Semblable au patinage, il s'agit d'une discipline artistique. Le *cameraman* fait entièrement partie de l'équipe. Il doit rester proche, garder les performeurs au centre du cadre et peut considérablement faire grimper la note s'il ajoute des effets visuels, en se déplaçant habilement autour d'eux. Les figures sont donc réalisées à trois, bien qu'il n'y ait que deux personnes à l'écran. Une fois au sol, il remet sa vidéo aux juges, qui attribueront une note artistique et technique. Nous trouvons un collègue motivé pour compléter l'équipe et entamons une soirée *brainstorming*, pour chercher un nom. Quels liens avons-nous en commun ? L'amour de la mer et de la glisse. La thématique du *surf* nous semble une bonne piste à explorer.

Un antidérapant, utilisé pour les planches, attire notre attention. Un génie du *marketing* a commercialisé des petits galets, appelés « Sex Wax® ». Pas mieux pour marquer les esprits ! En remplaçant « Sex » par « Air », ce serait un beau clin d'œil au monde du *surf* ! La sonorité nous plaît à l'unanimité, AirWax est adopté. Le week-end suivant, nous nous retrouvons sur la *drop zone* pour des sauts « sérieux », en trio… la *team* AirWax est lancée !

Nous dressons une liste de figures connues pour les reproduire. La tête en bas, Greg doit venir attraper mes pieds tandis que je me trouve en position assise. Ça n'a pas l'air compliqué, mais je le vois, jambes écartées au maximum, « couler » devant moi. Nos différences de gabarits ne nous aident pas. Greg mesure 1,72 mètre pour 80 kilos, et moi, 1,77 mètre pour 60 kilos. Pour rester côte à côte en chute libre sans effort particulier, il faudrait que nos silhouettes et nos poids soient à peu près similaires. J'essaye alors d'accélérer, Greg de freiner et notre *cameraman* de nous garder tous les deux dans le cadre ! On ne part pas avec toutes les chances de notre côté, mais notre motivation est bien trop forte pour se laisser décourager.

Dans un premier temps, nous devons nous entraîner à deux pour régler nos différences de taux de chute. Nous n'avons que quelques mois avant les premières compétitions. Comment augmenter de niveau rapidement avec l'hiver qui arrive ?

25 décembre 2008 — Phoenix — États-Unis — 15 heures : lancée !

J'ai craqué ! Impossible de résister à l'envie de présenter Skydive Arizona à Greg. L'aéroport de Phoenix, sur son trente et un, les décorations de Noël ont pris possession des lieux. Les hymnes diffusés à la radio nous enveloppent dans leur ambiance chaleureuse. Nous récupérons notre voiture de location et nous engageons sur l'*interstate* 10 en direction de la ville d'Eloy. Les grandes plaines désertiques, à perte de vue, offrent un regain de liberté. Pour seule accroche visuelle, quelques cactus ponctuent la terre rocailleuse inondée de soleil.

Nous roulons sous les airs familiers de *Maman, j'ai raté l'avion*, mais dans un décor de western. Le contraste est intéressant ! Greg est envoûté avant même d'arriver sur la *drop zone*. Le parking, face à l'allée de drapeaux, est bondé. Nous entrons dans le Disneyland des parachutistes, ses yeux s'écarquillent. Au *Christmas Boogie* de Skydive Arizona, c'est vraiment Noël pour les éternels enfants que nous sommes ! Au menu cette année : Twin Otter, Skyvan, King Air, montgolfière et un avion mythique, le Douglas DC-3. Fabriqué juste avant la Seconde Guerre mondiale, il connaît ici un second souffle, faisant le bonheur des parachutistes du monde entier. Cerise sur le gâteau, il y aura même un largage de nuit pour fêter le passage à la nouvelle année !

Avant toute chose, nous voulons sauter d'un ballon. Car malgré toutes nos tentatives, le père de Greg n'a jamais cédé. Après la vérification de notre matériel et l'inscription effectuée, tout est arrangé pour sauter à l'aube, le lendemain matin. La nuit tombe sur le désert d'Arizona, la rosée diffuse son parfum de terre humide. Nous partons nous coucher, impatients. Nous allons enfin pouvoir nous élancer d'une montgolfière ! Cette technologie, vieille de plus de deux siècles, n'a pas fini de me faire rêver… Réveillée avant le lever du soleil, j'enfile ma combinaison, attrape mon équipement et, avec Greg, rejoins Burner, le pilote.

Le ballon est déjà tout apprêté, gonflé, mais encore couché au sol. Nous avons juste le temps d'enfiler nos parachutes avant que l'enveloppe ne se redresse. J'embarque dans la nacelle et regarde le sol rapetisser progressivement. Burner enchaîne les coups de brûleurs pour monter en altitude rapidement. Alors que je commence tout juste à réaliser ce que nous vivons, il nous demande de nous préparer à sauter. *Déjà ? Mais on vient à peine de décoller !*

Je regarde mon altimètre qui affiche mille cinq cents mètres. C'est suffisant, mais inhabituel. Accoutumée à mes quatre mille mètres, je nous trouve vraiment bas. Je me secoue un peu et commence à escalader la nacelle… *Allez, courage !* Je cherche où m'accrocher, sur quoi mettre les pieds, quel câble attraper. J'ai la chair de poule. C'est complètement absurde puisque je vais sauter dans quelques secondes, mais j'ai peur de glisser et de tomber. Nous voilà debout, en équilibre sur le rebord du panier, face au vide. Il n'y a pas un bruit. Je suis impressionnée ! Ça me fait l'effet d'être au bord d'une falaise. Nous nous regardons, et d'un signe de tête, entamons le décompte :

— Trois, deux, un… je m'élance.

Sensation inhabituelle : pas de coussin d'air, je tombe dans le vide, corps gainé, en attendant l'accélération, qui me permettra de retrouver mes appuis. Le bruit du vent arrive au fur et à mesure de ma chute, l'air devient de plus en plus palpable. Je regarde le sol, hypnotisée, grossir chaque seconde. Ma main se précipite sur la poignée d'ouverture, mon parachute se déploie à temps. Le cœur palpitant et le corps tremblant d'adrénaline, nous nous posons dans un champ. Cris de joie… on l'a fait !

De retour à la *drop zone*, il est temps de passer aux choses sérieuses. Nous préparons un plan d'entraînement, pour régler, en priorité, nos taux de chute et notre proximité. Caméra sur la tête, nous nous filmons mutuellement. Les vidéos nous permettent d'analyser nos postures. Chaque erreur nous apprend quelque chose. Tous deux perfectionnistes, nous enchaînons les exercices jusqu'à trouver les bons réglages. Et petit à petit, nous atteignons nos objectifs. C'est jouissif d'arriver à contrôler son corps dans l'air ! L'Homme n'est pas fait pour voler et pourtant il a trouvé le moyen de se déplacer avec précision dans la masse d'air. C'est fascinant ! Tel un superhéros, on peut avancer sur la tête à une vitesse folle, ou même se mettre en orbite autour de quelqu'un. C'est dingue ! En transformant mon corps en aéronef, je transcende littéralement ma condition humaine.

28 décembre 2008 — Skydive Arizona — États-Unis — 9 heures : captivée !

La nouvelle attraction du parc ressemble à une soucoupe volante, dotée de quatre tubes métalliques tournés vers le ciel, paraissant flotter à trois mètres au-dessus du sol. Sur pilotis, la structure vibre et siffle fort. C'est l'outil magique dont rêvent les parachutistes : une soufflerie ! Après quelques volées de marches, curieux et fascinés, nous ouvrons la porte pour découvrir un tube transparent où flottent deux personnes. On dirait des poissons dans un aquarium. Pas besoin de parachute ni d'altimètre. Grâce à cette technologie, on peut voler aussi longtemps que l'on veut, sans se soucier du sol qui se rapproche.

Des turbines aspirent l'air qui s'engouffre sous la structure, passe à travers un filet de câbles dans le cylindre vitré, puis est recraché quinze mètres plus haut. Cette « chambre de vol » mesure environ sept mètres de hauteur pour quatre mètres de diamètre. La puissance du vent est contrôlée par un *driver* (conducteur) en temps réel. Le débit d'air est adapté en fonction des gabarits et de l'exercice. Nous devons essayer !

Combinaison, bouchons d'oreille, lunette, casque, nous pénétrons dans le sas. Comme chaque première fois, mon ventre papillonne. Le moniteur me fait signe, j'étale mon corps sur l'air et cherche mes appuis. Les premières secondes sont déstabilisantes. Entre ces pans de Plexiglas, l'espace apparaît bien plus réduit que dans le ciel. Le moindre mouvement engendre un déplacement rapide remettant en question mon équilibre. C'est subtil. L'exigence technique de l'*indoor* est carrément *next level* ! C'est toute cette précision qu'il faut que j'acquière. Quelle technologie révolutionnaire ! En considérant qu'une chute libre dure environ une minute, une heure de soufflerie revient à soixante sauts. On peut réaliser l'équivalent de saisons entières en quelques jours ! Il s'agit d'un véritable accélérateur de performance.

Ne pas s'emballer. Il nous faut trouver le juste équilibre pour répartir intelligemment notre budget. L'entraînement à la compétition s'avère coûteux. Nous avons négocié des tarifs à la *drop zone,* en échange d'un certain volume de sauts et enchaînons entre six à huit rotations par jour. Une semaine d'entraînement représente déjà une belle somme ! L'heure de soufflerie coûte l'équivalent d'une trentaine de sauts. C'est un sacrifice qui vaut le coup, mais il faut faire attention à ne pas perdre pied ! Pratiqué en loisir, le parachutisme reste accessible : un jeune licencié, qui loue son équipement, peut sauter pour une quarantaine d'euros, puis une trentaine d'euros, avec son propre matériel.

Si on considère toutes les expériences qu'offre un saut : la montée en avion (quinze à vingt minutes), la chute libre (entre cinquante et soixante secondes), le sous voile (plusieurs minutes qui varient selon la taille de la voile et le poids qu'elle porte), ce n'est pas si cher. Certaines personnes dépensent des fortunes dans les fêtes et soirées, moi je préfère m'élancer depuis quatre mille mètres !

Le stage a porté ses fruits, on a franchi un premier cap. Maintenant, place à la récompense ! Pour célébrer la nouvelle année… saut de nuit du fameux DC-3 ! Un shérif, en charge de l'encadrement et de la sécurité, nous explique le déroulement de l'opération. Nous accrocherons des bâtons fluorescents le long de nos bras et de nos jambes pour être visibles dans la nuit. Nous porterons également une lampe sur le sommet de la tête pour éclairer notre voile, une lumière verte dans le dos et une rouge sur le buste, pour éviter toute collision.

— Et bien sûr ! Restez sobres, nous lance le shérif avant que nous nous dispersions.

J'ai trop hâte, ça va être fou ! Nous devons vite partir pour éviter les embuscades de l'apéro post-sauts, surtout un 31 décembre !

Lorsque nous revenons de notre escapade, la fête est déjà bien entamée. Discrètement, nous rejoignons le groupe pour nous apprêter. Les craquements des tubes de lumière et rouleaux de Scotch résonnent dans tout le hangar. Quelques minutes plus tard, nous ressemblons à des sapins de Noël illuminés ! Je me suis arrangée pour que l'on soit dans les premiers à sauter, afin d'éviter de gérer le trafic sous voile. On a beau être éclairés, je ne sais pas trop ce que les parachutes vont rendre dans le noir et n'ai aucune envie de zigzaguer entre des voiles au comportement imprévisible.

Nous nous dirigeons vers le magnifique avion, dont le fuselage argenté scintille au milieu de la nuit. Les moteurs à pistons grondent, l'engin tremble sous leurs vrombissements. L'ambiance est magique.

J'embarque pour mon premier saut nocturne, à bord de cet avion mythique. Nous décollons, émerveillés et impatients. À mi-hauteur, je sors brusquement de mes pensées rêveuses : il y a parmi nous des personnes sans parachute ! Je jette au shérif un regard interrogateur, il sourit.

Ce sont des parachutistes qui ont payé leur place pour nous voir sauter et fêter la nouvelle année en l'air. Loin d'être sobres, ils font circuler une bouteille de champagne. Cette situation paraît complètement improbable ! Nous buvons tous une gorgée symbolique et hurlons *Happy New Year* en cœur. À quatre mille mètres, le shérif se place à côté de la porte, pour s'assurer que seules les personnes équipées de parachutes quittent l'avion.

Je sors la tête pour repérer la zone avant de sauter. Des rangées de voitures, phares allumés, doivent nous indiquer le terrain à viser, mais je ne les vois pas. La seule tache lumineuse est la ville de Casa Grande, située à trente kilomètres de la *drop zone* et la piste d'où nous avons décollé. Bon ! Au pire, on se posera le long du tarmac ! Je me tourne vers Greg et lui prends les mains. Au bord du vide, nos yeux pétillent d'émotion et de complicité. Ce que nous vivons est unique.

— *Ready, set, go !*

On s'élance dans l'obscurité, les pistons nous offrent un mini *show* pyrotechnique. Pour une fois, nous restons à plat pour profiter de quelques secondes de chute supplémentaires. Nos corps étalés sur l'air nous font descendre plus lentement qu'en *freefly*. On se regarde flotter dans le noir, nos visages à peine visibles. Nous ne sommes plus que des silhouettes dessinées par nos bâtons fluorescents, *c'est surréaliste !* J'ai l'impression de faire partie d'un braquage, comme dans les films d'action où on arrive de nuit pour ne pas être repérés. L'heure de se séparer arrive, je m'éloigne pour ouvrir mon parachute. Privée des lumières, plus aucun repère visuel ne me permet de confirmer l'orientation de mon corps. Je lâche l'extracteur dans l'obscurité totale et attends la secousse du déploiement de ma voile. Après ces quelques secondes sourdes, j'attrape mes commandes, la couleur orange de ma voile ressort sous le *flash* de ma lampe. Naviguer de nuit, c'est une tout autre expérience : je me sens dans un autre monde, comme flottant dans un liquide visqueux.

Je cherche Greg et discerne à peine sa lumière. Il n'y a pas beaucoup d'éclairage, je suis vraiment ravie qu'on soit partis en premier ! La rangée de voitures allume enfin ses phares, je me dirige vers le carré de gazon faiblement éclairé. Au fur et à mesure de mon approche, je me rends compte de la difficulté à apprécier la distance verticale. On se sert beaucoup de l'horizon en temps normal. *Ne pas paniquer, rester concentrée.* Je garde la tête froide et tente de regarder le plus loin possible. Autour de moi, silence complet. Progressivement, je commence mon freinage, le sol arrive un peu plus tard que prévu, mais je me réceptionne sur les pieds.

Tout à coup, une foule invisible m'acclame. Toute la *drop zone* est venue assister au spectacle. Greg se pose avec vitesse et maîtrise sous les applaudissements des paras qui débarquent sur l'herbe avec des verres pour trinquer. Nous nous rejoignons, tous deux ahuris et portons un toast à ce saut exceptionnel.

21 février 2009 — Paris — 9 heures : ambitieuse !

Je pousse la porte du complexe sportif où la fédération française de parachutisme nous a donné rendez-vous. Chaque année est organisé un stage de détection pour sélectionner les équipes « espoirs », antichambre du niveau national. Celui-ci se déroule dans une soufflerie, en région parisienne. Inscrits dès notre retour d'Arizona, nous avons voulu tenter notre chance. On nous installe dans une salle avec d'autres participants. Le sélectionneur fédéral prend la parole. Il nous explique le déroulé des compétitions et les évolutions possibles en tant qu'athlète. Puis, chacun à notre tour, nous partons voler avec un *coach* fédéral.

Heureuse d'avoir déjà un peu d'expérience, je m'élance dans la chambre de vol. Le moniteur me montre des exercices à reproduire et évalue mon niveau. Quelques heures plus tard, nous nous entretenons avec le sélectionneur. Notre potentiel, allié à notre motivation, le convainc. Nous décrochons le statut « équipe de France espoirs » ! Grâce à cela, nous serons conviés à plusieurs stages fédéraux, suivis par un entraîneur, et nous ne paierons que la moitié des sauts. Nous rentrons sur Nice, des paillettes plein les yeux.

La semaine, à peine sortis de nos activités professionnelles respectives, nous nous rejoignons au club de karaté. L'objectif de la compétition nous motive, nous avons soif de performance. Le week-end, nous retrouvons le ciel, lorsque la météo le permet, car rien n'est garanti. Un vent trop fort nous bloquerait au sol, nos voiles n'arriveraient plus à avancer pour rentrer sur le terrain. Quant aux rafales, elles pourraient refermer une partie de notre parachute. Les nuages peuvent aussi se révéler des obstacles à la pratique de notre sport, selon leur hauteur et leur espacement. Rapidement, nous réalisons que sauter à ce rythme ne suffit pas pour passer de nouveaux caps. Si nous voulons présenter des sauts corrects en compétition, cette année, nous devons mettre les bouchées doubles.

En attendant les stages fédéraux, nous posons donc une semaine de congé et programmons un entraînement avec un *coach*. Munis de notre tente « trois secondes », de nos parachutes et de nos sacs de couchage, nous voilà sur la route du Puy-en-Velay. La *drop zone* se trouve au milieu de champs de lentilles. Entouré d'herbe bien verte, le hangar abrite un *staff* super accueillant. Nous jetons notre toile et rejoignons David, ancien membre des équipes de France. En tant que performeur et *cameraman* – il filmait sa compagne en *freestyle* – il connaît très bien les ajustements pour équilibrer les différences de gabarits homme-femme. Grâce à ses précieux conseils, nous commençons à élaborer des sauts dignes de ce nom. Je réussis à accélérer, à avancer tout en contrôle et à voler, en restant stable dans toutes les positions. *C'est gratifiant !*

De plus en plus à l'aise en chute, j'aime prolonger le plaisir sous mon parachute. J'ai maintenant plus de huit cents sauts et une voile réactive qui me permet de m'amuser. Lorsque je pars en virage, elle plonge et accélère avant de retrouver son vol horizontal. Cette manœuvre, effectuée à la bonne hauteur, permet de raser le sol à pleine vitesse avant d'atterrir en quelques pas. Ça produit l'effet d'un grand huit, deuxième moment fort après la chute libre, j'adore ! Nous partons pour le dernier saut de la journée. *Focus* sur les figures imposées : Greg sort en position debout, et moi, la tête à l'envers. Je m'approche, lui attrape les pieds, et pivote sur place pour qu'il reproduise l'exercice à son tour. Nos taux de chutes sont ajustés, la proximité apprivoisée, c'est rythmé ! Je crois que nous sommes en train de battre notre record d'enchaînements ! Mon altimètre sonne. Euphorique, j'ouvre ma voile. Je suis tellement contente de notre évolution. Gonflée d'énergie, je saisis les commandes et entame ma navigation.

4

Accident

6 mai 2009 — Puy-en-Velay — 17 heures : déphasée !

Le terrain arrive vite, très vite… trop vite ! Mon corps, à l'horizontale, subit l'effet de pendule engendré par mon dernier virage. Je fonce à toute allure vers le sol. D'un coup, mes pupilles se dilatent et l'espace-temps se tord. Comme si tout se passait au ralenti, j'ai le temps d'analyser la situation. Je réalise que je suis beaucoup trop basse pour que ma voile puisse se remettre à plat. Encore inclinée à 45°, il n'y a pas d'échappatoire… je vais mourir ! Par instinct de survie, je tire mes commandes pour casser mon élan, mais ça ne suffit pas… voile noir !

Mes paupières se rouvrent… tout est flou.

Je me sens complètement clouée au sol, mon corps, étendu sur l'herbe, est en vibration. Des visages sont penchés sur moi, je discerne mon *coach*, un moniteur et un jeune en uniforme qui s'agite. Ma cuisse droite me fait très mal. Je demande ce qui s'est passé. On me répond que j'ai pris un virage trop bas et que j'ai percuté le sol.

Après le coup de frein, comme pour me protéger de l'impact fatal, mon cerveau s'est déconnecté et j'ai perdu connaissance. Sans crispation, mon corps a rebondi tel un pantin sur la terre meuble.

Greg, qui a vu la scène d'en haut, accourt, terrifié à l'idée que je sois morte sur le coup. Par miracle, je suis vivante !

Je sais que j'ai une blessure à la cuisse, j'ai mal, mais l'état de choc me permet de supporter la douleur. Malgré mes gémissements de protestation, les secouristes découpent le harnais de mon parachute. *Ça me fend le cœur !* Puis ils me glissent sur une civière et m'emmènent au service des urgences le plus proche. Arrive alors une énorme vague d'angoisse. Je leur demande :

— Est-ce que je vais rester paralysée ?

Ils échangent un regard, gênés, et me répondent qu'ils ne savent pas. *Panique !*

Je rassemble alors toutes mes forces, me concentre sur mes pieds et essaye de bouger les orteils. *Allez !* Les yeux rivés sur mes extrémités, je projette toute ma foi dans cet instant, qui dure beaucoup trop longtemps. Enfin, mes orteils se plient. Des larmes de soulagement accompagnent toute ma reconnaissance.

J'arrive à l'hôpital du Puy-en-Velay malgré une demande de transfert sur Lyon, d'où je suis originaire. Face au risque d'hémorragie, ils veulent me garder ici. Je patiente toute la nuit, d'abord dans un couloir, puis dans une chambre, avec un voisin, qui enchaîne les flatulences. *Au secours, je veux sortir de là !*

J'ai déjà perdu beaucoup de sang. Greg sollicite le personnel soignant, mais ce n'est qu'au petit matin qu'on m'emmène en salle d'opération. L'anesthésiste arrive enfin !

Mes yeux se ferment. Lorsque je reprends conscience, un masque est posé sur ma bouche. Une douleur vive se réveille, comme un curseur qui monte éternellement. *C'est insupportable !*

Je cherche de l'aide, mais personne ne se trouve à proximité. *Il faut faire quelque chose, vite !*

Comme diversion, j'essaye de fixer mon attention sur les objets alentour et me force à décrire ce que je vois. Un infirmier arrive enfin. Il m'installe une perfusion de morphine, puis me conduit dans une chambre. Je regarde les gouttes du liquide transparent passer dans les tuyaux reliés à mon bras. Elles s'écoulent bien trop lentement à mon goût.

Maintenant que l'adrénaline du choc a quitté mon corps, une vague de pessimisme m'envahit, comme une énorme claque au moral. J'ai mal, je suis en vrac et je réalise l'ampleur de la catastrophe.

Notre équipe, la saison de compétition, les projets… tout tombe à l'eau !

Je pense à tout ce que je nous fais perdre, à tout ce que j'aurais pu faire pour éviter cet accident. Je m'en veux terriblement ! Si seulement je pouvais revenir en arrière… La culpabilité me ronge. Seule dans ma chambre, je m'effondre. Les doutes m'envahissent. *Est-ce que je vais pouvoir remarcher normalement ? Comment vais-je faire si je ne peux plus sauter ?* L'angoisse me serre le ventre et me prend à la gorge.

Greg entre :

— Je m'excuse d'avoir tout gâché, nous étions si bien partis…

Il fait tout pour me rassurer :

— L'important, c'est que tu sois en vie.

Mais connaissant toute l'énergie que nous avons mise pour nous lancer, il doit être si triste ! Étant à l'initiative de ce projet, je me devais d'accomplir la mission.

Je me tords de douleur. Ça me lance en continu. On finit par m'apporter une sorte de « détonateur ». J'appuie sur le bouton, quand c'est vraiment insupportable, pour délivrer une dose de morphine.

Greg essaye de dédramatiser en me faisant rire. Il dit que je lance des missiles à chaque fois que j'actionne la manette, façon pilote de chasse. Heureusement qu'il est là ! Sa présence me sauve de mon marasme. Constamment à mes côtés, il dort sur un fauteuil. Les infirmiers n'ont pas réussi à le sortir de la chambre.

Chaque jour, des amis et nos familles viennent me voir. Toutes ces visites me procurent un bien fou ! Le soutien, l'amour que je reçois se convertissent en énergie pour lutter.

Quand le chirurgien passe enfin dans ma chambre, il me montre les radios postopératoires de mon fémur et m'explique qu'avec beaucoup de rééducation, je remarcherai peut-être un jour.

Complètement *shootée* à la morphine, je n'intègre pas bien ce qu'il me dit.

Le lendemain, mon père, médecin, débarque en panique dans la chambre. En déplacement à l'étranger, il est arrivé aussi vite que possible. Greg lui tend la radio, il bondit. La vitesse de l'impact a causé plusieurs fractures, une majeure et plusieurs « épines ». Les muscles s'étant rétractés, mon genou est remonté jusqu'à la moitié de ma cuisse. L'os du fémur est comme un tube.

Il faut d'abord mettre la jambe en traction pour aligner les morceaux, insérer une tige d'acier, puis la visser sur la hanche et le genou. Agissant comme un tuteur, l'os se reconstruit autour. Dans mon cas, les muscles se sont énormément rétractés. Ne réussissant pas à aligner les morceaux, le chirurgien a malgré tout enfoncé la barre et cassé des parties d'os, inséré des vis, puis refermé. Non seulement ma fracture est loin d'être réduite, mais je me retrouve, en postopératoire, avec plus d'os brisés qu'en arrivant !

La morphine m'assomme et m'écœure. Depuis maintenant cinq jours, je plafonne aux doses journalières sans ressentir de soulagement.

Ma hantise, ce sont les changements de draps, car le moindre mouvement engendre un pic de douleur insoutenable. J'essaye tous les subterfuges possibles pour la gérer :

- fredonner une chanson ;
- repenser à un bon souvenir et m'y replonger pour associer des pensées et des images positives ;
- décrire avec précision les objets de la chambre ;
- demander à mes proches de me raconter une histoire.

Lorsqu'on souffre, l'esprit n'arrive plus à réfléchir normalement, la moindre tâche devient difficile. En le forçant à travailler, je concentre mon attention sur autre chose, ce qui fait office de distraction et allège un peu la douleur.

Face à mon état, le centre hospitalier propose finalement une nouvelle intervention chirurgicale. Mais au vu des talents de leur service, je préfère me faire rouler dessus par un bus ! Heureusement, mon père a pris les devants et obtenu un rendez-vous avec un spécialiste sur Lyon. Au bout de sept longs jours, me voilà enfin transférée vers un avenir plus prometteur.

13 mai 2009 — Lyon — 18 heures : délivrée !

J'ai compté tous les dos d'âne depuis l'hôpital du Puy à la clinique de la Sauvegarde, et il y en a beaucoup ! Les agents de l'urbanisme n'ont jamais dû être transportés en ambulance ! Les portes s'ouvrent. De la civière, on me fait glisser sur un lit. Pour m'aider à supporter la douleur, les infirmiers me proposent un gaz hilarant. Parfait ! Un peu d'humour ne me fera pas de mal ! Alors que je m'attends à partir en fou rire, je ne ressens que des fourmillements. Ma tête vibre, ça ne fonctionne pas comme prévu.

Dans la foulée, une infirmière m'explique qu'elle va me poser une sonde. Ne sachant pas trop à quoi m'attendre, je me demande pourquoi elle prend le temps de m'informer. Elle commence et tout prend sens. *Cette technique doit être issue du musée de la torture, ce n'est pas possible !* Je n'ai qu'une envie, l'arracher ! Le personnel soignant me retient les mains un bon moment avant que j'abandonne : infirmière 1, Karine 0.

Habituée malgré moi, je prends mon mal en patience… ça fait déjà une semaine que je serre les dents. Heureusement, on m'emmène rapidement au bloc. Je rouvre les yeux dans la salle de réveil. Quelqu'un me prend tout de suite en charge et me ramène à ma chambre. Je retrouve doucement mes esprits. *Incroyable !* Je sens que tout est bien aligné dans ma jambe. Je ne ressens pratiquement plus de douleur, ma cuisse est tenue, je me sens réparée ! Une vague d'optimisme me ramène à la surface.

Le chirurgien entre, le visage de mon « sauveur » apparaît. Pour moi, c'est comme découvrir l'identité secrète de Superman ! Je lui partage toute ma gratitude. Il m'explique qu'il s'agissait d'une opération très complexe, mais qu'il est satisfait du résultat. Il a aussi fait en sorte que la cicatrice soit la plus fine possible, étant donné qu'elle s'étend sur toute la longueur de la cuisse. *MERCI !*

Je lui demande tout de suite si je vais pouvoir me remettre au sport.

— Tu vas même pouvoir sauter de nouveau !

Un courant électrique parcourt mon corps et une montée de joie me réchauffe instantanément le cœur. Comment le remercier ? Il m'explique qu'il a effectué quelques sauts il y a longtemps, et serait content de se remettre au parachutisme. Combien de chirurgiens, venant d'opérer une parachutiste, qui s'est *crashée* au posé, émettraient ce souhait ? Je suis tombée sur une perle !

Au-delà d'avoir réussi l'opération, il m'a sauvé la vie. Car je ne m'imagine pas vivre sans liberté de mouvement. Je m'accroche donc à l'idée de ressauter, prête à attaquer la longue rééducation qui s'annonce. *J'ai hâte !*

17 mai 2009 — Marcy-l'Étoile — 10 heures : désenchantée !

On y est ! L'ambulance ouvre ses portes dans mon lieu de rééducation. Une femme s'approche avec… un fauteuil roulant ! Ah ! je n'avais pas anticipé cette étape.

Je pensais me déplacer avec des béquilles ! Mon moral en prend un coup, cet endroit n'est autre qu'un hôpital de jour. La rééducation, comme je me l'imaginais, n'est pas pour tout de suite ! Moment de lucidité, je commence à mesurer les difficultés qui m'attendent.

On m'amène dans une chambre en tout point semblable à celle du centre hospitalier du Puy. La porte se referme, je me retrouve seule dans cette pièce inanimée. Et maintenant ? J'ai besoin de faire quelque chose, de bouger, même si ça doit être en fauteuil. Je m'aventure alors dans les couloirs pour explorer un peu les lieux. Je tourne les roues à la force de mes bras, qui retrouvent une mobilité musculaire. Voilà au moins une partie du corps, qui peut se remettre en activité, et ça fait du bien !

Rapidement, une infirmière m'intercepte :

— Où allez-vous comme ça ?

— Je viens d'arriver, alors je visite.

— Vous ne pouvez pas déambuler dans les couloirs. Restez dans votre chambre, on viendra vous chercher pour le dîner. Au fait, avez-vous eu votre injection de Lovenox aujourd'hui ?

— Euh… non !

— Eh bien venez, que je vous la prépare !

Mon escapade n'aura pas duré longtemps et pour couronner le tout, j'ai gagné une piqûre contre la phlébite. Je retourne à ma chambre, dépitée. Bon ! Il va falloir qu'on m'apporte quelques livres pour passer le temps.

L'heure du dîner arrive enfin. Je n'ai pas faim, mais l'idée de sortir de ma chambre me ravit ! On m'amène au réfectoire. Situé au rez-de-chaussée, il s'agit d'une grande salle dépourvue de décoration, remplie de tables rondes. Les places sont attitrées. À ma table, quatre dames d'un certain âge et un jeune. Habituellement, il y a beaucoup plus de personnes de mon âge, mais là, je suis tombée dans un creux. Je les salue et entame la conversation. Bien entendu, on fait le tour de ce qui nous a amenés ici. Lorsque je décris mon accident, tout le monde frissonne. Le mot « parachute » impressionne, pourtant je n'ai qu'un fémur cassé. Il existe bien plus d'accidents de ski, d'équitation, de moto, de BMX et de vélo de descente qu'en parachute. Mon accident est dû à une erreur humaine. J'ai voulu tenter une cascade, que je ne maîtrisais pas, alors que je pouvais atterrir en douceur comme d'habitude. On ne peut pas blâmer sa voiture, si on l'envoie dans un ravin !

Le jeune, lui, est tombé à moto, les dames, elles, souffrent de fractures de hanche. Je les écoute déverser un flot continu de doléances. La boîte de Pandore a été ouverte ! Chacun rebondit sur la plainte de l'autre. J'ai l'impression d'être la seule personne à vouloir vraiment sortir de ma condition. Je retourne dans ma chambre… finalement, c'est peut-être mieux de rester seule !

On frappe à ma porte. Les bruits sourds me sortent de mon sommeil, à sept heures du matin. Pour une fois que je dormais bien ! Deux infirmières entrent :

— C'est l'heure de la prise de sang !

J'ai connu des réveils plus sympathiques, d'autant que je crains vraiment les aiguilles ! Me voyant toute crispée, l'une d'elles me lance :

— Bah alors ! On saute en parachute et on a peur d'une petite aiguille ? Il va falloir vous y habituer, parce que vous en avez une tous les jours !

Sans compter l'anticoagulant ! Nota bene : ajouter « crème anesthésiante » à ma liste.

Après leur départ, me voilà complètement réveillée, prête à ne rien faire. *La journée va être longue !* Impossible de me rendormir après ce stress.

Je bous d'envie de sortir, de bouger. J'ai l'impression d'être emprisonnée dans mon propre corps ! Vers 11 heures, un kiné apporte une machine pour mobiliser ma jambe, mais de façon très passive : allongée sur mon lit, je regarde mon genou monter tout doucement et redescendre. Ça ne dure qu'une demi-heure. Voilà le sport du jour !

Je lui demande ce que je peux faire en plus, il me répond qu'il faut juste attendre pour le moment, puis il referme la porte derrière lui. Je rumine. Quelques heures plus tard, on frappe de nouveau à ma porte. Cette fois, ce n'est pas une infirmière, mais le doux visage de ma mère qui apparaît. Elle est venue me tenir compagnie, m'apporter des livres et la précieuse crème anesthésiante. Sa présence réconfortante m'offre une soupape pour ne pas sombrer dans mon marasme.

Tous les matins, c'est la guerre avec les infirmières. Elles commencent par ma chambre et me réveillent aux aurores pour la prise de sang. J'ai beau leur quémander de terminer leur tournée par ma chambre, rien n'y fait ! Je serai la première réveillée. Mon séjour devient pénible, toutes mes actions quotidiennes des épreuves : me hisser du lit au fauteuil, aller aux toilettes, me doucher, me changer. Je n'ai droit à aucun appui pendant trois mois, ce qui limite considérablement la rééducation !

À force d'insister pour sortir, on m'a accordé un accès au plateau de kinésithérapie. Toute la journée, j'attends donc de pouvoir rejoindre « la salle de sport » où je pratique quelques exercices du haut du corps. Cela me procure un bien fou de solliciter un peu mes muscles. Malheureusement, je n'ai droit qu'à une heure par jour, *c'est trop peu !* Je me rends compte à quel point l'activité physique fait partie de mon équilibre mental. Les jours passent et voient peu d'amélioration, *ça ne va pas assez vite !*

Je m'ennuie. En manque d'humour, je broie du noir. Cet hôpital manque cruellement d'ambiance ! Chaque jour ressemble au précédent, j'ai l'impression d'être coincée dans une boucle. J'écoute les autres pensionnaires se plaindre et ressasser les mêmes histoires. Cela me choque : comment peut-on espérer entamer une convalescence en se maintenant autant dans le négatif ? *AU SECOURS !*

J'ai besoin de me sentir avancer. Toujours très limitée physiquement, il faut que je maintienne une activité cérébrale pour ne pas craquer. Je cherche alors ce que je pourrais apprendre pour rendre mon temps productif.

Le permis bateau et le niveau 3 de plongée viendraient compléter mes aptitudes. Chacun d'eux nécessite un examen théorique que je pourrais travailler ici en attendant de pouvoir passer la pratique. Je demande à Greg de m'apporter le *Code Vagnon.*

Apprendre m'apparaît salutaire et me permet de retrouver un semblant de vie. Je me projette dans la pratique du permis bateau, des plongées. Même si je ne sais pas encore ce que je pourrai réellement pratiquer, cela m'aide à garder espoir. Régulièrement, je me vois en train de me relever, de faire mes premiers pas. Puis je me vois à la salle de musculation du club de karaté, sur le sentier des douaniers en footing, à la porte de l'avion prête à sauter. C'est ce à quoi je tends, ce pour quoi je me bats.

En visualisant ma guérison, je mets mon corps et mon esprit sur les rails à suivre. En plus de mes efforts pour me maintenir mentalement, j'ai la chance de recevoir beaucoup de visites. Leur puissance est incroyable ! Se sentir soutenue et aimée génère comme des pouvoirs magiques. Les horaires de visite s'arrêtent tôt, alors Greg et mon cousin se retrouvent souvent à escalader le portail pour entrer en douce dans l'hôpital. Lors d'un dîner, le jeune motard me confie qu'il a entendu les infirmières parler de moi. Apparemment, plusieurs hommes viendraient me visiter la nuit, de quoi nourrir l'imaginaire…

Un après-midi, on m'apporte des béquilles. *Enfin !* Je quitte mon fauteuil en pensant aux personnes qui n'ont pas d'autre choix que d'y passer leur vie, ça fait sacrément relativiser ! En me redressant, je découvre une bosse sur mon flanc droit. Ma fesse s'est complètement décalée sur le côté. Je pars en fou rire… je suis la Quasimodo du fessier ! Mais, rien de grave maintenant que je peux retrouver de la hauteur ! Je n'ai toujours pas le droit de poser mon pied, mais je viens de franchir une nouvelle étape. Après une semaine à compter les jours, le moment tant attendu se présente enfin. Armée de mes deux cannes métalliques, je me dirige vers la sortie.

5

Espoir

30 mai 2009 — Lyon — 11 heures : libérée !

Greg me ramène chez nous dans le Sud. Je vais enfin commencer les séances de rééducation, au sein d'un plateau de kinésithérapie spécialisé dans le sport à Monaco. J'ai plein espoir dans cet institut sophistiqué ! Mais, dès la première séance, je déchante rapidement. Allongée sur une table, un homme en blouse blanche, peu bavard, me manipule la jambe sans grande conviction. J'ai pourtant plein de questions à lui poser, sur les étapes de ma rééducation, sur les machines du complexe, sur les exercices à pratiquer en plus. Mais, il me répond froidement :

— Les machines, ce n'est pas pour tout de suite ! Il ne faut pas être pressée, un os cassé, ça prend du temps !

Moi qui pensais que l'amélioration était stimulée par la rééducation ! Puis, il me laisse toute seule dans une salle, avec une machine qui me contracte les muscles. Les échanges avec les thérapeutes étant quasi inexistants, je n'ai aucune idée des différentes étapes qui m'attendent ni du réel suivi de ma progression. La seule chose que l'on me serine, c'est ne pas vouloir aller trop vite. Quant à mes aspirations ? Pas de faux espoirs, je ne suis pas certaine de pouvoir ressauter un jour. Je reçois les mots de ces « soignants » comme des obstacles à ma guérison. Si je les écoute, je m'inscris dans un Ephad tout de suite ! *Ça ne tient pas debout ! Qui, sinon eux, devrait rassurer, encourager, tirer vers le haut ?*

À force de travail, j'ai maintenant récupéré 20 % d'appui. Ce n'est pas grand-chose, mais c'est mieux que rien. *Patience, oui je sais !* Le plateau est équipé de barres parallèles à hauteur de bassin, différentes de celles des gymnastes — bien que ça aurait pu être drôle ! Je dois y prendre appui avec mes mains et effectuer quelques pas, en contrôlant le poids que je mets sur chaque jambe. Pas facile de jauger les 20 %, alors j'essaye, puis je tente d'en ajouter un peu plus pour voir jusqu'où je peux aller. Soudain, je sens ma jambe vaciller tel un vase de cristal brisé, qui aurait été recollé avec du Scotch. Coup au moral ! Il va encore falloir m'armer de patience. Ça tombe mal, je n'en ai plus la moindre once. Même avec un tempérament optimiste, je suis entrée dans le dur. Je pense à tout ce que l'accident me fait perdre et m'en veux ! Déprimée, cet état me paralyse. *Il faut que je sorte de ce gouffre !* Je me raccroche alors aux mots de mon chirurgien, sa voix raisonne dans ma tête : « Tu pourras sauter à nouveau. » Un matin, je décide de l'appeler et lui fais part de mes questionnements quant à l'efficacité de ma prise en charge de kinésithérapie. Il me conseille d'écouter mon corps, à condition de ne pas dépasser le seuil de douleur.

Je marche maintenant sans béquilles. Bon ! À deux

à l'heure et en boitant, mais sans assistance. Je décide alors de pratiquer ma propre rééducation à la salle de musculation du club de karaté. Entourée d'athlètes, cette ambiance martiale me remonte le moral et je retrouve enfin mon mental de guerrière.

22 août 2009 — Nice — 9 heures : déterminée !

L'été bat son plein. Bien décidée à retourner dans l'action, je programme l'examen pratique du niveau 3 de plongée. Je retrouve ma monitrice, qui aurait effectué la même démarche à ma place. Enfin quelqu'un qui me comprend ! Greg me porte sur son dos et me dépose dans le bateau. J'écoute attentivement le *briefing* tandis que nous partons au large. Puis l'ancre jetée, nous finissons de nous équiper. Détendeur à la bouche, main sur le masque, nous basculons en arrière. Le contact avec la mer est extatique : enveloppée dans sa robe azur, je ne sens plus le poids de mon corps, je retrouve l'apesanteur. Je me laisse descendre jusqu'à trente mètres et exécute les exercices avec la jambe gauche qui palme pour deux. Que c'est bon de pouvoir reprendre une activité comme si de rien n'était !

De retour à la surface, mon niveau 3 est validé. Mission accomplie ! La réalisation de mes projections m'apporte une satisfaction incroyable et prouve que je peux y arriver. *Next* ! Je profite de cet élan pour passer la pratique du permis bateau. Même schéma : Greg me porte sur le bateau, je fais attention à ne pas me déséquilibrer, et c'est validé ! Concrétiser ces projets m'apporte un bien fou, car ils m'ont permis de tenir lorsque mon corps était à l'arrêt. Aujourd'hui, ils marquent un sacré cap ! Je reprends progressivement le travail, et retrouve doucement ma vie, comme la promesse d'un retour à la normale.

Entre-temps, notre équipe AirWax a trouvé un remplaçant pour participer aux compétitions 2009. Je les accompagne à la Coupe de France pour les encourager depuis le sol. Quelle torture ! En tant que parachutiste, se rendre sur une zone de saut en restant cloué au sol, c'est un peu comme entrer dans une pâtisserie lorsqu'on est au régime ! La *team* participe au circuit national 2 – niveau intermédiaire avant la nationale 1 – et ils s'en sortent très bien.

Je les regarde, avec fierté et envie, monter sur la plus haute marche du podium. Qu'est-ce que j'aimerais être actrice de cette belle victoire ! Deux mois plus tard, ils font carton plein en devenant champions de France. Je suis soulagée que Greg ait pu vivre cette saison malgré mon accident. Ces résultats permettent à l'équipe de basculer en nationale 1 l'année prochaine. Mon objectif est de réintégrer l'équipe au plus vite. Mais du coup, j'entrerai directement sur le circuit « expert ». Il va falloir mettre les bouchées doubles pour assurer !

Je boite toujours, mais je peux maintenant m'appuyer totalement sur ma jambe. Ma rééducation avance de plus en plus vite, j'ai un objectif clair et une volonté de fer. Je rappelle mon chirurgien pour lui demander le délai avant d'envisager un saut-test. Sa réponse me fait bondir le cœur :

— Tu peux commencer à reprendre doucement.

Rien ne m'aurait fait plus plaisir, je ne pensais pas pouvoir ressauter si vite ! J'annonce la bonne nouvelle à Greg. Ni une, ni deux, on organise mon retour.

28 novembre 2009 — Nîmes — 11 heures : réunie !

L'avion a déjà commencé ses rotations du week-end lorsque nous débarquons sur l'aérodrome de Courbessac. L'odeur du kérosène n'a jamais senti aussi bon. L'équipe m'accueille chaleureusement. Notre *coach*, David, me déniche un parachute de débutant avec une grande surface de voile, qui me permettra de me poser en douceur, sans courir. Je l'enfile et me dirige vers l'avion, le sourire jusqu'aux oreilles. Chaque seconde de la montée en altitude est une victoire. Je suis là, de retour « chez moi » ! À l'intérieur de mon corps, je sens comme une éclosion… tout se rouvre.

Quatre mille mètres : j'ouvre la porte, émoustillée. Le pilote nous donne le *go*. Je me tourne vers Greg, le regard chargé d'émotion, et m'élance dans le ciel…

Le vent frais caresse mon visage, mes bras, mon buste, mes jambes. Sa puissance me porte. De retour dans mon élément, je vibre, je revis. Greg capture ces instants de grâce tant attendus, complice de cet exploit. Le paysage se rapproche doucement, je m'apprête à ouvrir mon parachute.

Mille deux cents mètres : déploiement. Mon pouls s'accélère. Ma voile est bien ouverte, mais je panique. Le traumatisme de mon accident me fausse toute notion de distance. Lorsque je regarde en bas, le sol monte et descend comme si je n'arrivais pas à stabiliser l'image à travers des jumelles. Cette grande voile, lente et très peu réactive, ne m'aide pas à retrouver mes marques. Je me raccroche alors aux numéros de mon altimètre et entame la navigation. Heureusement, la lenteur de ma descente me laisse plus de temps pour préparer mon atterrissage :

- Dix mètres : je regarde le sol avec appréhension. *Surtout, ne pas se blesser. Je ne veux pas revivre ces derniers mois !*
- Cinq mètres : je fixe mon regard sur l'horizon et commence mon freinage progressif.
- Contact : je déplace tout l'appui sur la jambe gauche et fais deux petits pas. *Ça y est, je l'ai fait !* Je n'en reviens pas. J'ai retrouvé mon ciel, ma liberté, mon oxygène. *Gratitude !*

Cette journée m'apaise. Sauter fait partie de mon équilibre physique et mental. Alors, c'est encore un peu tôt pour les enchaînements, mais je me suis prouvé que je pouvais sauter de nouveau. La saison froide arrive… c'est une bonne synchronisation. La soufflerie va prendre le relais et me permettre de continuer ma progression sans impact.

Cette perspective de reprendre l'entraînement et ma place dans l'équipe se révèle une énorme source de motivation. Je demande un prêt à ma banque pour suivre un stage en soufflerie, où je retrouve le plaisir d'évoluer en *freefly*. À mon retour, plus déterminée que jamais, j'augmente ma préparation physique. Chaque jour de bureau se termine par une séance de sport à la salle de musculation. Je veux me préparer au mieux pour reprendre les entraînements dans le ciel.

30 janvier 2010 — Nîmes — 9 heures : hardie !

Nous partons pour deux sauts d'échauffement. Ma hanche « rouillée » limite mes mouvements et les vis bloquent ma flexibilité, mais je réussis à trouver un nouvel équilibre en chute. Sous voile, par contre, il m'est toujours impossible d'avoir une réelle notion de hauteur, je dois regarder constamment mon altimètre pour naviguer. Heureusement, les posés se passent en douceur et j'arrive à limiter l'impact. Nous commençons la reprise d'entraînement avec les figures imposées. Prédéfinies, nous devons réussir à copier ces postures puis à les enchaîner le plus vite possible.

Dans un premier temps, nous travaillons chacune des positions, une par une. À tour de rôle, l'un se met tête en bas et vient prendre les pieds de celui qui est resté assis. Puis nous alternons avec quelques séquences de vol côte à côte. Chaque week-end est dédié à l'entraînement. Je veux montrer à la fédération que je suis d'attaque pour le circuit en nationale 1. L'hiver limitant notre activité, nous décidons de continuer en soufflerie par un stage intensif en Angleterre. *Boostée* par notre *coach*, David, cela me permet de rattraper le temps perdu.

La détection annuelle arrive, nous nous présentons à la soufflerie de Paris, forts de nos entraînements, qui ont musclé notre technique. Mon niveau de vol a beaucoup évolué malgré l'accident, et nous sortons du lot. À l'entretien de fin de stage, le sélectionneur nous annonce que nous conservons notre statut « espoirs », et nous fait même rêver en évoquant une éventuelle participation aux championnats du monde, d'ici deux ans. Remontés à bloc, nous échangeons avec Greg sur la meilleure stratégie à adopter pour entrer en équipe de France au plus vite. Nous négocions donc, avec nos responsables respectifs, de pouvoir suivre les entraînements mis en place par la fédération. Ils acceptent de nous laisser poser des jours sans solde. *Quelle chance !*

Lors de mon tout premier stage fédéral, nous sommes deux équipes espoirs en *freefly*. L'entraîneur du collectif artistique nous donne quelques exercices spécifiques. Je perçois alors tous les bénéfices de la soufflerie. Tout se déroule bien, notre progression continue. Nous effectuons jusqu'à neuf sauts par jour, et je tiens le rythme ! Nous commençons alors à composer un saut libre, « une routine ». Il s'agit de créer ses propres enchaînements, comme au patinage artistique. Nous cherchons des idées de mouvements, qui ressortent bien à l'écran, et trouvons quelques astuces pour compenser mon manque de mobilité. Placée dans des positions esthétiques, Greg me tourne autour tel un colibri. Notre duo s'exprime dans ce ballet aérien et nous réussissons à transformer notre contrainte en force. Enthousiastes, nous rentrons de ce stage encore plus motivés. Chaque week-end est alors dédié à l'entraînement. Nous répétons les figures imposées et développons notre saut libre en vue de la première Coupe de France qui s'annonce. J'ai hâte de prendre enfin part à la compétition.

19 juin 2010 — Besançon — 8 heures : impatiente !

En chute libre artistique, tout se joue sur sept manches :

- Cinq sauts, durant lesquels on présente le libre, pour la maîtrise et la constance des enchaînements.

- Deux sauts imposés, basés sur la rapidité. Il s'agit de quatre figures à réaliser et à répéter le plus de fois possible.

Chaque équipe a quarante-cinq secondes pour réaliser les programmes, ensuite l'image se fige. Lors du visionnage du fichier vidéo, les juges appuient sur un chronomètre dès que les pieds des participants quittent l'avion. Il convient de bien gérer le temps pour finir le saut juste avant la fin du décompte. Une note sur 10 est attribuée, basée sur la technicité et l'esthétique. Au total, trois compétitions sont réparties sur trois mois : deux Coupes de France et le championnat, qui délivre les titres. Nous arrivons à l'aérodrome de La Vèze sous un ciel couvert. Peu d'équipes participent à cette première coupe, mais ça n'enlève rien à mon excitation. Après l'inscription, nous écoutons le *briefing* terrain et installons nos affaires, prêts à l'action !

J'attends, impatiente. Tout à coup, une amélioration des conditions météorologiques lance la compétition. Nous sommes invités à nous équiper pour un départ imminent. Manche n° 1 : saut libre.

J'enfile mon parachute et grimpe dans l'avion. Concentrée sur nos enchaînements, les quinze minutes d'ascension passent très vite. La porte s'ouvre, main dans la main, nous sortons tête en bas avec Greg, puis entamons notre danse, en essayant de rester le plus proche possible. Le trac et la pression rendent le vol un peu tendu, manquant de fluidité et trop rapide… par peur d'être hors temps. Une fois posés, voiles repliées, le résultat tombe : 5,8/10. Normal pour un début en nationale 1. Devant nous, l'équipe de France se voit attribuer

7,9. L'écart est colossal. Les autres équipes récoltent entre 4/10 et 5/10, donc rien d'alarmant.

La météo capricieuse ne nous permet de réaliser que trois sauts sur sept, ce qui suffit pour avoir un retour des juges sur nos performances. Notre imposé obtient le score de 5,7/10. L'équipe de France reçoit 6,5/10. Puis la deuxième exécution de notre libre, un peu plus fluide que la première, monte à 6,3/10. Nous finissons à la seconde place, loin derrière l'équipe officielle, mais cinq points à la note globale devant les autres. *Pas si mal pour un premier essai sur le circuit N1 !*

Je retourne à mon bureau monégasque, fière de rapporter ma première médaille. Cette récompense appuie mes demandes de congés. Heureusement, car nous repartons à Lille, pour la deuxième Coupe de France, dans moins d'un mois. Après un week-end pour seul entraînement entre les deux événements, nous nous retrouvons sur cette *drop zone* du Nord. L'ambiance est chaleureuse. Concentrée, mais détendue, je me prépare pour les sauts. Cette fois, la météo nous laisse réaliser les sept manches. Nous récoltons une moyenne de 5,8/10, encore loin derrière l'équipe nationale, mais toujours cinq points devant l'autre équipe espoirs. Voilà une deuxième médaille d'argent et de nouvelles informations sur nos points faibles à travailler.

L'enjeu de l'année, c'est le Championnat de France, qui débute bientôt. J'ai l'impression d'avoir à peine remis les pieds au bureau que nous voilà déjà en route pour le dernier *training* de la saison. On met un sérieux coup de collier sur les figures qui nous ont pénalisés et on répète les enchaînements avant de prendre la route, pour la fameuse compétition.

18 août 2010 — Vichy — 19 heures : nerveuse !

Plus on s'approche, plus je sens mon ventre se nouer de peur et d'excitation. Nous descendons vers l'Allier, une odeur de bois humide se dégage. À l'arrivée, des bénévoles aux t-shirts assortis nous dirigent vers un parking déjà bien rempli. Nous approchons de l'accueil et nous frayons un chemin parmi la foule des parachutistes. Toutes les disciplines sont représentées pendant ces quatre jours de compétition :

- La précision d'atterrissage. Les athlètes sautent à mille cinq cents mètres, ouvrent rapidement leur voile et doivent se poser sur une cible gonflable, en essayant de toucher une pastille de la taille d'une pièce de deux euros avec leur talon.

- Le voile contact à deux et à quatre. Accompagnés de leur *cameraman*, les compétiteurs sautent à deux mille mètres, ouvrent leur parachute, dès la sortie d'avion, et viennent se retrouver pour s'accrocher et former des figures sous voile.

- Le vol relatif à quatre et à huit. Accompagnés de leur *cameraman*, les compétiteurs sautent à quatre mille mètres, en chute à plat, et doivent exécuter un enchaînement de figures, en se tenant les mains ou les jambes, le plus rapidement possible.

- Le vol relatif vertical constitué de quatre performeurs et d'un *cameraman*. Depuis quatre mille mètres, ils doivent enchaîner des figures en trois dimensions, le plus vite possible.

- Les disciplines artistiques, avec le *freestyle*. Depuis quatre mille mètres, un performeur exécute des figures de gymnastique, suivi par son *cameraman*.
- Et enfin, le *freefly*, deux performeurs et leur *cameraman* réalisent un vol libre en trois dimensions.

Chaque discipline peut se composer de deux équipes de France et deux équipes espoirs, auxquelles s'ajoutent toutes les équipes et individuels « amateurs ». Cela en fait du monde, c'est impressionnant ! Entre compétiteurs de *freefly*, on se dit « bonjour », comme on saluerait un adversaire avant le combat, l'ambiance est singulière. Mon ventre se serre un peu plus. Nous faisons vérifier notre matériel et recevons les tickets à présenter avant chaque saut, sur lesquels sont inscrits le numéro de la manche et celui de l'équipe. Avant de quitter l'avion, le *cameraman* doit filmer ce document et ne couper la vidéo qu'une fois sous voile. En arrivant au sol, il donnera le fichier aux juges, pour vérifier qu'il s'agit bien d'un saut réalisé pendant la compétition. Comme une fétichiste, j'observe et touche ces sésames, qui, dès demain, auront une histoire. Quelle note recevrons-nous pour chacun d'eux ?

Le réveil sonne sur mon sommeil léger. Nous nous préparons, plus silencieux que d'habitude, et rejoignons l'aérodrome, grouillant de personnes affairées. Chacun doit trouver un endroit pour poser ses paquetages et marquer son territoire. Bien plus stressée que pour les précédentes compétitions, je sens qu'on joue dans la cour des grands. Nous préparons nos affaires et commençons à nous échauffer. Après une longue attente due aux mauvaises conditions météorologiques, notre équipe est appelée à l'embarquement. De la concentration… *allez, on y va !*

Je monte dans l'avion comme sur un tatami, l'affrontement va commencer.

C'est le moment de visualiser nos mouvements et leur *tempo*. En approchant des quatre mille mètres, je vérifie mon matériel et salue tout le monde en restant concentrée. À la lumière verte, je m'installe à la porte, Greg me tient les anneaux du harnais, je fais le décompte et prends mon impulsion. Nous sortons le porté de *Dirty dancing*. Je gaine mon corps, les bras en croix, compte trois secondes puis bascule par l'avant pour me réceptionner debout, une jambe pointée vers l'horizon. Depuis que j'ai quitté l'avion, je suis parasitée par une voix qui me répète : « ne te rate pas ! » Je ne réussis pas à rester concentrée. Le stress rend mon vol saccadé, comme rouillé. Je « marche » sur des œufs.

Je rejoins Greg, la tête en bas pour « orbiter » autour de notre *cameraman*. Nos transitions paraissent un peu bancales, le métronome qui résonne dans ma tête me met la pression. Avec la précipitation, notre proximité semble moins constante. Le saut se termine, un peu bâclé, mais dans les temps. Une fois posés et la vidéo transférée, nous rentrons sous le chapiteau, anxieux, dans l'attente du jugement. Nous obtenons 6/10 et nos concurrents, 6,1/10. Petite déception, car nous savons que nous pouvons faire mieux.

La deuxième manche consiste en des figures imposées, les écarts peuvent se creuser ! Nous devons prendre le dessus ! Nous nous préparons, mais le ciel se ferme aussitôt et clôt la journée. La pression, elle, continue son ascension. Toute la soirée, je visualise les figures en boucle. Il m'est impossible de penser à autre chose. Plus la soirée avance, plus la peur de rater un mouvement grandit. Allongée dans mon lit, impossible de trouver le sommeil ! *Quelle angoisse ! Il faut absolument que je dorme, je n'arrive à rien quand je suis fatiguée.* C'est comme si mon cerveau partait en pause-café sans jamais revenir. Je ne pourrai pas réfléchir et vais perdre tout mon tonus. *Allez, allez, mes paupières sont lourdes. Je dois faire le vide, ne penser à rien !* Je finis par tomber de fatigue avec les figures en guise de moutons.

Le réveil sonne, j'ouvre l'œil telle une lionne qui ne dort qu'à moitié, prête à l'action. *Il faut y aller !* Pourquoi *cette boule au ventre ?* J'avais déjà ressenti l'angoisse des passages de grade au karaté, mais là, je me sens submergée. Je ne sais pas comment appréhender cette épreuve. Personne ne nous prépare à la gestion du stress. Comment font les autres ? Cela doit s'atténuer avec l'expérience, ou alors tout le monde se trouve dans le même état que moi et fait de son mieux pour ne pas le montrer.

En arrivant sur la *drop zone*, nous retrouvons notre « coin » et nous préparons. Il fait beau, ça risque de partir vite ! Effectivement, nous sommes appelés dans la foulée. Une répétition au sol et on embarque ! Je souffle un bon coup pour me donner du courage. Durant toute la montée, je me repasse les figures comme une autiste. Nous atteignons déjà les quatre mille mètres : je me mets à la porte, saturée de stress. Je veux tellement assurer que j'en perds toute confiance en moi et en mes capacités. Alors que je lâche l'avion, mes pensées sont partagées entre les figures à réaliser et mes « injonctions » à ne pas me rater. Mes positions s'en trouvent fébriles et tout à coup, je perds l'équilibre et m'éloigne de Greg. *C'est la catastrophe !*

On perd beaucoup de temps avant de se retrouver, le métronome interne hurle de se dépêcher. Agités et complètement déconcentrés, nous nous précipitons pour finir le saut. *Aïe ! Aïe ! Aïe !* Je scrute les notes avec anxiété… 3,9/10, *ça fait mal !* Je suis navrée d'avoir raté le saut. Greg est aussi dépité que moi. Comment va-t-on pouvoir rattraper une note si basse ?

L'inattendu nous sauve, nos concurrents commettent aussi une erreur et reçoivent la même note que nous. Nous restons dans le jeu, tout est encore possible ! À la cinquième manche, la différence s'accroît. Ils ratent encore leurs enchaînements et obtiennent 4,6/10, tandis que nous récoltons 6,8/10 ! Il reste alors deux sauts de libre à présenter. J'essaye de gérer la pression comme je peux. Je prends de grandes inspirations et souffle longtemps pour m'apaiser. Je me raisonne et me recentre sur le plaisir de pouvoir sauter à nouveau et de participer à cette compétition.

C'est parti ! Nous appliquons les conseils de notre *coach.* Et ça marche ! Nous volons plus calmement et toutes les figures passent dans les temps. De retour du dernier saut, le verdict tombe : nous sommes vice-champions de France !

Bien que l'équipe de France soit toujours loin devant, nous avons 2,6 points d'avance sur nos concurrents et terminons deuxièmes sur l'ensemble du circuit national en catégorie N1. Je prends Greg dans mes bras et m'enivre de son amour. Je ressens la fierté d'avoir relevé le défi, de pouvoir vivre l'aventure en couple, d'avoir gagné notre place.

Je n'en reviens pas... quel soulagement !

Après toutes les montagnes russes émotionnelles de l'accident, l'incertitude de mon retour en compétition, les doutes quant à ma récupération et mes compétences, me voilà vice-championne de France ! Je me sens dans un état second. Mon ventre se dénoue, mon corps se détend. La pression s'efface pour laisser place à un sentiment de victoire, de bien-être absolu. Ça me rappelle les premiers sauts : quand on se demande pourquoi on pratique ce sport, parce que le stress à gérer est immense ! Et puis, arrive ce moment de grâce qui fait oublier toutes les mésaventures ! Comment l'état de bien-être psychique a-t-il cette faculté à balayer tous les aspects négatifs ?

6

Clash

6 septembre 2010 — Monaco — 8 heures : travailleuse !

De retour à Monaco, j'effectue des heures supplémentaires au bureau, histoire de compenser un peu mes absences. Pas facile pour Greg qui, en tant que *skipper*, manque une bonne partie de la haute saison. La compétition demande beaucoup d'investissement et de disponibilité, et notre *cameraman* ne peut malheureusement pas s'engager sur du long terme. Il doit retourner travailler à temps plein. Nous proposons alors le poste à notre ami Oscar, moniteur de chute libre et très bon *freeflyer*. Bien qu'il ne soit pas évident pour lui non plus de se libérer, l'aventure le tente vraiment, il va s'arranger pour nous suivre.

En attendant les stages fédéraux, nous passons le brevet d'initiateur *freefly*, qui nous habilite à *coacher* des parachutistes déjà autonomes. Nous leur apprenons à dompter leur corps en trois dimensions pour maîtriser de nouvelles positions. Bien qu'ils diffèrent de nos répétitions spécifiques de compétition, ces sauts nous permettent de solidifier notre vol et de gagner en réactivité, tout en transmettant notre savoir-faire. En échange, nous gagnons quelques sauts d'entraînement pour l'équipe.

À la réception du calendrier des stages 2011, nous découvrons que le premier se déroulera à Séville. Quelle chance ! Nous allons pouvoir découvrir l'Andalousie tout en nous entraînant. Afin de préparer notre nouveau trio, nous partons passer quelques jours en soufflerie, chapeautés par David. Vols à trois et renforcement individuel, la saison pointe son nez avec de belles perspectives !

4 janvier 2011 — Séville — Espagne — 11 heures : enthousiaste !

Nous nous retrouvons tous les trois à l'aéroport de San Pablo, remontés comme des coucous suisses. Nos bagages n'ont pas suivi, mais arriveront avec le prochain vol. Nous partons donc explorer la ville avant de rejoindre le collectif artistique, qui se compose en *freestyle*, de deux équipes de France et deux équipes espoirs et côté *freefly*, d'une seule équipe française, nos anciens concurrents et nous.

Bien que nous les ayons battus sur toutes les compétitions du circuit 2010, l'entraîneur nous apprend qu'il faudra les vaincre à nouveau cette année pour rester à la seconde place. Cet arbitrage échappe à notre logique, mais on joue le jeu. L'avion, un Dornier G92, doubles turbines, est parfait pour le parachutisme : nous montons à quatre mille cinq cents mètres en douze minutes, quand il nous faudrait presque le double avec un appareil plus classique.

Habituellement largués à quatre mille mètres, ces cinq cents mètres supplémentaires nous donnent encore plus de temps pour essayer de nouveaux mouvements et les répéter. *C'est idéal !* Nous apprécions ces conditions exceptionnelles et sommes ravis de notre nouveau trio. Notre complicité se retranscrit en l'air, nous avons plaisir à sauter ensemble et cela se ressent. Heureusement, notre bonne humeur compense un peu l'ambiance étrange, qui s'est installée pendant ce stage où nous nous sentons complètement exclus du groupe. Les membres des équipes de France artistiques se connaissent déjà depuis plusieurs années. Quant à nos concurrents, ce sont de très bons amis du sélectionneur. Pas facile de se faire une place dans ce « huis clos » !

Nous décidons de nous concentrer sur nos performances et de rester dans notre coin. Peut-être, avons-nous trop d'énergie pour eux ? Quoi qu'il en soit, on est ravis d'être ici !

De retour à la maison, Greg et moi avons encore la tête dans les nuages. Difficile de penser à autre chose que cette passion qui grandit et le plaisir de progresser ensemble. Les soirs, à la salle de musculation, nous parlons de figures à essayer, des détails qui pourraient nous aider à réaliser au mieux les enchaînements imposés. On s'imagine en l'air, on se projette. Maintenant que nous avons mis un pied dans les entraînements réguliers de la fédération, nous n'avons qu'une hâte, le prochain stage.

22 mars 2011 — Gap — 8 heures : motivée !

Nous voilà sur la plus grande *drop zone* de France, un grand aérodrome entouré de montagnes, qui voit atterrir des parachutistes en continu. Heureux de retrouver Oscar pour ce deuxième stage, nous essayons, dans la mesure du possible, de nous focaliser sur notre plan d'évolution, car l'ambiance avec le collectif n'est toujours pas à la fête. Nous continuons le travail commencé à Séville. Le libre et les deux sauts imposés commencent à avoir de l'allure. On se fait plaisir et notre progression est flagrante.

La projection mentale régulière se révèle très efficace. Elle nous aide à prendre conscience de nos gestes et de ce que nous pouvons améliorer. Soudain, en plein milieu de la semaine, un de nos concurrents craque et quitte les lieux, laissant ses coéquipiers sur le carreau, à la surprise générale.

Lorsqu'on entre en équipe de France, les sauts sont entièrement sponsorisés par la fédération. En dehors, il faut investir de sa propre poche et cette pression financière est conséquente. S'est-il découragé en nous voyant évoluer ? La situation est compliquée, cette équipe doit à présent trouver un remplaçant, lui apprendre les figures et gérer les réglages de vol à trois. *Cela va prendre du temps !*

Sans adversaires, qu'en est-il de notre place en équipe de France ? De retour à Nice, nous espérons des nouvelles sur notre statut, mais le seul e-mail reçu concerne la convocation au stage suivant. Rapidement, nous voilà prêts pour repartir. Cet entraînement nous emmène cette fois à Vannes, en Bretagne. La voiture est chargée à bloc : parachutes, combinaisons, casques, vêtements, serviettes, encas pour la route…

Le GPS affiche le parcours. *Ah oui ! Quand même !* La diagonale Nice-Vannes paraît vraiment longue ! C'est parti pour des heures et des heures de champs qui défilent sans fin. Fourmis dans les jambes, répertoire musical épuisé… la nuit tombe. Enfin, nous passons devant le panneau affichant *Gwened* (Vannes). Pas de doute, nous sommes bien arrivés en pays celtique ! Nous arrivons sur le parking de la *drop zone*. Des dortoirs ceinturent le hangar. Pouvoir dormir sur place est précieux, car les entraînements commencent tôt. Nous nous installons pour une courte nuit de sommeil.

2 mai 2011 — Vannes — 8 heures : confuse !

Débarbouillée, j'enfile directement ma combinaison… *pas de temps à perdre !* Nous rejoignons le hangar et allumons nos systèmes de sécurité. Chacun emporte deux parachutes pour pouvoir enchaîner un maximum de sauts. Impatiente de connaître notre statut, je vais voir le sélectionneur :

— Vu que nous n'avons plus de concurrents, pouvons-nous passer « équipe de France n° 2 » ?

Surpris, il me répond :

— Il faut que j'appelle la direction et qu'on en discute.

Un peu plus tard, accompagné par l'entraîneur, il nous demande de le suivre à l'extérieur du hangar. L'air est grave et l'ambiance peu joyeuse. *Aïe ! Ça sent la mauvaise nouvelle !* Après un long monologue : « Bon ! On a discuté, et compte tenu de la situation […] », il finit par nous avouer, dépité, « vous êtes l'équipe de France n° 2 ».

Déconcertés par le ton employé, il nous faut un petit temps pour être sûrs d'avoir bien compris. Puis, nous nous regardons Oscar, Greg et moi, fous de joie.

Enthousiasmés par cette promotion, le soir, nous rapportons des boissons pour *trinquer* avec le collectif, mais j'ai l'impression que nous sommes les seuls à nous réjouir de cette nouvelle. Ou serait-ce notre bonne humeur qui contraste avec l'ambiance générale ? Quoi qu'il en soit, ce nouveau statut nous permet de participer à la Coupe du monde en juillet. Un rêve prend forme… *j'ai trop hâte d'entrer sur la scène internationale !*

Boostés par cet objectif, on enchaîne les sauts sur l'aérodrome breton, quand soudain, au moment de se poser, le vent change complètement de direction. Oscar, déjà lancé dans son rase-mottes, se retrouve bien plus loin que prévu. La voiture qui contient les deuxièmes parachutes devient un obstacle sur sa trajectoire. Je le vois freiner pour remonter et tenter de passer par-dessus le capot, mais un de ses pieds heurte la carrosserie. Résultat… péroné cassé. *Ce n'est pas possible ! Je n'imagine pas ce qu'il doit ressentir… enfin si justement, je le sais très bien !*

J'appelle tout de suite mon chirurgien et lui explique la situation. Au top, comme à son habitude, il va s'arranger pour s'occuper d'Oscar et nous explique qu'en fonction de la fracture, rien n'est perdu pour la Coupe du monde. On croise tous les doigts.

En attendant, nous continuons les entraînements à deux pour avancer. Avant la compétition mondiale, nous devons participer à deux coupes de France. Nous suggérons à l'entraîneur plusieurs personnes avec qui nous avons déjà volé pour remplacer Oscar, pendant sa convalescence, mais il a déjà quelqu'un en tête, Victor, un de ses amis proches. *C'est toujours mieux de se connaître avant les sauts, mais il a de l'expérience, faisons-lui confiance !*

13 juin 2011 — Pamiers — 8 heures : déconcertée !

Nous nous retrouvons donc avec un nouveau partenaire pour ce stage. Victor a déjà fait de la compétition, mais dans une autre discipline. Ce n'est pas simple d'arriver au milieu d'un saut déjà construit et de s'adapter rapidement, surtout lorsque l'on n'a jamais volé ensemble. Nous n'avons que quatre jours avant de présenter la première Coupe de France… *ça ne va pas être facile !* Nous enchaînons trente-sept sauts, et malgré tout, le calage n'est pas encore fini. Les premières tensions apparaissent. La compétition démarre dans la foulée, sous une météo capricieuse. De nouvelles équipes sont entrées en jeu. Nous passons cinq manches sur sept et réussissons, tant bien que mal, à conserver notre deuxième place. Heureusement, nous montons sur le podium à chaque compétition et les médailles que je rapporte au bureau sont précieuses. L'enjeu international de la Coupe du monde m'aide à repartir deux semaines plus tard pour un nouvel entraînement.

Oscar toujours hors jeu, c'est encore Victor qui nous filme. De retour sur le sol breton, l'entraînement commence, dépourvu d'alchimie. Éprouvant des difficultés à suivre les différents taux de chute créés par nos figures, Victor freine notre progression. Impossible de développer de nouveaux enchaînements, tant qu'il n'est pas calé sur l'existant. Cela devient rapidement difficile pour tout le monde… frustration totale !

La tension monte, Victor ne nous parle plus. Nous l'observons, alors, discuter avec l'entraîneur, qui, quelques minutes plus tard, nous convoque. Accompagné de Victor, il nous explique que notre libre va être modifié et nous présente les changements. *Aïe ! Ils touchent à notre « bébé » !* Ce libre, nous l'avons construit avec Greg et Oscar. Chacun a apporté sa touche. Chaque figure a été minutieusement choisie et nous aimons les « voler ». Le modifier, sans nous demander notre avis, nous reste en travers de la gorge. La tension monte d'un cran. Le climat diffère de l'osmose que nous avions avec Oscar, il nous fait défaut sur tous les plans.

Nous l'appelons dans la foulée pour le tenir au courant de la situation et prendre de ses nouvelles. L'intervention chirurgicale s'est très bien passée et le chirurgien a prescrit deux mois de convalescence… ce sera donc bon pour sauter à la Coupe du monde. Soulagement ! Nous courons annoncer la bonne nouvelle à l'entraîneur qui ne semble pas partager notre joie :

— Ce n'est pas raisonnable ! Ce sera trop tôt pour lui ! De toute façon, c'est déjà décidé, vous participerez à la compétition mondiale avec Victor.

Nous recevons cette directive comme une claque. Je sais qu'Oscar s'accroche à cette coupe mondiale pour tenir mentalement, et qu'il veut reprendre sa place dans l'équipe. *Je connais la force de cet objectif, hors de question de l'abandonner !* De plus, les sauts se déroulent tellement mieux avec lui ! Nous obliger à fonctionner avec ce remplaçant m'apparaît illogique, contre-productif et ne cadre pas avec la bonne stratégie pour notre équipe. Nous exprimons donc notre position :

— Cette situation nous dessert et n'est pas juste pour Oscar. Son chirurgien le dit « apte » à nous suivre pour la Coupe du monde. Où est le problème ?

— Soit vous participez avec Victor, soit vous quittez les équipes de France. C'est ce que vous souhaitez ?

On se sent pris au piège, coincés. Ce chantage se révèle lourd de conséquences. Mais face à cette absurdité, nous préférons rester fidèles à notre éthique :

— Faites ce que vous voulez, mais nous ne laisserons pas tomber notre coéquipier !

À ce moment-là, sans le savoir, nous partions pour cinq longues années de *blacklistage* : désinscrits de la Coupe mondiale, la fédération nous a mis à la porte. *Bye-bye* l'international ! À trois jours de la deuxième Coupe de France, nous voilà non seulement virés du collectif français, mais également dépourvus de *cameraman*.

Écœurés, nous prenons l'avion de retour pour Lyon. Oscar a mis un point d'honneur à nous accueillir. Nous récupérons nos bagages, les portes de l'aéroport s'ouvrent sur notre ami… habillé de sa combinaison de saut !

— Surprise ! Ça tient. Nous allons la faire cette deuxième coupe ! Nous restons bouche bée ! C'est un peu plus tôt que prévu, mais il a eu le feu vert du chirurgien. La veille de la compétition, nous partons pour quatre sauts d'entraînement sur Lyon, et malgré deux mois sans pratiquer ensemble, tout roule ! *Quel bonheur de se retrouver !*

9 juillet 2011 — Grenoble — 8 heures : intrépide !

Coup de théâtre et roulement de tambour… Je vous laisse imaginer les têtes du collectif artistique, lorsque nous pénétrons dans le hangar, accompagnés d'Oscar. Personne ne s'attendait à nous revoir et personne ne se réjouit de son retour. L'ambiance est à la rivalité… la compétition commence.

Révoltés, nous avons de l'énergie à revendre. Tous les sauts sortent bien. Nos notes grimpent au fur et à mesure de la compétition et nous placent en tête. En l'absence de l'équipe de France officielle, nous nous situons à plus de deux points devant la nouvelle équipe espoirs. Cette victoire, insolente pour la fédération, est remplie de sens pour nous. Loin de nous ouvrir un possible retour, ce pied de nez finit d'accentuer la scission avec le collectif artistique. Démontrer l'absurdité d'une situation n'a pas plu… Nous sommes devenus les moutons noirs à évincer de la bergerie.

Dans tous les lieux où nous sautons, nous ressentons le malaise et les regards pleins d'*a priori* de gens que nous ne connaissons même pas ! C'est douloureux de se sentir rejeté dans ce sport qui nous tient tant à cœur, mais on ne s'effacera pas pour autant ! Il nous reste un mois avant le championnat de France pour mettre toute notre énergie à bon escient. On se donne à fond sur les entraînements et on rajoute des figures pour complexifier un peu le libre.

À Vichy, nous sommes accueillis comme des parias. Tous les regards se tournent vers nous, les gens chuchotent sur notre passage. Heureusement que nous possédons cette force d'être tous les trois de très bons amis ! Soudés contre cette injustice, la situation finit par nous stimuler. La compétition commence. Nous nous plaçons dans notre bulle et partons pour la première manche.

Notre porté de *Dirty dancing* a évolué. Telle une ballerine, je pointe une jambe vers le bas tandis que Greg, debout, me porte par le pied d'une seule main. Oscar prend appui sur la carlingue de l'avion pour se placer, latéralement, le plus vite possible. Présentée de profil, la figure est bien mise en valeur. Je bascule en position assise, Greg tête en bas, et vient poser son casque sur le mien. Nous enchaînons avec une rotation à deux, puis je passe entre ses bras pour me retrouver côte à côte avec lui. Main dans la main, nous « orbitons » maintenant autour d'Oscar et amorçons le final. Je bascule en position debout, pointe une jambe sur le torse de Greg, puis nous virevoltons sur place, connectés. Oscar tourne dans le sens inverse, créant ainsi un effet d'accélération. Les altimètres sonores retentissent, nous déployons nos voiles.

Comme chaque premier saut, nos mouvements sont saccadés et les distances doivent être ajustées. Nous prenons 7/10. On peut faire mieux… mais il est difficile de donner le meilleur de soi-même dans cette ambiance hostile.

La manche n° 2 consiste en un saut imposé. Il nous manque clairement de l'entraînement sur celui-là, mais nous restons à la deuxième place, malgré un 6,3/10. *Allez ! On se recentre !*

L'envie et le plaisir de sauter ensemble nous permettent de tenir. Nous repartons pour deux libres, avec un vol plus détendu, plus huilé. Notre état se répercute sur la note qui monte à 7,5/10, ce qui ne réjouit pas tout le monde, évidemment, mais nous sommes aux anges ! Cette spirale positive au sein de notre trio nous porte. Nous créons comme un bouclier autour de nous et continuons dans notre élan. Le deuxième imposé se passe bien, nous récoltons 7,1, puis les deux derniers libres *scorent* à 7,5 et 7,4 ! Nous voilà vice-champions de France derrière l'équipe officielle, certes, mais 4,3 points devant l'équipe espoirs. On sent bien que ça dérange, mais nous nous serrons dans les bras, si fiers d'avoir réussi cette prouesse. Voilà une belle récompense pour s'être mutuellement fait confiance et avoir cru en nous. Nous voulons continuer à évoluer, goûter à l'international, *blacklistés* ou pas !

21 septembre 2011 — Empuriabrava — Espagne — 8 heures : animée !

Puisque les Français nous boudent, nous avons décidé d'aller prendre l'air ailleurs. Juste de l'autre côté de la frontière, l'Espagne abrite la plus grande *drop zone* d'Europe. Un record de grande formation *freefly* y est organisé. La performance consiste à accrocher le maximum de parachutistes, tous orientés tête en bas. Semblable à une marguerite, avec un cœur et des pétales qui se greffent dessus. Chacun a une place et un rôle précis. S'il manque une personne à son poste, le record n'est pas validé. Ces sauts demandent une grande maîtrise de son corps en l'air. Il faut déjà avoir un bon niveau pour y participer. Dans notre optique de progression, les records nous permettent de solidifier notre vol, de devenir plus précis, plus réactifs, plus affûtés.

Sur place, nous retrouvons des moniteurs de la soufflerie de Manchester et découvrons de nouveaux visages. *Quelle fraîcheur de rencontrer des parachutistes « non contaminés » !* On nous explique le déroulement des prochains jours.

Répartis dans plusieurs avions, nous montons jusqu'à cinq mille six cents mètres, au lieu des quatre mille habituels, pour avoir plus de temps en chute. De l'oxygène sera distribué dans des tuyaux individuels, à utiliser à partir de trois mille huit cents mètres pour éviter l'hypoxie.

L'ancien record de 2007 comptait quarante personnes. Cette année, nous tentons une figure à cent huit.

Pour nous mettre en jambes, nous nous entraînons en petits groupes. Ne sentant pas vraiment d'enjeux, je prends mon temps. Je ne veux pas risquer d'arriver trop fort et de déstabiliser le groupe en m'accrochant brutalement.

Le lendemain, les organisateurs appellent les sélectionnés un par un et les placent dans la figure reproduite au sol. L'appel se termine, mon nom n'est pas sorti, je me retrouve sur le banc, avec une vingtaine d'autres personnes. Greg me lance un regard d'incompréhension.

J'ai certainement trop exagéré la lenteur de mes approches à l'échauffement. J'aurais dû me mettre un peu plus de pression, j'ai raté le coche bêtement. La prochaine fois, j'irai à fond dès le début !

Comme au foot, j'attends mon tour, sur le banc de touche. J'assiste donc, depuis le sol, aux rassemblements et répétitions du groupe sélectionné. Comme un spectacle, tout est orchestré, *c'est beau à voir !* Après chaque saut, les vidéos sont *debriefées* dans le hangar.

Sur les images, on voit le centre fermé, mais les pétales extérieurs éprouvent des difficultés à venir s'accrocher, ça bouge beaucoup. Le lendemain matin, les sauts reprennent avec la même configuration que la veille, sans changement de joueur. En tout cas, on ne fait pas appel à moi.

Les tentatives s'enchaînent et s'améliorent, mais il manque toujours un secteur qui ne réussit pas à se connecter. Si chaque membre a un très bon niveau technique, ces sauts constituent, malgré tout, un vrai *challenge*. L'assemblage des parachutistes crée du mouvement. Les tensions provoquent des vagues qui font avancer ou reculer, freiner ou accélérer, une partie du groupe ; il faut alors rester solide et gérer ce flux.

Depuis le sol, les regarder remue vraiment le couteau dans la plaie. Je pars donc ponctuellement pour de petites balades, histoire de me changer les idées. Puis arrive le vendredi, toujours sans exploit. Cette fois-ci, la formation est réduite à quatre-vingts parachutistes. Il ne reste plus que quelques heures pour concrétiser un record. Les tentatives se poursuivent sans succès : une ou deux personnes ne réussissent toujours pas à apponter. Plus le temps s'écoule, plus le stress monte. Cette opération coûte cher et les occasions de records sont rares. Pour les organisateurs comme pour les parachutistes venus de loin, la pression grandit. Plus que deux sauts avant le coucher du soleil. Soudain, quelqu'un court vers moi :

— Où étais-tu ? Ils t'appellent !

Je *sprinte* derrière lui et arrive au lieu de rassemblement. Tout le monde est à sa place en mode répétition de la formation. Les visages se tournent vers moi, la retardataire. Je n'ai alors que quelques secondes pour visualiser mon emplacement et prendre mes repères : devant moi, un sac bleu et noir avec casque rouge. Secteur vert à ma droite, orange à ma gauche. *Voilà ma chance, je vais tout donner !*

Dans les derniers à plonger de l'avion, je fonce en piqué sur ce qui ressemble d'abord à une tache noire, puis à un essaim d'abeilles. Ensuite, je commence à discerner le secteur vert et orange, je me tiens sur le bon axe d'approche. Je ne veux pas tout bousculer en arrivant trop vite, alors je prends le temps d'une respiration avant de m'accrocher. La sonnerie de séparation retentit quasi instantanément, c'est la fin du saut.

Je me retourne et m'éloigne pour ouvrir mon parachute en sécurité. *Quelle libération ! J'ai fait le* job *!* Nous nous posons avec la quasi-certitude d'avoir bouclé ce record. Greg vient me retrouver pour me féliciter, heureux que j'aie pu enfin rejoindre le groupe. Cette fois-ci, lors de la visualisation de la vidéo, on peut entendre les mouches voler. Nous regardons le noyau qui grossit, chaque pétale vient se greffer par séquence, tout semble bon. Les yeux parcourent frénétiquement l'écran à la recherche d'un maillon manquant : moi. Puis on me voit arriver et apponter… arrêt sur image.

Gros cris de victoire suivis d'un « oh non ! ». Effectivement, à l'instant même où je m'accroche, quelqu'un lâche sa prise de l'autre côté de la formation. *C'est pas vrai, à une seconde près !*

Branle-bas de combat, on court tous remettre les parachutes sur le dos, il nous reste une ultime tentative, une dernière chance avant la nuit.

Juste avant d'embarquer, un des organisateurs vient me voir pour me dire que j'ai fait un super *job* et qu'il faut refaire pareil, mais plus rapidement. Je souffle un bon coup et active mon mode « agressif ». Pendant la montée, je me repasse les images du saut précédent. Mon visuel de l'essaim, les secteurs orange et vert, les gens devant moi, l'approche, l'appontage. Je suis prête.

Les avions sont calés en formation, la lumière verte clignote. Tout le monde se met en place. Je scrute les personnes devant moi pour leur emboîter le pas dès qu'ils sautent. Mon regard focalisé sur eux, je sens mon cœur qui pulse, ma concentration au maximum. Ces quelques secondes sont d'une intensité folle ! Ça va partir dans un instant… *GO* !

Je plonge et me mets en position « missile », jambes et bras serrés pour limiter les surfaces de frottement avec l'air qui pourraient me freiner. Cela se révèle efficace, car je rejoins la formation bien plus vite que le saut précédent. Je freine pour éviter un *strike*, respire et prends la main du *flyer* (parachutiste) devant moi, tout en suivant les fluctuations de l'essaim. Ultraconcentrée, je regarde à travers le centre de la figure… tout semble synchro.

Tout à coup, je ressens comme une vague d'énergie qui circule entre nous, signifiant « nous sommes connectés, reliés ». Les visages s'éclairent, les sourires s'affichent. Après quelques belles secondes de vol ensemble, la sonnerie de séparation retentit. Sous voile, j'entends des cris de joie. *Oh là là ! Est-ce qu'on a vraiment réussi ?* Au posé, nous nous félicitons tous, avec de grandes accolades. Record ou pas, c'était le dernier saut, tous ensemble. L'ambiance devient relâchée, joyeuse. Peu importe l'issue, nous sommes fiers du travail accompli.

Les parachutes sont encore étalés dans le hangar, quand nous sommes convoqués au *debrief* vidéo. Dans un silence absolu, on voit la base sortir, les pétales se former… le *timing* de ce saut est parfait. Rapidement, la formation prend forme et se complète… arrêt sur image. Des sifflements et applaudissements retentissent dans toute la salle ! Greg, debout à côté de moi, me serre la main. Vivre ça en couple nous soude encore plus. *Play !*

Nous sommes tous accrochés et tenons dix bonnes secondes. *C'est beau !* Un record à quatre-vingts, et pas des moindres ! Tout le monde se serre dans les bras et se félicite, cette ambiance fraternelle me fait un bien fou. *Quel bonheur de sentir cette unité !* Les juges valident officiellement notre exploit et la fête commence.

30 octobre 2011 — Manchester — Angleterre — 18 heures : ressourcée !

Cette expérience européenne a aiguisé ma précision et solidifié mon vol. J'ai compris comment accélérer avec plus de force et me déplacer plus rapidement, tout en contrôlant mes gestes. Pour continuer à perfectionner notre technique durant l'hiver, nous partons à la soufflerie de Manchester, mais cette fois-ci, à moindre coût. Nous *coachons* un groupe d'élèves gratuitement, ce qui nous permet d'affûter notre pédagogie tout en volant avec eux. Ici, l'ambiance avec nos pairs nous rend plus forts. Les moniteurs nous connaissent, nous apprécient, et suivent de près notre progression… nous sommes à notre place. Maintenant, il faut trouver le moyen d'être reconnus dans notre propre pays !

De retour en France, nous jonglons avec nos impératifs professionnels pour planifier la saison d'entraînements avec Oscar. *Non-stop*, on enchaîne l'un, puis l'autre. Notre progression nécessite un investissement total : nos concessions ne sont pas vaines, notre vol gagne en précision. Chaque saut est décortiqué, analysé. Les vidéos se révèlent précieuses pour corriger les postures et améliorer les distances.

L'exigence nous pousse à faire toujours mieux, toujours plus. Sans relâche, nous répétons et perfectionnons chaque saut. Nous avons le niveau d'aller en international et comptons le prouver ! Pour participer à la Coupe de France, Oscar, qui a récemment passé son brevet de pilote, nous propose d'y aller en avion. *Ça ne se refuse pas !* Nous embarquons donc dans un DR-400, direction Le Blanc (Indre). La navigation avec notre coéquipier aux commandes est extraordinaire ! Il n'y a pas meilleure cohésion que ce moment privilégié ! Nous débarquons directement sur la piste de l'aérodrome, prêts pour l'affrontement. En l'absence de l'équipe de France, une nouvelle formation fait son apparition : Victor s'est associé avec d'anciens champions du monde pour participer en *freefly*.

Encore une fois, l'ambiance est glauque. Heureusement, un groupe d'amis inscrits en catégorie N2 nous offre une superbe soupape et apporte un peu de gaieté dans ce climat de plomb. Les hostilités commencent. Premier libre : 7,8/10; premier imposé : 7,6/10 ! Notre travail porte ses fruits.

La météo capricieuse ne nous octroie que trois manches. Nous finissons par un libre à 7,7/10 et terminons deuxièmes, pas si loin de cette nouvelle équipe. Difficile de rivaliser avec d'anciens champions du monde ! Cette année, c'est le grand chelem ! Après le

Championnat de France, place à la Coupe suivie du Championnat du monde. Deux compétitions internationales à quelques mois d'intervalle, au fonctionnement différent : la première sert de championnat européen, la seconde décerne les titres mondiaux. Il est impératif d'être sélectionné par sa fédération pour participer aux championnats internationaux, en revanche nous avons appris la possibilité de se présenter en candidat libre aux Coupes… Toujours *blacklistés* et frustrés de ne pouvoir entrer sur la scène internationale, nous prévoyons de participer à cette Coupe du monde, qui se tiendra en République tchèque, par nos propres moyens. Normalement, chaque fédération envoie ses équipes à ses frais. Rares sont les athlètes qui viennent par eux-mêmes, car les inscriptions coûtent cher. Mais, par amour pour ce sport, par soif de justice et par envie de pousser la compétition en international, *cette fois, on ne nous bloquera pas !* Nous continuons donc nos entraînements avec cet objectif ultra motivant. Et lorsqu'on s'y attendait le moins, la nouvelle tombe.

7

À contre-courant

14 juillet 2012 — Nice — 16 heures : dépitée !

Le portable de Greg sonne, c'est Oscar :

— Les amis, je n'ai pas une bonne nouvelle à vous annoncer… Je viens de me faire renverser en moto. J'ai le pouce de la main droite cassé, c'est mort pour les compétitions ! *Le sort s'acharne, ce n'est pas possible ! Il nous faut un exorciste !* Le Championnat de France se tient dans trois semaines et nous devons participer à cette Coupe du monde coûte que coûte. Bien plus qu'une compétition, il s'agit pour nous d'une mission !

Nous trouvons alors un remplaçant de dernière minute, Noah, un moniteur à temps plein et très bon *freeflyer*. Efficace, il vole proprement, s'adapte rapidement à nos figures et nous centre dans le cadre. Quelle aubaine ! Grâce à lui, on va pouvoir sauver notre saison et aller au bout de nos objectifs ! Nous partons donc pour la compétition française ensemble. Les sauts sortent bien, notre libre monte à 7,9/10 et nous décrochons 7,5/10 de moyenne. Compte tenu du peu d'entraînement, à trois, il s'agit d'une très belle performance !

Nous terminons à la troisième place sur douze équipes, derrière les anciens champions, en premier et l'équipe de France officielle, en second. Une des deux équipes espoirs fédérales se trouve à plus de trois points derrière nous… Ils n'ont pas réussi à nous sortir du podium ! Le Championnat du monde aura lieu à Dubaï, dans trois mois. Pour ne pas dévoiler leurs sauts aux autres nations, la plupart des grandes équipes ne participeront pas à la Coupe du monde. Le budget leur servira à faire évoluer leurs programmes.

Personne ne sait que nous nous rendons en République tchèque. Le père de Greg, révolté par notre éviction des équipes françaises, nous offre la chance de participer en payant nos inscriptions. Loin de chercher l'imposture, nous voulons seulement vivre l'expérience de cette scène internationale, qui nous a été subtilisée un an auparavant.

27 août 2012 — Prostějov — République tchèque — 8 heures : enthousiaste !

Perdue au milieu de grands espaces verts, nous arrivons sur la *drop zone* de Prostějov. Mon cœur bat d'excitation ! Nous nous mêlons à la foule d'athlètes, vêtus de survêtements aux couleurs de leur pays… *ça fait son effet !* Ici, personne ne nous regarde de travers. L'ambiance diffère tellement de ce que nous connaissons, que c'est un réel soulagement ! Comme face à une page blanche, je vais enfin pouvoir m'exprimer pleinement.

En nous frayant un chemin vers la réception, nous tombons nez à nez avec l'équipe féminine française de vol à plat. Les filles ont entendu parlé de nos déboires et soutiennent notre résilience. Elles aussi connaissent certains abus de pouvoir au sein de leur discipline et se montrent compatissantes. Il est vraiment réconfortant de connaître des personnes de l'autre côté du miroir qui ne nous blâment pas.

Après l'enregistrement, le coup d'envoi est lancé et les appels commencent. Sereins, nous nous équipons. Pour une fois, je ne ressens pas de pression. Être présent est déjà une victoire en soi. Compte tenu de notre groupe recomposé à la dernière minute, je vais m'appliquer pour présenter notre travail au mieux et les sauts seront ce qu'ils sont. Sur le chemin de l'embarquement, les filles viennent nous encourager. Je n'en reviens pas ! Nous les remercions chaleureusement et grimpons dans l'avion.

En montant en altitude, je savoure ma quiétude. Les quatre mille mètres approchent, les adversaires se souhaitent « bon saut », je salue Greg et Noah. Action ! Lumière verte : nous nous élançons. Comme d'habitude, ce premier saut donne l'impression de marcher sur des œufs, mais nous réalisons notre libre dans les temps et sans erreur majeure. Rapidement, les vidéos sortent sur les écrans de jugement. Nous identifions les Russes, très techniques, comme nos concurrents directs. Vient alors notre tour. La vidéo suscite des réactions autour de nous. Notre libre plaît et nous place en tête du peloton. *Waouh ! Quelle belle surprise !* L'équipe italienne arrive à 0,2 point, juste derrière nous. C'est tellement stimulant de pouvoir se mesurer à d'autres nations de notre niveau !

Nous partons pour la manche n° 2 : les Russes, un cran plus techniques, passent devant. Leur imposé est solide. Manche n° 3 : nous reprenons la tête. Manche n° 4 : l'équipe russe *score* à 0,3 point de plus que nous. Nous revoilà à la deuxième place. La bataille est serrée, mais de bonne guerre, l'ambiance entre compétiteurs, *fair-play*. Nous nous saluons, nous sourions, nous souhaitons « bon saut ». Tout cela paraît nouveau pour nous, et en même temps tellement naturel…

D'autres athlètes viennent nous féliciter et nous dire qu'ils aiment beaucoup notre libre. Je suis épatée. *C'est donc ainsi que se passe une compétition normalement ?* Arrive le deuxième saut de figures imposées, clé de la compétition. Habituellement, je serais en stress total, mais le bon esprit sportif et le soutien des filles changent la donne. Cet environnement dépourvu d'animosité m'aide beaucoup dans ma performance. Je peux me focaliser entièrement sur mon vol sans avoir à gérer l'émotionnel. Nous nous élançons pour cette cinquième manche, calmes et concentrés. Toutes les figures passent sans accrocs. Impatients de voir le résultat, nous scrutons les écrans. Les vidéos arrivent suivies des notes. Nous obtenons 8,1/10. L'équipe russe rate une figure et prend 7,4/10, nous repassons devant !

C'est l'ascenseur émotionnel. De bonne guerre, cette compétition se révèle pleine de rebondissements. Ne restent que deux manches, tout se joue maintenant : la première place ne tient qu'à un fil. Inévitablement, la pression arrive et mon ventre commence à se serrer. *Je veux gagner !* Pour m'aider à gérer cette anxiété croissante, je m'isole et marche pieds nus sur le gazon. Casque sur les oreilles, je me passe deux musiques de films qui m'inspirent : *Death And Transfiguration* (*Hancock*) et *Chevaliers de Sangreal (The Da Vinci Code)*. Ces mélodies épiques me portent et me donnent du courage. Je les passe en boucle tout en visualisant nos enchaînements. Je commence par une visualisation interne, depuis la porte de l'avion, jusqu'au final du saut. Je m'imagine en train d'exécuter nos figures, ressens les différentes parties de mon corps à gainer pour chacune d'elles. Puis j'enchaîne avec une visualisation externe, tous les trois, comme suivis par un drone. Je nous regarde évoluer avec le bon *timing*, les bonnes distances et les points de rendez-vous entre chaque enchaînement. Au moindre « couac », je reprends depuis le début. Je dois visualiser le saut parfait. Si une erreur apparaît, il y a de fortes chances qu'elle se matérialise. L'appel de la sixième manche arrive. J'enfile mes chaussures et mon équipement, puis rejoins mes coéquipiers pour une dernière répétition au sol. Ces gestes, incompréhensibles pour le public, nous permettent de nous synchroniser, de vérifier la fluidité du saut. Comme nous avons beaucoup de séquences, il ne faut rien oublier. Tout doit dérouler. Ultra concentrée, je m'assieds dans l'avion en restant dans ma bulle. Les musiques de film passent dans ma tête, je ne pense qu'à mon saut réussi. Pour ralentir mon rythme interne et me préparer à voler calmement, j'allonge mes respirations.

Quatre mille mètres : l'agitation autour de moi ne m'atteint pas.

Mise en place : je reste *focus*.

— *Ready, set, go !*

Nous commençons notre ballet, les mouvements sont fluides et je prends plaisir à exécuter chaque manœuvre. Mes coéquipiers sont au diapason avec mon ressenti, le final arrive et… c'est un sans fautes !

Sous voile, je sors de cet état second et laisse la joie et la fierté m'envahir. 8/10, nous conservons notre première place ! Mon corps vibre. Comme une montée de sève, je sens une puissance positive grandir en moi. Je sais qu'il ne faut pas se réjouir trop tôt, nous n'avons que 0,1 point d'avance sur les Russes, tout peut encore basculer. Mais nous sommes tous les trois surexcités, et ce fuel nous apporte de la force.

Manche n° 7 : nous sortons à nouveau le libre sans erreurs. Le verdict va tomber. Tous réunis devant les écrans, nous attendons impatiemment le jugement. Nos concurrents ont réussi leur saut et obtiennent 7,9/10. Vient notre tour… suspens… 8/10 ! Nous sommes vainqueurs de la Coupe du monde !

On s'enlace. Nous félicitons et remercions Noah pour sa performance, grâce à lui, nous avons pu vivre pleinement cette compétition et, en prime, décrocher l'or. Greg et moi vibrons d'une même joie. Cette victoire finit de fusionner notre duo, nous devenons comme une entité commune : « les AirWax ».

Nos concurrents nous congratulent, et nous les remercions pour leur bon esprit. Les Russes et les Italiens étaient de superbes partenaires de ring. Quelle satisfaction d'avoir enfin pu se confronter à d'autres nations ! Cette expérience est pour moi inestimable. Je me sens tellement bien parmi ces athlètes sans jugement. *Merci, merci, MERCI !*

D'autres disciplines n'ont pas encore terminé, il reste quarante-huit heures avant que la compétition s'achève officiellement. L'organisation tchèque, accompagnée d'un responsable de la Fédération aéronautique internationale (FAI), vient à notre rencontre :

— En tant que vainqueur de cette coupe, vous devriez également recevoir le titre de champions d'Europe, mais pour cela, vous devez être inscrits sur les listes de délégation. Pouvez-vous appeler un responsable de votre fédération ?

Nous essayons de leur expliquer notre situation et leur faisons comprendre que ça ne passera pas. Ils insistent. Noah, moniteur confirmé et respecté, est lui en bon terme avec la fédération. Il tente un appel pour que nous représentions officiellement la France sur cet événement. La réponse fuse sans appel : un « NON » catégorique.

L'organisation et les représentants de la FAI restent perplexes. Personne ne comprend qu'une fédération se permette de perdre un titre et une médaille pour punir des athlètes. L'heure des podiums arrive. Solennellement, nous montons sur la première marche après avoir salué les autres équipes. Le président de la *drop zone* nous passe la médaille d'or autour du coup et l'hymne national français retentit. Des frissons parcourent mon corps. Je suis tellement fière de nous, du beau travail qu'a fourni notre *cameraman*. La gratitude m'envahit. Je pense au père de Greg qui nous a permis de vivre cette expérience unique et d'asseoir notre légitimité.

Une fois toutes les médailles des disciplines remises, l'heure est venue de décerner les titres de champions européens. Nous regardons donc les Russes monter sur la première marche quand soudain, l'assemblée se lève et se tourne vers nous pour nous applaudir, y compris l'équipe russe. Les larmes me montent aux yeux. Jusqu'au bout, cette compétition aura été un modèle de bon esprit sportif.

Nous repartons de la République tchèque, dépourvus de titre européen officiel, mais avec le plus beau des souvenirs et la preuve que nous avons notre place à l'international. De retour à mon bureau monégasque, je célèbre cet exploit avec mes collaborateurs. Cette victoire conséquente me permet de continuer à prendre des congés, afin de poursuivre mon ascension au haut niveau.

Mon patron fait fuser les bouchons de champagne et tous lèvent leur verre à ma médaille d'or. Quel honneur ! Je mesure la chance et le privilège de pouvoir vivre ma passion tout en gardant mon emploi. Pour Greg, c'est moins évident. Bien que son employeur soit heureux pour lui, il s'est retrouvé à court de *skippers* pendant la haute saison. Il ne pourra plus le laisser s'absenter durant l'été. En attendant de savoir comment concilier ses contraintes professionnelles et nos compétitions, nous décidons de nous concentrer sur le moment présent.

Le Championnat du monde ayant débuté à Dubaï, nous suivons les résultats en ligne, et en *freefly*, les notes se révèlent très serrées. Étalée sur plusieurs jours, la compétition offre un sacré suspens. Finalement, les deux équipes françaises montent sur le podium. L'équipe officielle, en premier, celle de Victor, en troisième. Les Américains obtiennent la seconde place. La France est une nation forte et souvent bien classée, car ses athlètes, contrairement aux autres nations, sont entièrement sponsorisés par la fédération. En plus de bénéficier d'un gros volume de sauts, ils sont *coachés*, ne plient pas leurs voiles et disposent même d'un kinésithérapeute. C'est un autre monde ! Peu de temps après ce Mondial, une rumeur circule. Ces deux équipes officielles arrêteraient la compétition. La nouvelle nous surprend : qui prendrait le relais ?

La logique voudrait que la place nous revienne, mais la fédération continue à nous renier et à nous ignorer. Que va-t-il donc se passer ?

12 décembre 2012 — Saint-Étienne — 15 heures : abattue !

Depuis plus de deux ans, le père de Greg se bat contre un cancer et commence sérieusement à s'affaiblir. Oscar, remis de sa blessure, veut se consacrer à sa carrière professionnelle et ne continuera pas avec nous la saison prochaine. Quant à Noah, il doit reprendre son travail de moniteur à temps plein. Nous voilà donc dépourvus de *cameraman* et ce n'est pas évident de trouver quelqu'un de disponible et motivé pour entrer dans l'aventure. Notre *blacklistage* se sait, et l'investissement pour la compétition est conséquent, dans tous les sens du terme. Notre sport étant sous-médiatisé, les compétiteurs ne sont pas payés. Non seulement nous n'avons pas d'entrée d'argent lorsque nous nous entraînons, mais nous en dépensons avec les déplacements, les logements, la nourriture et les sauts. Cette année, en raison de mes jours d'absence pour m'entraîner, mon salaire a considérablement diminué. L'asphyxie financière approche.

Ras-le-bol de cette situation de blocage au sein de la fédération ! Cette sensation d'être constamment à contre-courant me sape le moral. Greg me remotive :

— Pas question de déclarer forfait, on ne peut pas les laisser nous enlever notre passion !

Malgré notre niveau élevé de motivation et d'investissement personnel, nous nous retrouvons face à un mur. Les mois défilent et nous sommes toujours à court de *cameramen*. Nous prenons des risques en nous mettant en porte-à-faux avec nos activités professionnelles respectives, nous devons absolument trouver une solution. Pour maintenir le rythme et garder un pied en l'air, je *coache* sur des *drop zones* et donne des cours en soufflerie. Greg, quant à lui, passe un diplôme de *tunnel instructor* (instructeur de soufflerie) et organise des semaines entières de progression pour les élèves. La rage au ventre, nous tenons. Nous voulons trouver une solution pour continuer notre carrière sportive, coûte que coûte.

Il existe un diplôme de parachutisme, en dehors de la fédération, qui décerne le titre de « parachutiste professionnel ». Ce brevet nous permettrait d'exercer une activité rémunérée. Au vu du contexte actuel, il nous semble judicieux de nous lancer dans l'aventure. Réputé pour sa complexité, le Para Pro consiste en six heures d'examen à la Direction générale de l'aviation civile (DGAC) à Paris Orly, suivies d'un examen pratique quelques mois après. Les élèves doivent maîtriser cinq matières pour réussir cette première étape : l'aérodynamique, la météorologie, la fabrication des parachutes et des équipements, la technique de mise en œuvre des parachutes et leurs utilisations et, bien sûr, la réglementation.

Le programme, chargé et très complet, demande une bonne préparation en amont. Deux semaines intensives de cours permettent de se présenter au concours dans les meilleures conditions. Manque de chance, la première semaine de préparation tombe en même temps que notre *coaching* à Manchester, déjà programmé de longue date. Nous appelons le gérant de la formation qui accepte exceptionnellement de nous permettre de rejoindre les cours sur la deuxième semaine. En revanche, il nous faudra mettre les bouchées doubles pour rattraper les leçons manquées. Déjà dans le dur, ce nouveau défi ne me fait pas peur.

11 février 2013 — Guéret — 8 h 30 : studieuse !

De la ville de Manchester, nous voilà parachutés au cœur d'un petit village de la Creuse. Face à un grand bâtiment aux allures d'école militaire, nous entrons dans l'imposante bâtisse, où les stagiaires ont déjà avalé une semaine de cours. L'hôtesse d'accueil, derrière son comptoir, lève la tête et nous indique l'étage. Je pousse doucement la porte… tous les regards se tournent vers nous. Sur la pointe des pieds, nous nous installons au premier rang disponible. Lorsque je relève la tête, mes yeux s'arrêtent net sur le tableau. Immobile, j'observe avec effroi les trois pans dépliés, recouverts d'équations mathématiques. Mon souffle se coupe. Moi qui pensais éviter les maths en prenant la voie littéraire et artistique, ma bête noire revient à la charge ! Je lis même des lettres grecques parmi les chiffres… *C'est la panique !*

Quand je suis nerveuse, je pars en fou rire. Niveau discrétion, on peut faire mieux ! Comment vais-je pouvoir rattraper une semaine d'aérodynamique avec mon niveau d'algèbre ?

Ne sachant quelle attitude adopter, j'hésite à me lever et à saluer tout le monde. Greg, lui, a l'esprit mathématique. Son bac scientifique l'aide à rendre ces formules compréhensibles. Un fou rire nerveux fait couler des larmes de rire et de désespoir sur mes joues, quand la personne assise derrière moi me glisse :

— Ne t'inquiète pas, c'est bien plus facile que ça en a l'air !

Jonathan vient me voir à la fin du cours et propose son aide pour décrypter ces hiéroglyphes. Effectivement, il m'explique clairement et simplement toutes les équations du tableau. Rapidement, la moitié de la classe se joint à mes cours du soir. Visiblement, je ne suis pas la seule à avoir besoin d'un « traducteur ». Cette aide précieuse me permet de finir la semaine avec l'espoir d'arriver à valider la partie théorique. Les autres matières, beaucoup plus faciles à suivre, se passent bien. Le stage se termine et Jonathan nous propose de nous retrouver pour réviser tous les trois. Ravis de cette proposition, nous planifions nos réunions.

L'examen arrive à grands pas. À la sortie du travail, nous rejoignons Jonathan et nous entraînons sur d'anciennes annales. La partie théorique aura lieu dans les locaux de la DGAC à Orly. Pour des questions de tranquillité et de facilité, mon frère nous héberge, en son absence, dans son appartement de la banlieue parisienne. Nous voilà donc tous les trois à Paris pour cette dernière soirée de révision. Je propose des pâtes, nourriture rapide pour optimiser le temps. Casserole en main, j'ouvre le robinet d'eau qui fuse d'un seul coup. Impossible de le refermer, l'eau coule à fond et fuit aussi sous le placard. Ne trouvant pas de valve locale, en panique, nous cherchons celle de l'arrivée générale d'eau, sans succès. Rapidement, la cuisine est inondée et l'eau commence à se répandre sur le parquet du salon.

— Ce n'est pas possible !

On éponge le sol avec des serviettes de toilette et je réussis, enfin, à joindre mon frère au téléphone qui me guide dans les couloirs de l'immeuble. Ayant enfin accès à l'arrivée générale, je la coupe immédiatement. L'eau ne coule plus… mais on patauge ! Le sol épongé, nous nous remettons à nos exercices, le ventre toujours vide. D'un coup, nos portables s'agitent :

— Attention, ils annoncent de la neige pour demain.

À Paris ? Je jette un œil par la fenêtre et reste perplexe… c'est tout blanc !

Durant mes cinq ans d'études dans cette ville je n'ai jamais vu ça ! *Je dois passer un examen ultra important pour que la neige tombe… non, mais sérieusement ! Rester calme. Quelles sont les chances pour qu'elle tienne ?* Je consulte le site de la RATP qui annonce déjà des problèmes de trafic pour le matin. Les taxis vont être pris d'assaut, il nous faut un plan B. Je rappelle mon frère :

— David, on est coincés par la neige, est ce qu'on peut prendre ta voiture ?

Sa réponse positive lui décerne le prix de « super grand frère » ! J'ai de la chance…

Après quelques petites heures de sommeil, nous partons aux aurores afin d'éviter le trafic. Je tiens grâce aux nerfs, impossible de lâcher avant la fin de la journée. Nous roulons au pas et arrivons enfin devant le portail de la Direction générale de l'aviation civile. Les portes s'ouvrent, nous nous installons dans une salle qui me rappelle mon bac. Nous prenons place à des pupitres individuels et le surveillant commence à arpenter les allées. *C'est parti pour six heures d'épreuves !*

Toutes les images de notre soirée catastrophe repassent dans ma tête. Le sourire aux lèvres, je me recentre et attaque la rédaction des réponses aux sujets. Quand vient le tour de l'aérodynamique, la voix de Jonathan résonne dans ma tête. Sur ses conseils, j'écris mes formules sur un brouillon et les applique au fur et à mesure. Puis, je me lève et rends ma copie. Dans les couloirs, Greg et Jonathan m'attendent avec un regard interrogateur. Je leur lance :

— Ça s'est bien passé, je pense.

Nous quittons les lieux, épuisés, mais ravis d'avoir accompli cette mission ! Un mois plus tard, nous recevons chacun une enveloppe contenant le diplôme théorique. Nous aurons bientôt le titre officiel de parachutistes professionnels, reconnus par l'État, à défaut de l'être par notre fédération. Cette nouvelle me redonne de l'énergie. Je suis prête à poursuivre le combat.

Nous reprenons les entraînements à deux, tandis que Greg élargit son champ de recherche en quête d'un *cameraman*. Comme aucun Français ose nous suivre, il a la bonne idée de se tourner vers l'Angleterre où nous donnons régulièrement des cours en soufflerie. Il pense à Mike, un des moniteurs de Manchester.

Honoré par notre proposition, il accepte volontiers de nous dépanner pour la prochaine Coupe de France. En revanche, il doit jongler avec son travail et ne pourra nous rejoindre que deux jours avant la compétition. Ça va être court pour se caler, mais nous ne pouvons pas jouer les difficiles. Nous le récupérons à l'aéroport et partons directement nous entraîner. Bien que n'ayant que quelques sauts à son actif, son expérience en simulateur le rend très efficace. En quelques sauts, il abat un travail colossal et apprend tous nos enchaînements. N'ayant encore jamais participé à une compétition, il est ravi de pouvoir vivre cette expérience. Pour nous, c'est une véritable bouffée d'air ! Nous sommes sur la même longueur d'onde et les sauts déroulent au-delà de nos espérances. Grâce à lui, nous serons présents sur le circuit 2013.

8 juin 2013 — Grenoble — 8 heures : vaillante !

Escortés par notre partenaire anglais, nous entrons dans la *drop zone*, sous les yeux ébahis des compétiteurs et représentants de la fédération. Au vu des difficultés rencontrées et étant toujours considérés *persona non grata*, tout le monde s'attendait à ce que nous abandonnions. La scène est digne d'un western, lorsque le bandit fait irruption dans un *saloon*. Mike, dont la bonne humeur et l'enthousiasme restent imperturbables, nous offre une soupape dans cette atmosphère de plomb. La compétition commence… nous présentons notre libre de la Coupe du monde.

Malgré le peu de sauts ensemble, nous récoltons 7,5/10 et nous plaçons en tête, devant l'équipe espoirs, mise en place par la fédération. Coup de théâtre… l'ambiance est électrique ! Les sauts s'enchaînent. Mike montre un travail impressionnant. Nous finissons avec 7,3/10 de moyenne. Compte tenu des circonstances, il s'agit d'un véritable exploit !

Sous un malaise palpable, nous montons sur la première marche du podium. Célébrant notre victoire, à trois, nous applaudissons notre *cameraman*. Enchantés de cette médaille d'or, nous le raccompagnons à l'aéroport, pour retrouver ses obligations en Angleterre. Nous le remercions chaleureusement. Ce qu'il nous a permis d'accomplir est immense. Têtes redressées, cette victoire nous conforte dans notre résilience et nous encourage à trouver, encore une fois, une solution pour la suite du circuit. Finalement, un ancien compétiteur français se motive pour nous filmer. Moins intuitif que Mike, nous devons tout reprendre depuis le début. Qui dit «nouvel élément» dit «nouveaux réglages» : c'est chronophage et fatigant de devoir tout recommencer à chaque fois, mais nous n'avons pas d'autre choix. Nous partons donc pour la deuxième Coupe de France un peu moins confiants. Sur place, nous découvrons une nouvelle équipe composée d'anciens compétiteurs titrés. Voyant le créneau «équipe de France» disponible, ils ont décidé de saisir l'opportunité et arrivent à 7,3/10 de moyenne, tandis que nous descendons à 7,1/10. Notre recomposition peu concluante nous empêche de rivaliser avec eux. *Quelle frustration ! Je me sens freinée, enlisée !* Nous avançons tellement doucement par rapport à notre potentiel… *C'est du gâchis !* Cette situation me tape vraiment sur le système. Tous ces bâtons dans les roues, toutes ces ambiances négatives… je me demande si nous ne luttons pas en vain. Seul notre couple me permet de tenir. On s'est fait une promesse, celle d'évoluer ensemble en compétition et d'atteindre le plus haut niveau possible. *Je dois persévérer !*

Nous résistons pendant que le père de Greg lutte, tant bien que mal, contre son cancer. Impuissants face à la maladie, le contexte familial tire un peu plus sur notre moral. Les entraînements vont de pair avec notre état d'esprit et c'est à la rame que nous avançons vers le Championnat de France.

1er août 2013 — Saint-Étienne — 13 heures : paniquée !

Un appel de la famille nous presse de venir au plus vite à l'hôpital. Nous fonçons jusqu'à Saint-Étienne pour trouver le père de Greg à bout de forces. Tous deux à son chevet, nous décidons de rester pour l'accompagner lors de son départ. J'ai le cœur déchiré. Grâce à son soutien pour la Coupe du monde, nous avons pu exister dans notre sport. Nous ne pouvons pas baisser les bras maintenant, nous devons lui faire honneur.

L'étape du Championnat de France, qui a lieu dans cinq jours, est capitale pour notre carrière de sportifs. Notre absence nous effacerait du tableau et donnerait la victoire à la fédération. Je demande à Greg ce qu'il compte faire. Bien que nous n'ayons pas du tout le moral ni l'esprit à sauter, le fait de concentrer notre attention sur autre chose nous aidera peut-être à nous accrocher au train de la vie… Un guerrier n'abandonne pas ! Nous prenons la route pour Vichy.

La tête complètement dans les choux, nous arrivons sur place. Notre présence a beau susciter toujours autant de malaise, cette fois, l'ambiance me touche beaucoup moins. Tout prend une autre dimension. Cette austérité me paraît tellement puérile et futile comparée à la douleur de perdre un père. Nous sautons en mode « robot », juste assez présents pour réagir en cas d'urgence, mais absents mentalement. Ce n'est pas non plus la fête avec notre *cameraman*, qui décide de changer les réglages vidéo à la dernière minute. Résultat : nous sortons régulièrement du cadre et prenons d'énormes pénalités pour la présentation. Lorsqu'arrive le deuxième saut imposé, il se trompe de mouvement sur une figure. Nous obtenons un 6,6/10 qui fait chuter notre moyenne à 7,1/10 et passer 0,3 point derrière l'équipe espoirs — que nous battions aux autres événements. La première place revient au nouveau groupe d'anciens compétiteurs. Certes, nous montons sur le podium, mais je vis cette troisième place comme un échec. Rester dans le top deux prouvait notre légitimité aux yeux de tous les Français. *L'horizon s'est couvert, j'ai la tête dans le brouillard.* Nous ne pouvons pas rester avec cette composition. Il va encore falloir trouver un nouveau *cameraman. Je suis vidée !*

Nous retrouvons nos activités professionnelles, dépourvus d'entrain et d'énergie. Greg est noyé sous les papiers administratifs liés au décès de son père. Et pour couronner cette saison éprouvante, son employeur lui annonce son licenciement. *On avait bien besoin de ça !* J'essaye de le soutenir, d'être là du mieux que je peux, mais je me trouve à court d'énergie. Le froid et le temps maussade s'installent en France. Nous devons nous échapper de cette grisaille avant qu'elle n'envahisse complètement nos cœurs. Et alors que nous touchons le fond, comme par providence, je reçois une invitation pour participer à un record du monde féminin, organisé à Eloy, notre *drop zone* de cœur.

22 novembre 2013 — Skydive Arizona — États-Unis — 11 heures : sauvée !

Le soleil généreux chauffe la terre qui libère ses parfums de pétrichor (odeur de la terre après la pluie). Véritable « madeleine de Proust », cette odeur aux notes désertiques si particulières me plonge dans un bien-être immédiat. Cette fois, nous avons embarqué un groupe d'amis pour partager l'aventure avec nous. Comme à chaque fois, cette *drop zone* fourmille de monde. Greg fait visiter les lieux à notre bande, tandis que je rejoins les filles venues des quatre coins du globe.

Les organisatrices visent une figure à soixante-neuf femmes, position tête en bas. Au sein du groupe, la pression demeure palpable. De mon côté, nos entraînements ont bien consolidé mon vol, je me sens plutôt sereine. En revanche, j'appréhende de me retrouver dans cet environnement uniquement féminin. Habituée depuis des années à évoluer dans un milieu essentiellement masculin, je ne sais à quoi m'attendre. Mes expériences passées ne se sont pas révélées très positives… Je me souviens d'années difficiles au collège et au lycée, où la jalousie, la critique et la compétition étaient systématiques et inévitables entre filles. Je m'étais, à l'époque, déjà réfugiée dans un groupe essentiellement composé de garçons, pour limiter ces agressions. Sur la défensive, je me mêle à l'assemblée.

Réparties par secteurs, nous répétons au sol les *timings* de sortie jusqu'à l'approche et l'appontage. Chacune d'elles affiche un air concentré et déterminé. Puis, une des organisatrices donne l'ordre de s'équiper et lance un cri de guerre, repris par la communauté. Je suis étonnée ! Bien loin du crêpage de chignon, ces femmes ressemblent plus à une troupe d'amazones. Nous embarquons, la flotte s'élance.

À mesure que nous approchons des cinq mille six cents mètres, des regards de soutien s'échangent. La lumière verte clignote, nous nous levons, prêtes à l'action. Je plonge pour rejoindre le cœur de la figure. Les pétales humains commencent à se greffer. Certains se ferment puis se rouvrent. J'attends que les personnes devant moi prennent place pour pouvoir leur attraper la main. La douceur du vol général me surprend. Dans les formations mixtes, les arrivées et les appontages sont bien plus brusques. À la fin du saut, nous nous séparons et nous retrouvons au sol pour le *debriefing* général. La vidéo défile. Bien que de nombreux ajustements restent à faire, cette tentative me semble de bon présage. Des acclamations d'encouragement échappent de notre groupe.

Pour la première fois, dans ce *melting-pot* de femmes battantes, je me sens à ma place. La bienveillance règne et je découvre la force que cette vertu apporte à notre minorité. Nouveau cri de guerre, nous repartons pour sauter. Pendant ce temps, Greg alterne soufflerie et sauts de plaisir avec nos compagnons. Les soirs, nous nous retrouvons dans le *saloon* de la *drop zone* et l'ambiance bat son plein.

Au troisième jour, les organisatrices réduisent la formation à soixante-trois femmes pour augmenter nos chances. Les approches sont plus rapides, le vol plus calme. Chacune vient se connecter en séquence. Plus la figure grandit, plus les sourires éclairent les visages. Soudain, un courant circule. Je reconnais cette sensation, ressentie lors du record européen. *C'est bon signe !* Nous nous séparons avec la certitude d'avoir réussi le record. Sous voile, des cris de joie retentissent. Rapidement, les vidéos passent sur l'écran géant au centre du hangar. Curieux, tous les parachutistes de la zone se sont attroupés, sur la pointe des pieds. Personne ne veut rater une miette de la vidéo. Tout à coup, l'image se fige et nous montre toutes connectées. *Victoire !*

C'est la première fois qu'autant de femmes se mobilisent pour affirmer leur place dans notre sport. Issu du milieu militaire et essentiellement masculin, le parachutisme, en pleine évolution, compte de plus en plus d'athlètes féminines (à peu près 30 % en France). Comme quoi les mœurs et les mentalités peuvent évoluer, tout comme mes préjugés… Je retrouve Greg et nos amis pour un *road trip* vers les magnifiques parcs de l'Ouest américain. Nous profitons de nous trouver au cœur de l'Arizona, pour nous arrêter d'abord au Grand Canyon. Nous arrivons de nuit, mais j'en devine déjà l'immensité dans ce silence qui m'entoure.

Le jour se lève pour dévoiler l'insolite beauté des falaises rouges saupoudrées de neige. Les couleurs, évoluant au fil des heures, créent une multitude d'ambiances comme autant de poésie. *Quel honneur et quel privilège de pouvoir assister à ces spectacles naturels !* Je me remplis de toute cette grandeur, avant de prendre la route pour Bryce Canyon, situé dans l'Utah. À son tour, le parc naturel nous plonge dans un décor irréel. Semblables à de la dentelle, des tours de pierre aux dégradés jaune orangé ornent les pentes du canyon à perte de vue. Hypnotisée par tant de beauté, j'avale une grande bouffée d'air et respire à pleins poumons. Je ne m'étais pas sentie aussi bien depuis longtemps. Dans ces espaces à perte de vue, j'ai l'impression que tout est possible, sans limites. C'est peut-être aussi de là que vient « le rêve américain » !

7 décembre 2013 — Las Vegas — États-Unis — 17 heures : euphorique !

Welcome to Vegas !

Quoi de mieux que cet endroit mythique pour clore notre *road trip ?* Comme des enfants à Walt Disney, nous explorons la fameuse ville du vice. En ce qui me concerne, je ne suis pas attirée par les casinos, mais par les spectacles du Cirque du Soleil. Je m'empresse d'aller assister à la représentation *Ô*, dont la scénographie complexe permet aux performeurs de « marcher sur l'eau » puis, quelques secondes plus tard, de plonger au même endroit. Entre leurs chorégraphies, leurs costumes et leur talent, je ne sais plus où donner de la tête ! Des étoiles plein les yeux, je savoure chaque seconde de cette magie. Pour notre dernière soirée et pour finir notre escapade américaine en beauté, nous sortons le grand jeu. Une limousine nous attend en bas de notre hôtel. Le chauffeur, au *look* tout droit sorti d'un film, nous promène à travers les grands boulevards, tandis que les bouchons de champagne fusent dans son salon ambulant. Comblés par ces moments passés ensemble, nous trinquons. Le parcours s'arrête là où la ville a pris naissance : le vieux Vegas et son Strip de Fremont Street. Il s'agit d'une grande avenue recouverte par un immense écran lumineux de quatre cent soixante mètres. Bordée de bars et de casinos, la musique résonne et les lumières scintillent dans l'allée bondée de monde. Au début du Strip, un concert de rock fait bouger la foule. Nous plongeons dans cette ambiance électrique tandis que l'alcool se mêle à notre exaltation. Puis nous progressons dans l'avenue et tombons cette fois sur un concert de musique *country*. Un *cow-boy* fait danser les gens en ligne. Nous tentons de rejoindre la chorégraphie synchronisée avec un temps de retard à chaque pas. L'euphorie explose. L'osmose de notre groupe nous porte. Pris dans la même liesse, le regard des autres n'existe plus. On danse, on chante et on se prend en photo avec de parfaits inconnus ! Cette insouciance est délicieuse à retrouver. Nous continuons notre ascension jusqu'à la fin de la rue. Devant nous, un salon de tatouage… Évidemment, nous poussons la porte et cette soirée extravagante se termine en beauté. *What happens in Vegas stays in Vegas...* (Ce qui se passe à Vegas reste à Vegas…) Nous retrouvons l'hôtel au petit jour, avant de nous saluer.

J'embarque pour notre vol retour, l'esprit léger et le moral remonté. Je regarde Greg, nous sourions, complices. Une idée a germé…

Pastel sec.

Saut en tandem pour les 18 ans.

Premier saut solo à El Paso, États-Unis.

Découverte de la montgolfière avec Greg et son père.

Figure artistique « Shiva ».

Tête du fémur vue de profil

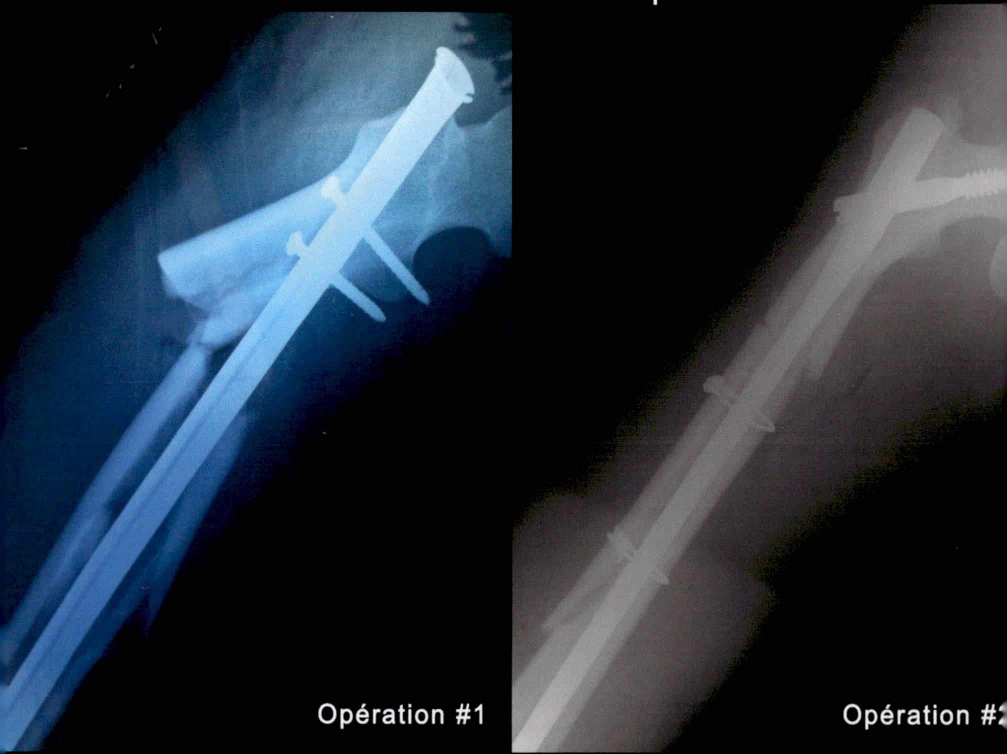

Accident de Karine.

Figure artistique « Totem » au-dessus du vieux port de Marseille.

Records mondiaux tête en bas.

Saut spécial sur l’Ayers Rock, Australie.

Victoire lors du championnat du monde 2018, Gold Coast, Australie.

Animation freefly « Airwax Hybrid » devant Dunk Island, Australie.

Saut spécial Chale Island, Kenya.

Surf, pyramides de Gizeh, Égypte.

Saut photo, palette des salins, Swakopmund, Namibie.

Animation freefly au-dessus des dunes de Namibie.

Record mondial de nuit.

8

Second souffle

Baptiste, un jeune surdoué du vol, appartient à notre bande. Je l'ai rencontré lors d'une animation à Saint-Étienne. Sa technique dans le ciel manquait de précision et présentait un danger potentiel pour le reste du groupe. Une fois à terre, je lui ai fait prendre conscience des risques liés au manque de maîtrise lorsque l'on saute à plusieurs.

Au lieu de se braquer, il m'a alors demandé :

— Vous organisez des stages de progression en soufflerie ? J'aimerais apprendre avec vous.

Parmi toutes les personnes que nous *coachons*, Baptiste sort clairement du lot. Ancien gymnaste, il apprend à une vitesse fulgurante. C'est un passionné, stimulé par l'excellence, qui aimerait évoluer dans le parachutisme. Son ambition et son exigence résonnent en nous. Notre voyage aux États-Unis n'a fait que confirmer notre ressenti, Baptiste est le candidat idéal ! À peine rentrés, nous lui proposons d'intégrer l'équipe. Certes, il faudra sacrifier un peu de temps pour le former, mais nous avons l'impression que quelque chose de grand nous attend. Conscient de l'opportunité qui s'offre à lui, et ayant la possibilité de travailler à mi-temps, il accepte l'aventure.

31 mars 2014 — Gap — 8 h 30 : animée !

Premier stage tous les trois. Sur un rythme soutenu et enjoué, nous initions Baptiste à nos sauts. L'alchimie prend tout de suite. Il doit acquérir de l'expérience, mais nous savons que, sur du long terme, nous pourrons exploiter notre plein potentiel. Bien qu'invisible à l'écran, le *cameraman* reste un performeur de l'ombre, qui fait partie intégrante de l'équipe. Il doit connaître tous les enchaînements et se placer précisément pour chacun d'eux. Baptiste doit donc apprendre trois chorégraphies différentes et huit figures imposées. Il lui faut mémoriser et suivre nos variations de vitesse ainsi que nos déplacements, pour chaque séquence, tout en effectuant des mouvements synchros avec nous.

Non seulement il doit s'assurer de nous garder dans le cadre, mais aussi voler sans que ses bras apparaissent à l'écran sous peine de pénalités. La qualité d'un saut repose donc énormément sur la vidéo. Même si les deux performeurs exécutent de superbes figures, mais qu'elles sont filmées de trop loin ou décadrées, les notes resteront basses. Il faut du temps pour régler tout ça. Seuls les anciens compétiteurs arrivent à s'ajuster rapidement. Ravis de retrouver une osmose en l'air et au sol, nous planifions des semaines d'entraînement à trois.

Les affaires du père de Greg, désormais sous sa gérance, nous permettent de continuer financièrement à nous entraîner. Déterminés à percer, nous préparons notre plan d'attaque. Je négocie pour passer à un mi-temps professionnel, qui m'est accordé. Mode *training* intensif activé, nous sacrifions la première Coupe de France pour nous préparer. Nous alternons soufflerie et sauts. Dans cet accélérateur de niveau, chacun perfectionne son vol. Plus nous poussons la technique individuelle, plus nous gagnons en précision à trois dans le ciel. Nous enchaînons les sauts et composons un libre.

Nous raccrochons le circuit de compétition, lors de la deuxième Coupe de France. Cette fois encore, personne ne s'attendait à nous voir, après l'année accablante que nous venions de passer. Mais voilà, dans notre équipe, nous sommes deux karatékas et nous avons appris à ne jamais abandonner ! Il est l'heure de présenter notre nouveau trio aux juges. *À nous de jouer !*

Baptiste sort et se place sur la petite marche accrochée à la carlingue. Je m'installe à la porte, collée à Greg, et entame le décompte :

— *Ready, set, go !*

Nous nous tendons, allongés sur l'air, puis basculons en arrière. Tête en bas, nous réalisons un 360° synchro, tandis que Baptiste effectue une boucle en dessous de nous. La prise de vue est originale : les casques en premier plan avec nos bras écartés ressemblent à deux hélices. Puis debout, nous inversons les rôles, dans une ronde à trois, et nous élançons pour orbiter sur la tête en tournant le dos à notre *cameraman*.

Greg copie mon taux de chute. Je compte trois secondes, puis nous bloquons le mouvement pour partir dans l'autre sens. Tandis que je m'assieds, mon compagnon vient coller son casque contre le mien, face à la caméra. Nous continuons notre danse dans des positions miroirs. Baptiste se place derrière Greg, qui recule debout en marche arrière. Je tourne autour de mon binôme, puis, à l'envers façon *Spiderman*, l'embrasse. C'est le moment du final : je pose ma tête dans sa main et tourne en toupie comme un ballon de basket au bout de ses doigts pour freiner et donner l'effet de « m'envoler », tandis qu'il accélère, toujours en position debout.

Nous récoltons 7,8/10 pour notre première démonstration de libre, puis montons à 8,1/10 pour la suivante : une belle performance ! Nos imposés restent encore à travailler : 7,4/10 et 6,9/10, mais les résultats sont prometteurs.

Le futur entraînement est canalisé sur ces deux sauts spécifiques. Baptiste se surpasse pour se caler au plus vite. Nous savons d'expérience qu'il faudra plus de répétitions pour rivaliser avec les équipes fédérales, mais nous demeurons confiants pour l'avenir.

31 juillet 2014 — Vichy — 8 heures : résiliente !

J'ouvre la fenêtre de la voiture. Cette ville, devenue le théâtre du « spectacle » annuel du Championnat de France, me fait suffoquer. Trop de stress ressenti, trop de déceptions vécues… À quelle sauce va-t-on être mangés, cette fois-ci ? Comme une combattante, qui a déjà pris de nombreux coups et risque d'en recevoir encore, je me prépare psychologiquement. Greg se gare. Nous prenons nos sacs et traversons les espaces communs dans l'indifférence totale du collectif. Cette année, il y a un championnat du monde à la clé. L'équipe n° 1 est toujours là et nous découvrons un nouveau groupe, composé d'anciens compétiteurs, soutenus par la fédération. Les appels de saut arrivent.

Sous pression, nous ne réussissons pas à voler de façon fluide. Chacun essaye de compenser l'autre, ce qui crée des effets de Yo-Yo, sanctionnés par un 7,3/10. Nous nous retrouvons au sol, solidaires et conscients de nos erreurs. *Calmons-nous, restons posés au lieu de nous agiter !* Au tour du premier imposé. Appliqués, nous déroulons les figures sur lesquelles nous avons insisté à l'entraînement. Nos efforts paient : 7,9/10 pour le premier, et 7,5/10 pour le deuxième imposé.

Nos mouvements recentrés et huilés, le libre remonte en points jusqu'à sortir enfin correctement sur les deux dernières manches ; nous obtenons un 8,1/10. *Ouf !* Nous assurons le podium avec une moyenne de 7,7/10, tandis que les équipes sponsorisées plafonnent à 8,3/10 et 8,4/10. *Belle performance ! Pas facile de rivaliser avec leurs conditions.* Elles participeront donc au Championnat du monde, qui se déroulera en République tchèque. Patience ! Le prochain sera dans deux ans.

Entre-temps, une Coupe du monde rythme les années « creuses ». Nous visons donc le championnat mondial de 2016, qui prendra place à Chicago, ce qui nous laisse deux saisons pour nous préparer. Nous décidons alors de passer à la vitesse supérieure. Greg planche sur un planning d'entraînements plus efficace, composé de stages en soufflerie et de *coaching* intensif pour l'hiver. Plus nous serons à l'aise dans ces tubes de verre, plus nous serons précis en l'air. Un matin, alors que je rejoins mes coéquipiers en soufflerie, Greg nous dévoile son plan :

— La météo rend nos saisons incertaines. Lorsqu'on bloque une semaine de sauts, on ne sait jamais combien de répétitions on va pouvoir effectuer. Dans l'idéal, il faudrait pouvoir nous dédier entièrement à notre carrière sportive, pour choisir les entraînements dans le ciel, lorsque la météo est favorable… C'est vrai que chaque année, nous devons élaborer une stratégie, pour répartir et cibler au mieux ce que nous devons améliorer : imposé, libre ou mouvement spécifique. La soufflerie offre ce privilège de pouvoir voler, peu importe le vent, le froid ou les nuages. Pour autant, nous ne pouvons reproduire nos enchaînements dans cet espace limité. Les deux me paraissent nécessaires.

Cela fait maintenant plus de cinq ans que nous nous sommes investis dans la compétition, il est temps d'aller chercher ce podium international ! En parachutisme, lorsque notre voile principale présente un problème insoluble, nous la détachons de notre harnais pour ouvrir celle de secours. On appelle ça « une libération », un *cut-away*. De nombreux parachutistes changent de vie après quelques années de pratique, car ce sport nous révèle et met à nu beaucoup de choses. On appelle ça « faire un *cut away* ». Cependant, il est rare de quitter un *job* dans lequel on se sent bien… Greg me soutient : « Si nous voulons changer le cours des choses, nous devons nous investir à fond ! »

Prêts à tous les sacrifices pour la réalisation de notre objectif, Baptiste et moi prenons la décision de lâcher nos activités professionnelles. Je me dirige vers le bureau de mon responsable d'un pas timide. L'angoisse m'envahit. Je m'apprête à lâcher ce qui me rattache à une vie « normale » et à dire « au-revoir » au confort d'un salaire… La peur de sortir de ma zone de confort hurle à l'intérieur. Je me reprends : *je dois oser ce pas pour permettre à de nouvelles choses de se mettre en place*. Alors, comme pour mon tout premier saut, je rassemble mon courage et lui tends ma lettre de démission. Ainsi, débute ma nouvelle vie, en tant que parachutiste professionnelle.

1er avril 2015 — Skydive Arizona — États-Unis — 16 heures : motivée !

Je n'arrive pas à le croire ! Le fantasme de tout parachutiste est de pouvoir sauter à volonté. Pour cela, il faut un budget, du temps et une bonne météo. Greg nous offre la réalisation de ce rêve sur notre chère et tendre *drop zone* d'Arizona. Un accueil chaleureux du *staff* nous fait sentir tout de suite à la maison. Nos nombreuses visites au fil des années ont fait de nous « des habitués ». Nous posons nos valises pour un mois et demi de *training* intensif. L'aventure prend vie ! Nous nous autorisons deux sauts pour le plaisir et entamons les entraînements en travaillant nos imposés. Sans relâche, nous sautons, plions, *debriefons*. Des acharnés ? Oui, il y a un peu de ça, mais c'est la clé ! Tout comme au karaté, en *freefly*, si on veut qu'une position devienne automatique, nous devons la répéter pour l'ancrer dans notre mémoire musculaire.

Le logement se révèle très rudimentaire. Nous dormons dans un Algeco sur des lits superposés aux ressorts saillants. Autant les jours sont chauds, autant les nuits sont glaciales ! J'essaye différents réglages du chauffage d'appoint, qui affiche des degrés Fahrenheit… *quelle mesure bizarre !* On est loin du confort, mais cela nous permet des économies pour favoriser le budget des sauts, car la pression financière devient pesante. À chaque fois, il faut compter trois places : celles des deux performeurs plus le *cameraman*. Alors la moindre perte de concentration crée des tensions. Même si on sait que l'évolution n'est pas une ligne constante, il devient difficile de bien vivre les essais ratés… Les soirs, je pars courir pour me vider la tête. Je me suis tracé un petit parcours autour de la *drop zone*, où la lumière du soleil couchant illumine les champs de maïs. Un peu de verdure au milieu du décor désertique m'apporte du réconfort. Je rejoins ensuite les garçons à la salle de musculation. Chacun exécute ses exercices spécifiques, en fonction de ses besoins. J'entraîne mon corps pour qu'il puisse résister au rythme intense de nos journées : sauts, pliages, sport, sommeil. C'est éprouvant tant physiquement que mentalement, mais ça porte ses fruits. Grâce à ce gros coup de collier, notre vol à trois s'est bien réglé.

Notre assiduité nous a aussi fait gagner le respect de nos pairs américains, qui montrent une grande considération pour notre travail et notre investissement. Nous saluons tout le monde et rentrons en France, plus affûtés que jamais. J'ai hâte de voir quelle place on va occuper ! Arrivés à la Coupe de France, nous cherchons les équipes officielles, mais elles sont absentes. Seul l'entraîneur du collectif est présent. Pas de quoi nous confronter, mais nous pourrons tout de même obtenir un retour des juges sur nos sauts.

Notre libre décroche un 8,5/10 et notre moyenne monte à 8/10 ! *Belle performance !* Le représentant fédéral s'approche de nous et nous propose un entretien :

- Au vu de vos résultats, si vous continuez sur cette lancée, on pourrait éventuellement envisager une réintégration dans les prochaines années pour les championnats du monde… de 2018. *Cette date raisonne dans ma tête comme un coup de marteau.*
- Dans trois ans ? *Pas question d'attendre encore tout ce temps avant de retrouver l'international ! Il nous faut trouver une solution, et vite !* Nous lui demandons pourquoi nous ne pouvons participer aux prochains championnats. Sa réponse est floue : des équipes s'entraînent déjà pour cet objectif… *Oui ! Mais nous aussi !*

Cet échange nous laisse un goût amer. Clairement, nous ne faisons toujours pas partie des plans fédéraux français pour le Mondial 2016. Notre seul espoir réside dans un changement de nation. À notre connaissance, la Suisse ne possède pas d'équipe de *freefly*. Nous décidons de contacter leur fédération pour expliquer notre situation. Effectivement, ils pourraient nous accueillir et nous aider. On épluche alors les démarches administratives pour pouvoir représenter leur pays. Cela risque d'être long, mais nous sommes prêts à tout mettre en œuvre pour réaliser notre mission.

13 août 2015 — Vichy — 8 heures : déterminée !

Nous arrivons sur les lieux du Championnat de France, parés au combat. Je balaye l'assemblée du regard pour identifier nos concurrents et note l'absence de l'équipe française n° 1. Nous apprenons qu'ils ont arrêté la compétition. Concernant l'équipe n° 2, un de leur coéquipier s'est blessé en début de saison, du coup, l'entraîneur lui-même est entré à sa place. *Carrément !* Pour assurer ses arrières, la fédération a créé un autre groupe, composé d'actuels *freestylers*, déjà en équipe de France, qu'elle a associés pour créer une équipe de *free-fly* : coup double ! La fédération a déjà décidé d'envoyer ces deux équipes à la Coupe du monde, ce qui nous barre complètement la route. *Cette situation m'enrage, pourquoi tant d'acharnement ?*

Les hostilités commencent.

Comme chaque fois, la pression du premier saut se mêle à mes émotions. Je veux prouver notre légitimité. Mais dans cette atmosphère, où tout est organisé pour nous bloquer, je n'arrive pas à me concentrer pleinement. À trop vouloir bien faire, mon vol est bridé, je me sens rouillée. Nous prenons 7,9/10, alors que nos concurrents obtiennent chacun 8,2/10. *Allez, allez ! Nous sommes capables de bien mieux !* Je fais le vide, respire et me recentre. Nous créons notre bulle, répétons et nous encourageons tous les trois.

L'heure de la deuxième manche arrive : le premier imposé. Nous avons tellement répété ce saut en Arizona qu'il sort tout seul : 8,3/10 ! Lorsque les notes tombent, les visages se décomposent. Les équipes françaises alignent 8,1/10 et 7,7/10. Nous reprenons confiance et enchaînons deux libres à 8,3/10. Nos *scores* approchent dangereusement des deux équipes officielles, se joue un véritable bras de fer. La pression monte, tant de leur côté que du nôtre : *nous pouvons les battre !* L'enjeu est énorme, un *putsch* magistral !

Au cinquième saut, la compétition peut basculer en notre faveur. Nous avons énormément travaillé cet imposé. Tout se joue maintenant. Ultra concentrée, je m'installe à la porte de l'avion. Greg, en position à l'intérieur, me regarde. Baptiste me fait signe de la tête. Je lance le décompte, nous donnons l'impulsion quand soudain, Greg subit une grosse secousse qui retarde sa sortie. Son harnais a tapé la porte. Décontenancés, nous fonçons nous retrouver et exécutons nos figures dans la précipitation pour rattraper le temps perdu. La sonnerie de séparation retentit en plein milieu du dernier mouvement. *C'est la catastrophe !*

Juste avant le Championnat, nous avons répété nos sauts dans une *drop zone,* depuis un modèle d'avion différent de celui utilisé pour la compétition. Le Dornier a une porte plus large que celle du Cessna Caravan. Nous n'avions pas anticipé cette différence. Déconcertés, nous attendons la sanction. 7/10… notre moral s'effondre. Tandis que Greg s'accable, Baptiste et moi essayons de relativiser : « Cela aurait pu nous arriver. Oui, c'est une torture, mais ce qui est fait, est fait, nous ne pouvons pas le changer ! Il nous reste encore deux libres à sortir, alors reprenons nos esprits ! »

La rage au ventre, nous réalisons nos meilleurs sauts et terminons la compétition avec un 8,5/10, suivi d'un 8,6/10, un des plus hauts *scores* ! Malgré l'imposé raté, notre moyenne arrive à 8,12/10 quand les premiers obtiennent 8,28/10 et les seconds 8,25/10. *La victoire n'a tenu qu'à un fil !* Nous montons sur la troisième marche du podium, dépités d'avoir manqué cette opportunité en or, dans tous les sens du terme… Je sais que se morfondre n'apporte rien de bon, *alors allons nous changer les idées !*

À nouveau, un record va nous permettre de penser à autre chose. Cette fois, il s'agit du Mondial mixte, organisé à Skydive Chicago, justement là où se tiendra le Championnat du monde 2016. Le hasard fait bien les choses ! Forts de nos expériences européennes, nous avons été sélectionnés par les organisateurs pour y participer.

27 juillet 2015 — Chicago — États-Unis — 7 heures : impressionnée !

Des hangars gigantesques se dressent au milieu d'immenses étendues vertes. Le bruit des hélices se mêle à l'odeur du kérosène. La flotte aérienne en impose : un Sherpa (capacité de trente-six personnes), cinq Twin Otter (vingt-trois personnes) et un Skyvan (vingt-quatre personnes). Une horde de parachutistes arpente le bâtiment : près de deux cents *freeflyers* ont été sélectionnés. Je croise beaucoup de visages familiers d'Arizona et d'Espagne, puis d'autres que je reconnais, d'après des vidéos et des magazines spécialisés en parachutisme. Cette foule internationale est de haut vol, je suis honorée de me trouver avec l'élite mondiale.

Le dernier record date de 2012, avec une formation à cent trente-huit *flyers*. Cette année, les organisateurs visent un cent soixante-quinze, presque le double de notre record européen ! Conviés dans une salle avec écran géant, on nous présente la formation, et je suis surprise qu'il n'y ait pas de secteurs de couleur. Il va falloir redoubler de vigilance et trouver ses propres points de repère. Au sol, nous simulons le *timing* de sortie d'avion, les approches, les appontages puis les séparations. J'en profite pour trouver mes références et des moyens mnémotechniques. Combinaison verte dans la base à ma droite, puis fille en combinaison rouge, et je m'accroche sur le gars au casque bleu. *Je peux le faire !*

Nous embarquons. Les tuyaux d'oxygène pendent au-dessus de chaque place. Les sept avions décollent et se suivent, en formation serrée, durant toute la montée. Dans la carlingue, l'ambiance est à la concentration. Ces sauts nécessitent une grande précision et beaucoup de sang froid. Personne ne veut être celui que l'on pointera du doigt sur l'écran géant. Vers trois mille huit cents mètres, j'approche la canule d'oxygène de mon nez. À partir de maintenant, je limite tous mes mouvements et exécute des gestes lents pour ne pas tirer sur mon organisme et éviter l'hypoxie. Je suis concentrée, mais pas stressée, contrairement à beaucoup de participants dont l'expression trahit l'anxiété. Je reconnais chaque signe, trop familier, car déjà vécu sur mes compétitions.

Cela fait maintenant cinq ans que j'apprends un peu plus à me connaître et à prendre du recul pour gérer les moments de pression. Quand on n'a pas de *coach* mental, on compense par l'expérience. J'ai déjà deux records européens dans mon bagage et un Mondial féminin, je sais à quoi ressemblent les différentes approches, je connais l'inertie des déplacements et je peux donc anticiper plus facilement. Même si le visuel de cette formation ne se dévoilera que dans quelques minutes, j'ai de quoi l'imaginer et le voir. Je sais aussi comment gérer mon vol, mon seul *challenge* c'est de ne pas me perdre. *Bonne chance !*

La porte s'ouvre, je suis aux aguets. La lumière verte clignote, je lâche mon tuyau d'oxygène, *c'est parti !* Je sors sur le dos et découvre les sept avions déversant leur cargaison. De nombreux petits points convergent vers la base, l'essaim s'élargit au fur et à mesure de mon approche. Jusqu'à présent, quatre-vingt-seize personnes en l'air, c'était le maximum que j'avais expérimenté. Là, nous sommes cent soixante-quinze ! Impressionnant ! Mon visuel est vertigineux : placée à l'extrémité d'un pétale, je vois toute la formation devant moi. Mais, impossible de m'accrocher… ça bouge de trop. Je vois des gens se faire bousculer et perdre l'équilibre.

Plus les tentatives s'enchaînent, plus les *debriefs* sont sévères. À chaque diffusion des vidéos, on entend les mouches voler. Le soir, bizarrement, personne ne reste à la bière. La pression, à défaut d'être dans le verre, se ressent chez tout le monde.

Après trois jours d'essais et de nombreux remaniements, nous partons pour le treizième saut. Les organisateurs ont taillé dans la formation, nous ne sommes plus que cent soixante-quatre. Tout le monde sait ce qu'il doit faire. Les approches sont rapides, le vol est calme : un beau travail d'équipe. La base paraît solide, le cœur se construit, puis les extérieurs. Je viens apponter, puis sens la main de celui qui ferme notre pétale derrière moi, signifiant que notre secteur est bon. Devant moi, je découvre un véritable paysage humain : une farandole de parachutistes, la tête à l'envers, se tenant la main. Tout le monde est à niveau, sans mouvements brusques, et soudain, je ressens cette sensation unique, de connexion.

Je crois bien qu'on a battu le record ! Sous voile, j'entends crier dans tous les sens, c'est l'euphorie générale. Nous nous retrouvons dans la salle de réunion, les yeux rivés sur l'écran géant. La première vidéo passe, puis l'image se fige un instant : nous sommes tous accrochés et volons quelques bonnes secondes dans cette configuration. Sifflements et applaudissements retentissent. La pression se relâche enfin. Les juges valident le record et nous félicitent. Tous les *flyers* s'enlacent, solidaires. Nous rentrons en France le cœur regonflé et les batteries rechargées, avec un bagage supplémentaire, immatériel. Cette performance nous donne de la visibilité. Grâce à la Coupe du monde en République tchèque, aux records européens en Espagne, à notre entraînement intensif en Arizona et à ce record mondial, nous prenons de l'aplomb dans le milieu international. Un vent nouveau souffle sur notre carrière. Notre réseau s'agrandit et les opportunités de travail se multiplient. Nous décrochons un contrat d'un mois au Royaume de Bahreïn. La mission consiste à former leurs forces spéciales à la chute libre. Puis, dans la foulée, on me demande de participer à un événement au Portugal pour clôturer l'année.

Je souris… Finalement, nous avons trouvé le moyen d'accéder à une carrière internationale… en attendant celle de la compétition. L'aube se lève sur 2016. Huit mois avant le Mondial… c'est la course contre la montre !

9

Équipe de France

Mon regard s'arrête net sur la petite pastille bleue de ma boîte mail. L'entraîneur français nous a envoyé un courriel. Je donne un coup de coude à Greg, assis à côté de moi. Surpris et piqués par la curiosité, nos yeux parcourent le texte à toute vitesse.

« Au vu de vos résultats, je vous propose de rejoindre les équipes artistiques sur les deux derniers entraînements de la saison. Si tout se passe bien, une réintégration du collectif est envisageable. »

Je tombe des nues ! Notre performance au dernier Championnat de France n'est pas passée inaperçue. Enfin ! En revanche, il s'agit des deux derniers stages de la saison, juste avant le championnat. Pourquoi ne pas réaliser le test plus tôt ? En plein dans nos démarches administratives pour basculer en Suisse, nous nous interrogeons. D'un côté, la France nous a reniés depuis cinq longues années, tandis que la Confédération helvétique nous a accueillis et soutenus immédiatement ; de l'autre, représenter notre nation nous rendrait justice.

Rien n'est gagné d'avance. Nous devons terminer au moins à la deuxième place pour décrocher le ticket du Mondial, mais nous savons que nous pouvons y arriver. Financièrement, ce serait aussi un sacré soulagement, car en représentant la Suisse, nous irions à Chicago, mais à nos frais. Nous expliquons donc la situation à notre contact suisse qui, sans aucune rancœur, nous félicite et se réjouit pour nous. Jusqu'au bout, ils auront été de réels *gentlemen*.

Surmotivés par cette nouvelle perspective, nous décidons de commencer la saison de sauts plus tôt que prévu et prévoyons un stage d'entraînement intensif début février au Maroc. Les conditions météorologiques, malgré la fraîcheur, permettent de sauter toute la journée. De plus, nous y serons déjà pour *coacher* des élèves.

Baptiste nous rejoint pour une semaine que nous consacrons aux imposés. Nous retrouvons vite notre rythme et accélérons la cadence. *On est lancés !*

Déterminés à participer au Mondial cette année, nous voulons montrer à notre fédération que nous sommes prêts. Nous prenons donc l'initiative de rejoindre le collectif France sur leur premier stage fédéral, organisé en Floride. Skydive DeLand, en activité toute l'année, est un centre idéal pour réaliser un gros volume de sauts, loin du froid de l'Europe.

14 mars 2016 — DeLand — États-Unis — 8 heures : audacieuse !

La douceur de l'air m'enveloppe dans son manteau de chaleur humide. J'apprécie ce bond dans l'été ! Nous arrivons sur cette grande *drop zone*, entourée de forêts et de marécages verdoyants. Plus nous avançons, plus nous reconnaissons des confrères, présents à notre dernier record mondial. De nombreux *freeflyers* viennent travailler ici l'hiver. Nous sommes accueillis avec de grands *hugs* (accolades) ; partager des moments forts tisse des liens profonds. *Quel plaisir de se sentir « en famille » !*

Nous leur demandons où se trouvent les autres Français, ils nous orientent vers un des nombreux hangars situés sur le côté de la piste. Afin d'éviter tout mal entendu, nous avions annoncé notre venue à l'entraîneur. J'entre et salue tout le monde. L'ambiance est neutre. Nous nous installons, chacun dans son espace. Je balaye rapidement la salle pour identifier nos potentiels concurrents. L'entraîneur appartient toujours à l'équipe officielle, en revanche, je ne suis pas sûre que les *freestylers* continuent leur double appartenance en *freefly* cette année. Nous commençons notre entraînement et nous retrouvons à partager les mêmes avions que le collectif. Mon appréhension se dissout rapidement, le climat est bien plus apaisé que les autres années. J'apprécie cette accalmie ! En observation, nous nous préparons à leurs côtés, sans animosité, entièrement concentrés sur nos sauts. Ils nous regardent échanger familièrement avec tous les autochtones et semblent surpris de constater notre bonne entente.

Les sauts s'enchaînent, nous essayons de nouvelles figures pour apporter un peu de fraîcheur et ajouter un cran technique à notre libre. J'adore cette phase de créativité absolue où l'on imagine des mouvements et partons les tester. Souvent, une figure ratée nous donne de nouvelles idées. Il existe tellement de pistes à explorer ! Pas facile de me canaliser, moi qui pars facilement dans mes délires d'artiste… J'ai tellement plaisir à sortir des rails, à retrouver ce côté ludique, avant qu'il ne s'efface, pour laisser place à la précision et à la répétition. Heureusement, Greg est là pour équilibrer la balance. Sa spécialité, c'est d'évaluer la difficulté technique de chacun des mouvements et d'estimer le nombre de sauts pour qu'ils passent.

Il faut parfois sacrifier quelques essais avant de réaliser qu'une figure n'est pas viable ou trop risquée. C'est un choix difficile : trouver le bon compromis entre nouveauté, technique et prise de risque. Baptiste nous laisse choisir les enchaînements. Sa magie, à lui, c'est de voir comment il peut évoluer autour de nous pour magnifier chaque mouvement. Après consultation à trois, nous sélectionnons les enchaînements et construisons notre « squelette » de sauts pour la saison, à faire évoluer par la suite.

Le stage touche à sa fin. Satisfaits du contact anticipé avec le collectif et de notre évolution, nous nous apprêtons à rentrer en France. Mais avant de quitter la Floride, Greg et moi tenons absolument à visiter le Kennedy Space Center. L'espace me fascine ! Je m'imagine souvent la Terre vue d'en haut. Comme un *zoom* arrière, je la distingue de plus en plus petite, flottant dans le silence noir de notre système solaire. Puis perdue dans l'immensité de notre galaxie, elle-même noyée dans un univers dont on ne connaît pas les limites… Et je perds rapidement pied à le conscientiser. Si j'ai souvent l'impression que monter à quatre mille mètres d'altitude m'aide à prendre du recul sur la vie, *que doit ressentir un astronaute lorsqu'il voit notre petite planète bleue depuis l'espace ?* Justement, un amphithéâtre du parc, dédié à l'aérospatiale, propose une conférence avec un ancien astronaute. Nous sautons sur l'occasion. Donald A.Thomas commence par nous raconter son histoire pour entrer à la NASA. Ses trois premières demandes ont été refusées. Alors que la majorité des gens se serait résignée, lui n'a pas abandonné et s'est représenté. C'est à ce quatrième essai qu'il a été sélectionné pour partir dans l'espace. Malgré ses échecs à répétition, il s'est servi de ses expériences et a ajusté son tir jusqu'à réussir. Sa ténacité lui a permis de réaliser son rêve. Puis il nous parle de ses missions, des expériences scientifiques qu'il menait, des effets de l'apesanteur sur la physiologie au sein du laboratoire Spacelab. *Quel enrichissement et quelle inspiration !* Assise dans l'avion, je garde la tête dans les étoiles. L'expérience de Donald A. Thomas résonne en moi…

Nous recevons un nouveau message de l'entraîneur : « Suite au bon déroulement du *training* en Floride, je vous propose de réintégrer les équipes de France. Si votre moyenne reste au-dessus de 8/10, vous participerez au Championnat du monde à Chicago. »

Transportée de joie, j'enlace Greg :

— On a réussi ! Merci d'avoir cru en nous et de m'avoir *reboostée* quand j'étais découragée.

Notre persévérance est enfin récompensée ! Dans la foulée, nous appelons Baptiste et lui annonçons la bonne nouvelle. *Champagne !*

4 juin 2016 — Lyon — 8 heures : exaltée !

J'arrive au centre de Corbas, où dix-sept ans plus tôt, je tombais amoureuse de la chute libre suite à un tandem.

Si on m'avait dit que je refoulerais ce sol en tant que membre des équipes de France, je ne l'aurais pas cru ! Pleine d'énergie, je respire à pleins poumons. Baptiste nous attend dans le hangar, prêt à embarquer. C'est parti pour cinq jours de *training* avant d'enchaîner avec la Coupe, qui aura lieu ici-même. On s'échauffe avec les imposés, puis on passe au libre. Nous avons raccourci chaque séquence pour enchaîner un maximum de figures et augmenter la difficulté. Il y a du rythme, notre vol s'accélère et notre technique s'accroît.

La compétition démarre, mais nos concurrents ne se présentent pas. Notre libre *score* à 8,7/10, un record pour nous ! Les imposés, eux, restent un cran en dessous avec 7,6/10 et 7,9/10 : à rééquilibrer !

À défaut d'avoir pu nous mesurer à l'équipe de l'entraîneur, nous repartons avec une bonne liste d'éléments à travailler pour le championnat national. Les prochains entraînements sont donc dédiés aux figures imposées. Nous décortiquons chaque vidéo pour perfectionner nos mouvements et ajuster nos distances. Le temps file à toute vitesse, et nous voilà déjà en route pour l'aéroport de Vichy, qui reprend vie le temps de l'événement.

Les décorations sont installées, les tentes montées, les bâches déployées, l'herbe fraîche attend d'être foulée. Ce lieu, jusqu'ici associé à la torture, prend alors un tout autre visage. Aujourd'hui, nous faisons partie des équipes de France, et l'ambiance s'est complètement transformée. On nous salue, nous tape dans le dos, tout le monde est détendu. *C'est fou l'influence d'un statut sur les comportements !*

Nous nous installons au même endroit que l'année dernière, sur notre petit morceau de territoire. C'est notre repaire, notre point de ralliement. Cette fois, nos concurrents sont présents, ainsi que deux équipes espoirs et une autre *team*. J'ai hâte de voir ce que nous allons donner ! Le coup d'envoi est lancé. Nous nous équipons et répétons nos mouvements au sol avant d'embarquer. C'est la première année où je peux enfin me concentrer pleinement. Je n'ai pas à gérer l'affect du climat hostile habituel, et ça change tout !

Focalisée sur notre saut, je souffle profondément pour évacuer le stress et m'installe à la porte. Nous commençons notre ballet dans un vol à trois, mieux rodé que les autres années. Tous ces sauts nous permettent une meilleure lecture des uns et des autres, un regard suffit à nous comprendre. Nous présentons le même programme qu'à la Coupe. Cette première manche est toujours délicate, car on est lancés de bon matin, sans saut d'échauffement, sur la piste de la performance, puis jugés et notés, à froid. Aussi, ankylosé par le stress et la pression, un libre sans erreur majeure signale un bon début. Nous obtenons 8,1/10. La synchro avec Greg et la distance avec Baptiste doivent être ajustées. L'équipe de l'entraîneur récolte un 8/10. Nous prenons la tête. L'appel pour le premier imposé ne tarde pas. On s'est particulièrement entraînés sur ce saut, car ces figures peuvent changer la donne de toute une compétition.

J'ai confiance en moi, en nous. Une force intérieure m'accompagne. La lumière verte s'allume, je m'installe à la porte et donne le départ. Étendus sur l'air, la première figure consiste à solidariser nos deux corps et à effectuer une double rotation sans perdre l'axe horizontal. Greg attrape mes pieds, j'attends de sentir sa secousse, c'est le signal pour lancer les tours. Nous les réceptionnons avec une légère inclinaison sur l'avant. Je repasse assise et viens poser mes pieds sur ses épaules, en totem.

Face à Baptiste, nous tendons les jambes et effectuons un tour sur l'axe vertical, tandis qu'il ajuste son taux de chute pour nous garder plein cadre. Cette configuration nous fait accélérer d'un coup, il faut bien anticiper pour « tomber » à la même vitesse que nos deux corps empilés. Deuxième figure, *check !* La troisième nous place en position inversée. Greg en position debout, moi, tête en bas, nous devons basculer et revenir à nos places initiales pendant que Baptiste effectue un va-et-vient synchro avec nous. Sa distance est parfaite. Je me place pour la dernière figure et viens attraper le pied de Greg, positionné tête en bas. Nous nous présentons de face, puis amorçons une transition groupée qui inverse les rôles. Sans précipitation, nous terminons avec un final esthétique et maîtrisé. Je déploie mon parachute en hurlant de joie dans mon casque.

Impatients, nous attendons le verdict… 8,7/10 ! La pression monte pour l'équipe de l'entraîneur, qui reçoit 8,2/10. Les manches se poursuivent, et pour chacune, nous sommes les mieux notés. Nous nous posons du deuxième imposé et obtenons 8,6/10, eux, 7,9/10. C'est le coup de grâce ! La roue tourne enfin. Maintenant, je dois gérer mon excitation. Nous finissons par deux libres à 8,5/10 et battons l'autre équipe de France de 2,4 points sur la moyenne. *C'est considérable !* Transportée de joie, je saute dans les bras de Greg. Beaucoup d'athlètes et certains membres du collectif viennent nous féliciter. *Nous l'avons fait !* Comme si je venais de finir un marathon, je me sens épuisée, mais soulagée. Tous nos sacrifices n'ont pas été vains ! Je savoure chaque seconde de cette victoire, chaque pas vers le podium.

La fierté qui monte en moi réchauffe tout sur son passage. Je suis apaisée. Cette première marche a un goût de justice, de triomphe. Un officiel s'approche et me passe la médaille d'or autour du cou. J'aimerais avoir un bouton « pause » pour faire durer ce moment.

L'intensité du cocktail d'émotions (joie, fierté, satisfaction, accomplissement) me transcende. *C'est ça la drogue des compétiteurs !* Sans perdre pied, nous restons concentrés sur le stage suivant. Nous débarquons à Pamiers, *drop zone* française, située dans le Sud-Ouest, pour une semaine qui s'annonce avec une météo idéale. Alors que nous nous préparons, on nous explique que seuls vingt sauts seront pris en charge par la fédération. Nous devrons assumer les autres. Habitués à nous financer par nos propres moyens, nous prêtons peu attention à cette information. Mais rapidement, j'apprends que l'équipe de l'entraîneur est sponsorisée pour le double de sauts ! L'entraîneur étant lui-même en charge de la répartition du budget, je décide d'aller lui parler :

— Maintenant que nous appartenons à l'équipe officielle, nous devrions pouvoir nous battre à armes égales. Ce n'est quand même pas très *fair-play* !

Je réussis à gagner dix sauts supplémentaires. Nous apportons quelques améliorations à notre libre, mais décidons de miser sur la répétition. Plus nous déroulons le même saut, plus nous augmentons les chances de passer en mode automatique et de le sortir propre. Toujours ce même équilibre délicat à trouver entre nouveauté, difficulté et prise de risque. Nous avons choisi pour la sécurité de réaliser les figures que nous maîtrisons afin de pallier le stress suscité par le Championnat du monde. Rodés et impatients, nous préparons nos valises… *Chicago, on arrive !*

8 novembre 2016 — Skydive Chicago — États-Unis — 14 heures : surexcitée !

Mon pied touche la nacelle de débarquement. Je broie la main de Greg, d'excitation. Ce voyage sort complètement de l'ordinaire. Pour la première fois, nous voyageons aux frais de la fédération (billets, inscriptions, sauts, hôtel, voiture de location). *Quel soulagement de ne pas devoir financer tout ça !* Je ne sais pas si tous les athlètes français réalisent à quel point c'est un privilège. Les autres nations n'obtiennent pas les mêmes conditions ! Ravis d'être ici, nous retrouvons les autres membres du collectif sur le parking des locations de voiture, et prenons la route pour la *drop zone*. Plus on se rapproche, plus je reconnais les lieux. Nous pénétrons dans la forêt qui mène à l'aérodrome. Puis les champs et leurs gros hangars apparaissent. J'ai l'impression de retrouver un vieil ami. Grâce au record mondial de l'année dernière, Greg et moi avons déjà nos repères. Je pousse la porte d'entrée, les souvenirs de notre victoire collective affluent là où je pose mon regard. Comme autant de bonnes ondes encourageantes, ils m'élèvent dans ce bonheur ressenti : je participe au Championnat du monde !

Documents complétés, matériel vérifié, nous nous dirigeons vers l'hôtel, aux allures de grande propriété privée, le crépi abricot, les fenêtres bordées de blanc.

Après le porche, nous approchons de la réception, où l'entraîneur nous distribue les clés. Étant en couple, Greg et moi avons droit à notre propre chambre. Nous nous regardons surpris et ravis. Je ne m'attendais pas à autant de confort, *c'est un sacré cadeau !* Le Mondial se déroule sur plusieurs jours. Toutes les disciplines sont réunies, mais chacune est appelée à un rythme incertain selon l'organisation et la météo. Bien sûr, j'ai envie de savoir jusqu'où vont nous mener nos performances, mais je suis déjà sur mon petit nuage, prête à me mesurer aux autres nations. Concentration, alignement, visualisation positive… *ça commence maintenant !*

Le réveil sonne. Je sors du lit comme un astronaute allant vers sa rampe de lancement. On se prépare en silence, chacun dans sa bulle, mais avec cet objectif commun : donner le meilleur de soi-même. Nous arrivons sur le terrain, d'autres disciplines ont déjà entamé la compétition. Le *freefly* compte quinze concurrents pour le titre : les États-Unis, la Russie, l'Australie, l'Angleterre (deux équipes pour chaque pays), la Norvège, l'Italie, les Émirats arabes unis, l'Allemagne et l'Autriche. Je salue nos adversaires et prépare mon équipement. Rapidement, les appels commencent. Malgré notre dernière victoire, nous sommes désignés « France 2 », « France 1 » étant attribué à l'équipe de l'entraîneur – il s'agirait d'une question d'ancienneté…

Mon ventre se serre. Avec Greg et Baptiste, on se soutient d'un regard, tout en restant concentrés. Comme d'habitude, ce premier saut fait l'effet de « marcher sur des œufs ». Je sais que la première impression se révèle primordiale, tant pour les juges que pour nos adversaires, et cette pensée augmente mon stress. Mes mouvements manquent de fluidité, je reste en apnée à chaque figure. Tremblante d'adrénaline, je me pose à côté de Greg et Baptiste. Nous partageons nos sensations : pas le meilleur saut, mais pas de grossières erreurs non plus, telles qu'un décadrage ou une figure ratée. Tout en pliant ma voile, j'essaye de laisser redescendre mon rythme cardiaque. Au cœur du hangar, devant les écrans, tout le monde attend de découvrir le libre des autres équipes et le *score* attribué. Les vidéos défilent les unes après les autres, suivies de la notation. Quand arrive notre tour, roulement de tambour… 8,2/10 ! Pour un début, c'est correct. Puis le saut des Russes apparaît… nous laissant tous bouche bée. Ils réalisent des figures inédites. Je suis fascinée par leur originalité. Impressionné, tout le monde applaudit et le *score* tombe : 8,8/10. *Bravo !*

Les équipes France 1 et USA 1 obtiennent, toutes deux, 8,1/10. Je réalise alors que nous sommes en deuxième position ! Mon cœur s'emballe, je ne m'attendais pas à me retrouver si haut dans le peloton. *Rester calme, ce n'est que le début de la compétition.* Nous savons que notre libre peut osciller de 0,3 point, en plus ou en moins. *A contrario*, les imposés peuvent creuser des écarts conséquents. Justement, le premier imposé est annoncé, c'est parti ! L'avion entame son ascension, je ferme les yeux et visualise les enchaînements en boucle. Je souligne chaque petit détail, jusqu'au final, puis m'octroie une pause. J'essaye de vider mon esprit en me concentrant uniquement sur ma respiration. Afin de chasser les pensées parasites, je me plonge dans la bande originale de *Death And Transfiguration*, mélodie que j'ai choisie pour m'accompagner dans cette compétition. Lumière rouge, la porte s'ouvre. Ma concentration est telle qu'elle fait l'effet d'un tunnel horizontal où ma vision et mon esprit s'engouffrent. Le mode automatique prend le relais. Lumière verte, on s'avance, se met en place. Une secousse de Greg m'indique qu'il est prêt, je lance le départ.

Entièrement dans le moment présent, j'exécute chaque mouvement minutieusement, en gardant toujours en tête l'enchaînement. Pendant que mon corps vole, mon esprit anticipe. Nous restons appliqués et les figures passent une à une, dans une chorégraphie rythmée et maîtrisée. Arrivent le final, puis la séparation. Je sors de l'effet « tunnel » pour retrouver un état de conscience « normal », ouvre ma voile et hurle un grand « Yeeessss » libérateur. Heureuse et soulagée que la première étape soit validée. Nous courons nous retrouver sur la zone des posés pour nous féliciter du joli travail d'équipe. Devant les écrans, je scrute les résultats : 8,4/10… *c'est une bonne performance !* Les Américains réalisent un saut frôlant la perfection et obtiennent la meilleure note avec 8,6/10. Les Russes *scorent* à 8,2/10, et l'autre équipe française, à 8/10. Nous passons à la troisième place, derrière USA 1. Après ce pic émotionnel et la décharge d'adrénaline générée par ces sauts, j'espère secrètement que la journée va s'arrêter pour le collectif artistique. Je scrute mon téléphone, il reste encore trois heures avant le coucher du soleil, nous pouvons encore être appelés.

Je pars discuter avec les Américains et les félicite pour leurs imposés. Dans la foulée, l'appel retentit :

— *Freefly teams, get ready for Round 3.* (Les équipes de *freefly,* préparez-vous pour la manche n° 3.)

Je rassemble mes forces pour donner toute l'énergie qu'il me reste. Nous récoltons un autre 8,2/10 pour ce libre. Les Russes dominent toujours avec un 8,8/10 bien mérité. Leur *score*, bien plus haut que les autres, les rend intouchables. En revanche, nous sommes repassés en deuxième position, suivis de très près par les Américains, eux-mêmes talonnés par France 1.

Nous rentrons à l'hôtel, à la fois, exténués par cette journée forte en émotions et surexcités par notre classement. Je perçois une boule au ventre, mais pour une fois, elle n'est pas liée à la peur. Elle ressemble à ce que l'on ressent en tombant amoureux. *C'est fou ! Nous nous situons dans le top trois de la compétition !* Je m'endors avec le sourire.

10 novembre 2016 — Skydive Chicago — États-Unis — 9 heures : motivée !

Les réveils sonnent au diapason, puis direction la douche, le *dressing*, le petit déjeuner. Nous retrouvons le collectif dans le van. De retour sur le champ de bataille, aujourd'hui, l'objectif consiste à sortir calmement les sauts pour maintenir notre rang. La journée commence avec un libre. Nous récoltons un autre 8,2/10. *Cette note nous colle à la peau !* France 1 monte à 8,4/10 et se place maintenant à 0,2 point derrière nous. Nous réalisons pourtant sensiblement les mêmes programmes qu'au Championnat de France. Curieusement, le jugement ici semble tout autre.

L'enjeu de la compétition se jouera sur le prochain saut, avec les deuxièmes figures imposées. Cette cinquième manche peut tout faire basculer. En attendant d'être appelés, nous répétons au sol pour nous conditionner.

L'attente est longue... rester concentrés, prêts à partir... mais cela devient éprouvant !

En fin d'après-midi, l'appel arrive enfin !

Dernière répétition, tout est réglé, je m'élance. Ces figures, particulièrement exigeantes, demandent une synchronisation parfaite à trois. Je me concentre sur le *timing* avec Baptiste, tandis que Greg copie mes taux de chute et adapte son vol pour nous garder le plus proche possible. Un par un, nous réalisons les enchaînements dans les temps. Le carillon de mon « altison » marque la fin du combat. Je m'éloigne en position de flèche avant d'ouvrir ma voile et décharge la pression en expirant d'un coup sec.

Je retrouve mes coéquipiers sur la zone des posés. Nous nous félicitons et lâchons :

— Ce n'était pas le plus propre, mais il est passé !

Satisfaits malgré tout, nous savons à quel point la pression de ce saut aurait pu nous paralyser. En entrant dans le hangar, je scrute les visages de nos concurrents. Les Russes demeurent impassibles, les Américains paraissent catastrophés et les Français de l'équipe 1 grimacent du genre « dommage ». Suspens...

Anxieux, nous attendons tous que le verdict tombe.

Les vidéos commencent à défiler, mais cette fois, le jugement n'apparaît pas. Les images tournent en boucle, toujours sans notations, ce qui est inhabituel. J'ai pu visionner le saut des autres Français, leur dernière figure n'est pas vraiment finie et ils sont hors temps. Cela devrait nous assurer un *score* plus élevé. Les pauvres Américains ont raté tout un enchaînement, un des performeurs n'a pas groupé son corps en même temps que son coéquipier, ce qui l'a éloigné d'un coup. Ils sont dépités. Je compatis, nous avions vécu la même catastrophe, lorsque Greg avait tapé la porte de l'avion, pendant le Championnat de France.

L'annonce officielle de fin de journée est proclamée. Nous quittons les lieux, délestés d'un gros poids sur les épaules… le plus dur est passé. Soulagés, nous nous permettons une petite soirée détente avec le collectif. Je pousse la porte du *sports bar* en face de l'hôtel et nous voilà instantanément embarqués dans l'ambiance festive du lieu. La musique, mêlée à l'alcool, a déjà permis aux nombreux clients de lâcher prise.

Des parties de billard se jouent de chaque côté du bar. Des rires éclatent parmi les groupes réunis sur des tables hautes. Nous nous faufilons pour retrouver nos compatriotes, installés plus loin sur des tabourets. À côté de nous, des jeux de fléchettes nous invitent à lancer une partie. Nous trinquons, rions, cette pause ludique me fait du bien, mais je n'arrête pas de penser aux *scores. Quand vont-ils tomber ?*

La Fédération aéronautique internationale retranscrit l'événement sur sa page Web, ce qui permet de suivre les résultats en ligne. Entre deux lancers de fléchettes, je clique nerveusement sur «mise à jour» dans l'espoir de voir les notes apparaître… toujours rien. Puis soudain, mon sang se fige, France 1 a reçu autant de points que nous. *Comment est-ce possible ?* Nous avons exécuté toutes les figures dans les temps, tandis qu'il leur manque la fin d'un mouvement. Coup au moral ! Greg et Baptiste ne comprennent pas non plus. Déçus, nous ne tardons pas à rejoindre nos chambres. Cette incohérence m'empêche de dormir.

Le réveil sonne. L'énergie des premiers jours n'est plus là. Je pars à la *drop zone* dépitée et un peu énervée.

Autant un libre laisse place à la subjectivité, autant les figures imposées entrent dans un cadre précis. *Que s'est-il donc passé durant tout ce temps ?* Cette incompréhension nous pollue tous les trois et notre état d'esprit se ressent dans les sauts. À quoi bon se battre si les juges ont déjà choisi leur podium ? Nous sautons, désabusés, et récoltons 8/10 sur les deux dernières manches. *Ça fait mal !* Nos concurrents, eux, ont le moral au plus haut. Ils sortent deux beaux sauts qui obtiennent 8,4/10 chacun.

Nous voilà redescendus à la troisième place, 0,6 point derrière l'autre équipe française. *Si seulement nous avions su gérer notre mental ! Certes, pour un premier Mondial, c'est déjà bien.* Mais le sentiment d'avoir été floués prend le dessus. La voix de ma mère raisonne dans ma tête : « Ce qui est fait est fait. » Elle a raison, s'apitoyer sur son sort ne le fera pas changer. Je me force à penser à autre chose et focalise mon attention sur les disciplines encore en piste.

En *freestyle*, la bataille pour la première place se joue entre les deux équipes françaises. Et pour une fois, la numéro 2 remporte le titre. Leur libre est à couper le souffle. Loïc, le performeur, a choisi de s'inspirer du Phénix, avec une combinaison imprimée de plumes couleur feu et un casque, qui arbore une crête. Ses figures font écho à l'oiseau et Pierre, son *cameraman*, vient mettre en valeur chaque mouvement. Bien plus qu'un simple déguisement, cette thématique apporte une tout autre dimension au saut. Véritable *show*, leur performance me captive et me fait penser au Cirque du Soleil. Je le note pour plus tard… La cérémonie se passe sous un chapiteau bien sonorisé. Des tables rondes sont disposées devant la scène où se dresse le podium.

Au milieu de la foule, je distingue le président de la fédération qui vient à ma rencontre. Il me serre la main et lance :

— Comme quoi, *il n'y a que les imbéciles qui ne changent pas d'avis* !

Je partage entièrement cette opinion, mais je crois que chacun pense que cela s'adresse à l'autre… Lorsqu'une équipe monte sur le podium, on hisse son drapeau et un écran géant retransmet leur meilleur saut, sous les applaudissements de la foule, suivi de l'hymne national des vainqueurs. Lorsque notre tour arrive, nous félicitons chaleureusement les Russes, puis nos concurrents, et prenons place sur la troisième marche. Une larme coule sur ma joue. Mes sentiments sont mitigés. La déception d'avoir perdu la seconde place se mélange à la joie de monter sur le podium international. L'hymne russe s'élève sous les jets de mousseux, place à la fête ! D'un coup, la pression générale se relâche comme un ballon de baudruche qui s'échappe des doigts. Une soirée exotique, ponctuée de situations improbables, nous rapproche des *freestylers* français, sacrés « champions du monde ». *Nous voilà bel et bien intégrés !*

Riches d'enseignements, nous rentrons en France avec une belle médaille autour du cou. Les messages de félicitations fusent, nous recevons de superbes témoignages. Ma famille nous accueille en héros. Ayant suivi tous nos déboires de ces dernières années, ils nous font réaliser que ce podium est une victoire en soi. À peine rentrés, nous recevons une proposition de travail pour un *boogie* (rassemblement de parachutistes) qui aura lieu prochainement au Kenya, pour réaliser des sauts de démonstration et encadrer des groupes.

1er décembre 2016 — Diani — Kenya — 11 heures : aventurière !

Choisis un travail que tu aimes et tu n'auras pas à travailler un seul jour dans ta vie.

CONFUCIUS

À Nairobi, un Dornier (avion biturbine) nous attend pour nous emmener sur le littoral, à Diani Beach. Ce vol, plus bas que le long courrier, nous offre une vue sur la savane, qui défile sous nos pieds. Terre rouge, buissons d'herbes sèches et arbres verts composent des tableaux magnifiques. On atterrit à Ukunda, sur une piste, proche du bord de mer. La végétation est luxuriante. Nous descendons dans la chaleur humide du climat tropical et récupérons nos bagages. Un autochtone nous conduit jusqu'à la *drop zone*.

Contre toute attente, il s'agit d'une maison particulière, dont le jardin s'ouvre sur la mer, face à une plage de sable blanc éblouissant, qui longe la côte à perte de vue. *C'est paradisiaque !* L'organisateur nous présente à la centaine de personnes présentes pour cet événement. Nous saluons tout le monde et commençons à planifier les sauts. Greg et moi nous répartissons les groupes en fonction de leur niveau et affinités. J'établis avec eux un programme ludique et éducatif que nous répétons au sol, puis nous partons tenter de le réaliser en l'air. La caméra embarquée sur mon casque permet de *debriefer* l'action. Je les conseille ensuite pour mieux maîtriser leurs positions et déplacements.

Chaque posé a lieu sur la plage, un scénario de rêve pour tous les parachutistes ! L'alchimie entre les participants prend comme une mayonnaise. Dans cette ambiance fraternelle, je savoure le plaisir de sauter dans un si bel endroit. Pour autant, je dois rester vigilante. Ces sauts présentent un certain danger et me demandent une grande responsabilité. Je fournis un maximum d'informations afin d'éviter les collisions, et annonce les paramètres aérologiques, afin qu'ils prévoient leurs approches au posé. Pour clore le *boogie*, un saut spécial est organisé sur Chale Island Resort, une île qui termine la côte. Ce petit paradis abrite une plage minuscule en forme de croissant de lune… *Il ne faut pas se rater !* Ce genre de saut demande de l'anticipation. Je dois prévoir :

- la force du vent aux différentes altitudes;
- l'estimation du point de largage en fonction du vent et du type de saut;
- la dérive en chute;
- l'évolution sous voile;
- l'axe de dégagement et les plans B.

Je rassemble mon groupe et explique le déroulement de l'expédition. Préparés, nous embarquons puis nous élançons dans le ciel, à l'abordage de ce petit éden. Sous voile, je me remplis les yeux de cette beauté unique, qui m'entoure et respire à pleins poumons l'air iodé de fin de journée. J'ajuste le début de mon virage, estimant la distance à parcourir, et arrive en virgule sur la plage. Je ramasse ma voile en surveillant chaque participant. Appliqués, ils se posent les uns après les autres, puis relâchent la pression en criant de joie. Visages béats, nous plions nos voiles devant le bar du *resort* et rejoignons la plage, armés de piña coladas. Un dîner nous attend. Aux allures de mariage, des tables recouvertes de nappes blanches, ornées de petites bougies sont dressées sur le sable. Nous n'en croyons pas nos yeux. À peine installés, des musiciens se mettent à jouer et les rires s'intensifient sous la lumière de la lune. Transportés, une liesse totale s'empare de nous. L'aventure se prolonge lorsque nous devons rentrer, car à marée basse, impossible de rejoindre la côte en bateau. On nous fait donc grimper dans une remorque tirée par un tracteur, aux roues à moitié immergées. Nous roulons au pas dans ce lit d'eau, ballottés par le sol caillouteux. Loin des lumières de la ville, le ciel resplendit d'étoiles et la lune pose sa voile d'argent sur le miroir salé. Des images de ce saut d'exception se superposent au décor féerique. Je ressens alors toute l'intensité de l'expérience humaine dans ce concentré d'émotions partagées. Le cœur gonflé de gratitude et les yeux humides, je mesure la chance de pouvoir vivre de tels moments. Je pense à toutes ces opportunités qui s'offrent à nous… tout s'ouvre, tout s'aligne. *Et si nous allions décrocher la lune ?*

10

Imprévu

Championne du monde… ce titre me fait rêver autant qu'il m'impressionne. « Seuls ceux qui osent s'accordent le droit de réussir », écrivait l'écrivain Jacques Audiberti. L'objectif est fixé. Les prochains championnats du monde auront lieu en 2018, nous avons deux ans pour nous préparer. Notre équipe désormais entièrement *sponsorisée*, je suis curieuse de savoir ce dont nous sommes capables. Première étape, la saison 2017 avec une Coupe du monde à la clé.

14 février 2017 — Dubaï — Émirats arabes unis — 9 heures : surprise !

Lorsqu'on nous a annoncé que le premier stage fédéral se passait à Dubaï, j'imaginais un soleil tapant et le ciel azur. Or, nous débarquons dans une brume épaisse, masquant l'horizon… Nous retrouvons le collectif pour nous rendre jusqu'à la *drop zone*, perplexes face à ces conditions météorologiques. Située dans le désert, à une trentaine de minutes de la ville, Skydive Dubaï connaît un gros succès auprès des parachutistes du monde entier, qui viennent sauter au chaud, lorsque l'hiver bloque l'activité dans leur pays. Mais aujourd'hui, tout le monde reste au sol. Une société locale a mis au point une méthode « d'ensemencement des nuages », qui consiste à injecter différentes substances dans les cumulus pour provoquer des précipitations. Une prouesse qui n'arrange pas notre communauté !

Je scrute le ciel à l'affût de la moindre ouverture, car nous avons listé de nouveaux mouvements à essayer. Je trépigne d'impatience. L'entraîneur profite de ce temps de repos pour nous rassembler et nous informer des changements survenus au sein du collectif artistique. Ses coéquipiers basculent en *freestyle*, et lui se consacre désormais à son rôle d'encadrant. La nouvelle nous réjouit. Pour limiter les conflits d'intérêts, il semble préférable et plus éthique que l'entraîneur ne soit plus membre d'une équipe.

Dépourvue de concurrents français en *freefly*, une voie dorée s'offre à nous et nous rapproche de notre objectif.

Soudain, la *drop zone* s'agite. Entre les nuages, une fenêtre vient de s'ouvrir. Nous saisissons l'opportunité et réalisons quelques sauts prometteurs, avant que le ciel ne se referme. Comme il n'est pas prévu d'amélioration pour la semaine, le stage continue, au ralenti, au rythme de deux sauts par jour au lieu des dix habituels. Nous quittons Dubaï sans même avoir de squelette pour notre libre. *Comment va-t-on rattraper ce retard ?*

Le deuxième stage fédéral aura lieu mi-avril en France. Patience… croisons les doigts pour que la météo soit favorable !

Nous arrivons à Pamiers sous un magnifique ciel azur. Cette fois, les prévisions semblent bonnes, quel soulagement ! En entrant dans le hangar, nous découvrons un nouveau remaniement. Le *freestyler* France 1 se trouve dépourvu de son cameraman. Afin de ne pas le laisser sur le banc, l'entraîneur décide de l'associer à ses anciens coéquipiers pour reformer une équipe de *freefly* à trois. Nous voilà de nouveau en concurrence ! Nous commençons avec les imposés pour nous remettre en jambes, puis entamons notre liste de mouvements pour le libre. La sélection nécessite beaucoup d'essais et le temps est compté.

Cette année, la Coupe du monde aura lieu tôt dans la saison et tombe aux mêmes dates que le championnat national. Nous ne pourrons donc pas profiter de ce dernier pour nous échauffer et disposons de très peu de temps pour renouveler nos trois sauts (libre, figures imposées n° 1 et n° 2). Le sablier nous presse, la pression augmente. Sans relâche, nous enchaînons le plus de sauts possible. L'intensité de ce rythme commence à fatiguer ma sphère ORL. De plus en plus bouchés, mes sinus menacent de me clouer au sol. Allez ! Allez ! Il faut tenir, nous avons déjà perdu assez de temps ! J'avale des pilules décongestionnantes et nous continuons, tant bien que mal, les séquences que nous aurions dû réaliser à Dubaï.

16 mai 2017 — Gap — 8 heures : frustrée !

Pour le troisième stage fédéral, ma sphère ORL est complètement bouchée. Je pars dévaliser une pharmacie pour trouver une solution… *pas question de perdre des sauts précieux !* L'entraînement débute et je sens que ça tire dès le premier saut. À grands coups de *spray* nasal, je remonte dans l'avion. Il faut que ça passe, mon équipe a besoin de moi. Soudain, en pleine ascension, une douleur vive me frappe au front, comme s'il se fissurait de l'intérieur. *C'est insupportable, je dois redescendre !* Je demande au pilote de me larguer au plus vite. Bien que je ne sois qu'à mille deux cents mètres, le changement rapide de pression atmosphérique me martèle de coups de piques à glace. *Je suis allée trop loin... j'ai trop tiré sur la corde !*

Quelle angoisse ! Nous avons des conditions parfaites pour nous entraîner, et c'est moi qui freine notre progression. Chaque matin, je croise les doigts en entamant mon rituel de pulvérisation de soufre dans le nez, de cocktail de comprimés et d'huiles essentielles. J'attends une évolution, puis recommence, en espérant un miracle. Les jours défilent et je reste coincée au sol. Je maudis mes sinus qui nous font manquer une bonne trentaine de sauts. Le *training* touche à sa fin. Je suis dépitée.

Greg et moi restons sur place pour enchaîner avec un week-end de *coaching* prévu de longue date. Bien entendu, l'animation commence sans moi. Soudain, une légère amélioration me pousse à réaliser un saut-test. *Hourra ! ça passe ! Qu'on m'apporte la DeLorean de* Retour vers le futur*, je veux revenir au début du stage !* Mais alors que je me prépare à atterrir, le vent tourne. Déjà engagée dans mon virage, le souffle dans le dos m'oblige à arriver à toute allure. Je regarde le sol défiler, freine progressivement comme d'habitude, mais ma vitesse ne diminue pas. J'essaye alors de planter les talons dans l'herbe et soudain, mon pied gauche se coince dans un trou. Je termine en glissade sur les genoux et entends un gros craquement dans mon articulation gauche. *Ce n'est pas possible !* Je me relève sur une jambe et boite jusqu'au camion. Je ne suis pas médecin, mais ça n'annonce rien de bon ! De retour au hangar, mon genou a doublé de volume et me lance violemment. Après la semaine, ce coup de malchance m'achève le moral. Je pense à la Coupe du monde. Greg aussi est contrarié, et je le comprends. J'ai certainement gâché notre saison… La honte m'envahit. *On a eu suffisamment de bâtons dans les roues pour que j'en rajoute !* Un pompier professionnel vient me voir :

— Comment t'es-tu fait ça ?

Avant que je n'aie pu répondre, il ajoute :

— Si tu as entendu un « crac », il y a de fortes chances que ce soient les ligaments croisés. Auquel cas, une intervention chirurgicale sera nécessaire.

Ce n'est pas vrai ! Comment est-ce que je peux cumuler autant de problèmes en si peu de jours ? Je tourne en rond. Des parachutistes tentent de me consoler et de me rassurer :

— C'est peut-être juste une grosse entorse ou une élongation des ligaments, ce qui serait l'histoire d'un ou deux mois d'arrêt seulement.

J'essaye de me vider la tête jusqu'au moment de passer une IRM pour poser le verdict. Quatre jours plus tard, je réalise l'examen et prie en attendant le médecin. Il m'annonce :

— C'est un étirement du ligament interne avec quelques déchirures, sans rupture.

Ouf ! Pas d'opération ! Ça devrait être jouable pour la Coupe du monde !

J'applique tous les remèdes de grand-mère pour me rétablir au plus vite : cataplasme d'argile, huile essentielle de gaulthérie, magnésium et capsules d'huile de foie de morue. Dans la foulée, je consulte un kinésithérapeute qui utilise une machine à ultrasons et planifie ma rééducation. Je profite de ce repos forcé pour établir un bilan global de ma santé. Car en plus des sinus et du genou, je me sens dépourvue d'énergie, depuis plusieurs mois. J'ai essayé des cures de sommeil, sans succès. Tout se cumule, comme une grosse vague qui me fait boire la tasse. *J'ai l'impression de vieillir avant l'heure !*

De façon rationnelle, je consulte un médecin ORL pour une radiographie des sinus. Pour lui, rien d'anormal. Il me prescrit les médicaments que j'utilise déjà et qui n'ont apporté aucune amélioration. *C'est un échec !*

Je sens que quelque chose ne va pas, car en treize ans de sauts, je n'ai jamais eu autant de problèmes ! Le parachutisme, c'est ma passion, mon travail, ma vie. *Je ne peux pas m'en tenir à cette réponse !*

2 juin 2017 — Lyon — 10 heures : étonnée !

En lui partageant mes mésaventures, ma belle-sœur me propose de consulter une thérapeute, qui sort des médecines conventionnelles. Ouverte à toute suggestion, je me retrouve donc chez cette personne, dont je n'arrive pas vraiment à définir le titre. Je lui parle de ma fatigue générale qui a certainement poussé mon corps à bout. Elle sort un pendule, me pose quelques questions, puis m'explique que cela vient de mon alimentation, plus précisément du gluten. Je ne connais pas grand-chose sur le sujet, mais ça ne me coûte rien d'essayer. Je me renseigne donc sur les aliments qui contiennent cette substance, et joue le jeu, en les proscrivant de mes repas.

Un mois passe, avant que je sente mon énergie de fond revenir. Ma vitalité, perdue depuis un bon moment, refait d'un coup surface. *Je suis épatée ! Quel bonheur de me sentir entière !* Et dire que j'avalais, chaque matin d'entraînement, de grands bols, de flocons d'avoine en pensant me donner de l'énergie pour la journée… Sans le savoir, je me sabotais complètement. Je continue alors mon tour des médecines alternatives et prends rendez-vous avec une kinésiologue, curieuse de découvrir cette méthode. Il s'agit d'une technique psychocorporelle, basée sur la mémoire du corps, s'appuyant sur la tonicité des muscles pour identifier stress, blocages et charges émotionnelles non évacués. En interrogeant le corps par des tests musculaires, le praticien parvient à identifier la source du problème et peut, ainsi, libérer la charge émotionnelle qui lui est associée. Toujours dans ma démarche d'ouverture, je m'autorise l'expérience.

Au cabinet, je suis reçue par une femme blonde aux traits doux. Je m'assieds sur la table d'examen et commence à lui expliquer que mes sinus m'empêchent de m'entraîner. Tout en m'écoutant, elle pose sa main à l'intérieur de mon genou gauche, exactement sur mon ligament abîmé. Surprise, je m'arrête de parler.

— Vous avez mal à cet endroit.

Depuis une bonne semaine, je ne boite plus du tout et à aucun moment je n'ai mentionné ma blessure au genou. *Je viens pour mes troubles ORL… cette femme m'intrigue !* Concernant mes sinusites à répétition, elle pense qu'elles sont liées à un mal vécu récent. Effectivement, quelques mois auparavant, nous étions partis en vacances avec un ami de longue date et sa compagne. Mais rapidement, les choses ont tourné au vinaigre. Une frustration non exprimée de sa petite amie a fini par exploser, nous forçant à continuer le voyage, chacun de notre côté. N'ayant pas compris cette réaction violente et soudaine, j'ai été fortement marquée.

La kinésiologue me propose de mettre en mot ce que je ressens. Puis, d'envoyer le message à la personne concernée. Je rédige alors mon point de vue par e-mail. Une semaine passe sans aucune amélioration. Puis je reçois une réponse. Les jours suivants, des sifflements aigus commencent à fuser de mon front. Comme des cheminées qui se libèrent les unes après les autres, ça lâche et tout se rouvre ! Je suis impressionnée...

Me voilà débarrassée de ma fatigue chronique et de mes problèmes de sinus. Combien d'ORL aurais-je dû consulter, combien de médicaments aurais-je dû prendre si je n'avais pas cru en ces médecines alternatives ? Certains préféreront penser qu'il s'agit d'un effet placebo, sur des symptômes psychosomatiques, et c'est leur droit, mais quand le résultat est là, peu importe ! Guérie et d'attaque pour l'entraînement, j'annonce la bonne nouvelle à Greg et à Baptiste. Nous sommes à trois semaines de la Coupe du monde, une stratégie s'impose. Nous nous retrouvons pour le dernier stage de la saison, sur la zone de Pamiers. Réunion au sommet, Greg prend la parole :

— Laissons nos nouveaux mouvements de côté, nous n'avons plus assez de temps pour les exploiter. Reprenons notre libre de Chicago, changeons la sortie et quelques séquences pour le rafraîchir.

Baptiste et moi approuvons. Nous réalisons donc un *mix* inspiré d'anciens libres, ce qui nous permet de rester sur des mouvements maîtrisés. Privilégier la sécurité pour présenter un saut de qualité reste notre meilleure carte à jouer.

9 août 2017 — Saarlouis — Allemagne — 8 heures : frigorifiée !

Cette année, l'Allemagne a été sélectionnée pour accueillir l'événement. Ironie du sort, il s'agit du même lieu que la Coupe du monde 2011, pour laquelle nous avions été désinscrits ! Il y fait sombre. Les installations de la *drop zone* se trouvent au milieu de grandes forêts, plongées dans un brouillard épais. Le plafond de nuages gris opaques donne un ton dramatique.

J'ouvre la portière de la voiture et me retrouve saisie par le froid qui s'engouffre. L'été n'est apparemment pas d'actualité ! Nous enfilons des pulls et nous dirigeons vers l'accueil. L'enregistrement des papiers d'identité nous permet d'avoir une vue sur le nombre d'équipes présentes et d'identifier nos potentiels concurrents. Cette année, nous portons le nom « France 1 ». La majorité des compétiteurs du dernier Mondial est présente, mais sans les Russes. *S'agit-il d'une stratégie pour mieux surprendre aux championnats du monde ou d'une dissolution de l'équipe ?*

La compétition démarre timidement sous cette météo capricieuse. Les équipes de vol relatif à plat débutent. Je m'éloigne des chapiteaux installés pour l'événement et pars me conditionner dans le champ voisin. Concentrée sur ma « mission », je plonge dans ma bulle. C'est *Drink Up Me Hearties Yo Ho* de Hans Zimmer, musique du film *Pirates des Caraïbes,* qui me sert d'ancrage pour cette compétition. Entre deux fronts nuageux, l'appel du *freefly* arrive. Nous réalisons une dernière répétition au sol avant d'embarquer. Avec si peu d'entraînement, nous faisons de notre mieux, les résultats seront ce qu'ils sont. Cette situation nous rapproche. Solidaires, nous nous encourageons mutuellement.

Je fais le vide, visualise le saut en boucle… *et c'est parti !* J'ai lâché l'avion et gainée, j'ai étiré mon corps en prenant soin de pointer les pieds. Greg, placé sous moi, me tient par la taille et nous envoie en rotation. Réceptionnés en position debout, il effectue un baise-main, puis nous basculons tête en bas pour envoyer une rotation synchronisée. Main dans la main, nous partons pour une séquence en orbite, dos à Baptiste. Je bloque le mouvement face à lui avant d'enrouler de l'autre côté. Greg me lance le signal pour repasser debout. Un *check* de nos mains déclenche le *loop* tendu, avec demi-vrille synchro, pendant que Baptiste effectue une énorme boucle autour de nous.

Je plonge, la tête la première, vers le bas et fonce sur Greg en lui attrapant les jambes pour nous envoyer en rotation verticale. Quand nous sommes prêts pour le final, je viens l'embrasser en position inversée et pars en hélico pour sortir du champ. *Saut n° 1, réussi !*

Postés devant l'écran géant, nous attendons le verdict. Nous récoltons 8,5/10. C'est bien, mais pas suffisant pour mener la danse. L'autre équipe française nous bat de 0,1 point et les Américains réalisent un très joli libre, qui score à 8,7/10 ! Derrière nous, les Norvégiens se classent quatrièmes avec 8,3/10. Nous poursuivons avec l'imposé.

La seconde équipe française récolte la même note que nous, 8,3/10. Les Américains, 8/10 et les Norvégiens obtiennent la meilleure note avec 8,5/10. Quatre équipes au coude à coude, la pression bat son plein ! Mais le ciel se referme et met fin à cette première journée. Le lendemain, un brouillard opaque nous oblige à rouler au pas jusqu'à la *drop zone*. Les températures ont chuté.

Bien que les conditions météorologiques perturbent l'activité, nous devons rester sur place, prêts à sauter, au cas où le ciel évoluerait. Sous les tentes des délégations, nous sommes frigorifiés ! Je pars me réfugier dans la voiture, chauffage au maximum. Puis, contre toute attente, nous sommes appelés pour la manche n° 3. Dubitative, je lève la tête. *Ils ne vont quand même pas nous envoyer là-dedans ?*

J'enfile mon parachute sans grande conviction, et pour cause, le temps d'ajuster mes sangles, ça repasse en *stand by* (attente). Après de longues heures d'attente, en vain, nous sommes finalement libérés pour cette journée. Je suis soulagée, car je n'avais vraiment pas envie de me retrouver en l'air dans ces conditions. Ces sauts ont mis en évidence un point important : depuis nos débuts, nous avons pris le parti de jouer sur notre couple, par un costume blanc pour moi et noir pour Greg, comme le yin et le yang, qui se complètent. Mais sur fond de nuage, ma combinaison ainsi que mon parachute, entièrement blancs, me rendent quasi invisible à l'écran. À l'inverse, lorsque le ciel est dégagé, je prends toute la lumière et Greg reste dans l'ombre. *Nous devons impérativement porter des combinaisons colorées !*

Le troisième jour, je contemple le ciel par la fenêtre de notre hébergement. Le ciel reste encore bien chargé, mais nous pouvons sauter. Sur place, toutes les disciplines ont pris du retard. Nous attendons patiemment au sol. Finalement, une fenêtre météo nous permet de partir pour la manche n° 3, au cours de laquelle, nous récoltons un autre 8,5/10. Puis les nuages reviennent à la charge et mettent un terme à la compétition. Les *scores* finaux s'arrêtent donc sur ce libre, avec seulement trois sauts réalisés sur sept.

Classés *ex aequo* avec les Américains, nous nous retrouvons à 0,1 point derrière France 2. La Norvège, quant à elle, termine à la quatrième place à 0,1 point près. Il suffisait d'une manche supplémentaire pour que les Américains remportent la Coupe du monde. Leur saut libre les aurait replacés en tête. *J'ai mal pour eux... la destinée tient à peu de choses !* Nous recevons le titre de vice-champions d'Europe. Je monte sur le podium, heureuse d'avoir pu sauver cette saison bancale. Quelques jours plus tard, nous apprenons deux nouvelles :

- les prochains championnats mondiaux auront lieu en Australie,
- les Russes, champions du monde en titre, arrêtent effectivement la compétition. À moins qu'une équipe s'entraîne en sous-marin depuis trois ans, la liste de nos concurrents directs se restreint donc à France 2, les Américains et les Norvégiens.

Nous venons de mener une bataille serrée avec peu d'entraînement, le « graal » devient donc accessible. Devenir champions du monde se transforme en mission. Je commence à me projeter, comme pour nos sauts. *Si cette méthode fonctionne avec nos enchaînements, pourquoi ne pas la pousser plus loin ?* Je m'imagine alors sur le podium, en première place. Je nous vois en train de hurler de joie, de nous serrer dans les bras. J'essaye de ressentir les émotions qui accompagnent notre victoire, d'ajouter un maximum de détails… Transportée dans cet univers parallèle, j'ai l'impression de créer une réalité. Je rouvre les yeux, gonflée d'enthousiasme. *Nous possédons toutes les cartes en main, c'est le moment de faire tapis !*

11

Quête du Graal

Celui qui veut vraiment faire quelque chose trouve un moyen les autres, les excuses.

Confucius

Déterminés, nous nous réunissons et analysons ces dernières années de compétition… Quelle serait la recette gagnante ? Nous marquons chaque point :

- Faire preuve de créativité : les Russes, doubles champions du monde en titre, ont présenté des figures inédites.
- Tenir le spectateur en haleine : le captiver dès la sortie, avoir du rythme en alternant des séquences courtes et variées, puis le surprendre au final.
- Percer l'écran : se démarquer des autres équipes par une identité visuelle forte. Trouver des tenues qui ressortent, quelle que soit la clarté du ciel.
- Créer une thématique : plonger le spectateur dans un univers, raconter une histoire à travers nos mouvements et nos costumes.

Une scène récente resurgit; alors que je discutais avec un multichampion du monde de voile contact, ce dernier a pointé du doigt une broderie sur mon harnais, me demandant à quoi elle correspondait :

— Il s'agit du logo d'un de nos *sponsors*.

— On dirait un motif aborigène !

Mais bien sûr, ça tombe sous le sens ! Quelle meilleure inspiration ? Lorsqu'on évoque l'Australie, une multitude d'images viennent à l'esprit. L'opéra de Sydney, l'Ayers Rock, les kangourous, les koalas, le bush… mais surtout les Aborigènes, ce peuple ancestral et mystérieux, à la destinée bouleversante. En lien profond avec la nature, leurs croyances sur la création du monde trouvent naissance dans le *dreamtime* (temps du rêve), un espace-temps parallèle. Fascinée par ce peuple aux origines de notre monde, j'allais pouvoir leur rendre hommage à travers ma passion.

Je commence alors à développer notre thématique. Nous enchaînons les *brainstorms* avec Greg pour confronter nos idées. Des figures se dessinent. J'élargis mon champ d'inspiration en sélectionnant des mouvements d'acroyoga, de patinage artistique et de spectacles du Cirque du Soleil. Niveau esthétique, nous partons sur une base de rouge. Couleur de la terre d'Australie, mais aussi de la vitesse, de la performance, et un peu de blanc pour l'éclat. Il est temps de changer aussi nos sacs harnais pour s'accorder à nos nouvelles couleurs. *Table rase, place à la nouveauté !*

Niveau stratégie, nous devons y aller *crescendo*, nos plus grands concurrents étant nos compatriotes, avec lesquels nous nous entraînons toute l'année. Trois compétitions nationales sont programmées, avant l'Australie, pendant lesquelles les programmes et les costumes seront révélés sur les écrans. Pour l'effet de surprise, nous devons donc planifier une évolution de notre *look* et préparer trois libres différents, un pour chaque compétition. *Ne dévoilons pas nos cartes aux adversaires et réservons nos meilleurs tours pour l'Australie !* Dans un premier temps, nous commandons des combinaisons simples et lançons la fabrication de nos nouveaux parachutes rouge et blanc.

5 mars 2018 — Skydive DeLand — États-Unis — 8 heures : inspirée !

Excités par ce premier stage fédéral de l'année, nous prenons notre liste de nouvelles idées et partons les essayer en l'air. La valse des « on garde », « on oublie », commence pour sélectionner la palette de mouvements, qui servira à composer notre tableau. Une attention particulière est portée pour le début du saut. La première figure doit épater les spectateurs, donner le ton. Géographiquement, l'Australie se trouve sous nos pieds, d'où son appellation de *Down Under*. Nous essayons donc d'illustrer cette configuration avec une figure ultratechnique : dès que nous lâchons l'avion, Greg se place à l'envers, la tête en équilibre sur mon sac, tandis que je me maintiens à plat, un pied ancré vers le sol.

Vus de face, nos corps empilés formeront une créature fantastique dotée de plusieurs bras. Effet « waouh ! » assuré ! Maintenant, il faut trouver comment se positionner à la porte de l'avion pour amener notre figure et la faire tenir…

Le *challenge* est élevé et les premiers essais, loin d'être concluants. Greg, pris dans ma « dévente », ne peut pas s'appuyer sur l'air. Tout le poids de son corps repose sur un seul point de contact précaire, celui du sommet de son casque rond sur mon parachute courbe. Il glisse presque systématiquement, mais sent qu'il peut y arriver. Il s'agit d'un début de saut très risqué, mais le résultat vaut la peine de s'acharner. Petit à petit, à force d'adapter nos postures, tout prend forme. Greg tient de mieux en mieux, sans glisser de mon sac. Le point de vue de notre *cameraman* Baptiste sur cette figure emblématique me sert de base pour développer nos costumes australiens. La tête remplie d'images de cérémonies aborigènes, je m'inspire de leurs peintures corporelles et de leurs outils de chasse pour créer des motifs que je *photoshope* sur nos combinaisons, puis dessine un masque sur nos casques. Le visage qui apparaît lorsque l'on baisse la tête nous fait ressembler à des personnages tout droit sortis d'un rituel. *Pour que ce soit visible de loin, restons simples !* Après plusieurs tests, c'est le déclic ! J'ai l'assemblage qui fonctionne. J'envoie les dessins à notre *sponsor*, en espérant qu'il puisse broder ces motifs, tout en restant fidèle à mes modèles. Pour les casques, je dois dénicher un professionnel.

1er mai 2018 — Lyon — 16 heures : stratège !

À réception de nos nouveaux parachutes et des combinaisons rouge et blanche, c'est déjà un sacré changement ! Il ne reste plus qu'à dérouler notre plan, pour les prochaines compétitions :

- Coupe n° 1 : nous portons encore les anciennes tenues noire et blanche, mais arborons nos nouveaux sacs. Le libre est basé sur le programme de l'an passé, légèrement modifié. Les enchaînements sont donc maîtrisés, avec rythme. Nous obtenons l'or avec 2,8 points d'avance sur nos concurrents.
- Coupe n° 2 : nous intégrons quelques nouveaux blocs de mouvements, et portons les combinaisons assorties aux sacs. Nous raflons l'or avec 6,6 points de plus que France 2, c'est colossal !

Ces résultats m'encouragent à rêver en grand. J'augmente mes exercices de visualisation et me projette de plus en plus vers la victoire. Pour le Championnat de France, je traverse la ville de Vichy en confiance, pour la première fois. Toujours en combinaisons rouge et blanche et casques classiques, nous présentons cette fois un libre proche de celui prévu pour l'Australie. Les notes tombent : 8,8/10, 8,7/10, 8,9/10, 9,2/10 ! Nous avons franchi la barre des 9 ! Et cela continue avec 9,1/10, 9,2/10, 8,8/10 ! Nous terminons champions de France, 3 points devant l'équipe n° 2.

Il nous reste deux entraînements officiels avant le Mondial : le prochain en France et le dernier en Australie. Je n'ai aucunes nouvelles des professionnels sollicités pour peindre nos casques. Le temps file à une vitesse vertigineuse, je passe alors en mode système D : je dessine nos masques à l'aide d'adhésifs directement collés sur nos casques, façon « pochoirs ». Je m'arme de bombes de peinture rouge et me lance. *Ça fonctionne !* Le résultat ne vaut pas celui d'un professionnel, mais nous aurons l'effet escompté. Nous voilà entièrement assortis à nos tenues. Je pars rejoindre Greg à la soufflerie pour un peu d'entraînement et lui raconte mes travaux pratiques du matin :

- Les casques sont prêts !
- Super *timing*, nos combinaisons australiennes viennent d'être livrées.

Il me tend le paquet, mon pouls s'accélère d'appréhension. Je n'ose pas ouvrir. *Comment auront-ils transposé mes montages photos en broderies, sur plusieurs pièces assemblées ?* Au vu de la complexité de la tâche, les chances pour que tout soit parfait sont infimes. Je finis par déchirer le carton, le plastique et déplie la pièce de tissu rouge en fermant les yeux.

Lorsque je les rouvre, je ne crois pas ce que je vois : ils ont réussi ! Tous les traits sont alignés, à la même échelle, exactement comme sur mes patrons. La première étape validée, il faut que les mesures tombent juste. Je l'enfile, elle me va comme un gant… *tout est parfait ! Je n'en reviens pas !*

L'envie d'essayer notre tenue complète me brûle, mais nous devons encore attendre. Le dernier stage français arrive. Habillés de nos anciens costumes et casques blancs, nous intégrons les dernières modifications et huilons nos enchaînements. La répétition nous permet de fixer le métronome interne et d'automatiser le vol. Nos concurrents, eux, s'affairent à transformer leur libre en quelque chose d'assez similaire au nôtre… Sereine, je sais que les grandes modifications de dernière minute se révèlent rarement une bonne idée. Avec le stress de la compétition, les figures deviennent beaucoup plus difficiles à exécuter. C'est donc très risqué.

Le départ pour notre terre promise approche. Je tanne Greg pour que nous essayions nos costumes aborigènes, et bizarrement, il se montre un peu réticent. Il m'avoue alors qu'il n'assume pas vraiment cette transformation. Surprise, je tente de le persuader :

— Je n'ai pas réalisé tout ce travail pour rien ! Les casques sont prêts, les combinaisons parfaites, on ne peut pas laisser tomber maintenant ! Essayons-les, pour nous rendre compte du rendu, et nous aviserons après.

Par discrétion, nous cherchons une *drop zone* éloignée de nos lieux d'entraînements habituels, et rejoignons Baptiste dans le Nord, proche de son lieu de travail. Anxieuse, je veux connaître le verdict.

11 septembre 2018 — Lille — 10 heures : soulagée !

Et ça en jette ! À mi-chemin entre un *bioman* et l'art tribal, nos tenues attirent l'attention. Chaque personne que l'on croise nous complimente sur l'originalité de l'assortiment. Baptiste nous contemple, satisfait du rendu ; Greg, lui, reste sceptique. Nous partons exécuter les trois sauts, d'abord le libre puis les deux imposés. Pressés de découvrir les images, nous déchargeons les fichiers vidéo. Le résultat est au-delà de toute attente. Les tenues magnifient nos enchaînements, nous perçons l'écran ! Le masque sur notre figure emblématique *Down Under* donne l'effet d'une créature fantastique. Un élan de satisfaction m'envahit : je suis fière d'avoir réussi à concrétiser mon idée, fière d'avoir insisté malgré les peurs de Greg. *Brisbane, nous voilà !*

Excités comme à l'entrée d'un parc d'attractions, nous nous retrouvons tous les trois à l'aéroport de Lyon. La boule au ventre, je piétine d'impatience. Défilent alors dans ma tête toutes ces années de galère, les innombrables obstacles rencontrés, puis nos petites victoires et le revirement de situation… Décrocher le titre serait tellement chargé de sens ! Portée par notre histoire, je me dirige vers l'embarquement comme l'héroïne d'un film vers la bataille finale. Dans ma tête, une musique épique accompagne mes pas. La mission a commencé… l'avion décolle vers notre destinée.

27 septembre 2018 — Brisbane — Australie — 6 heures : exaucée !

Je sors de l'appareil, les jambes engourdies après vingt-huit heures de vol. Il fait bon : ni trop chaud ni trop froid, l'équivalent de notre printemps français. L'excitation d'être arrivés en Australie annule notre fatigue, nous n'avons qu'une hâte : découvrir Brisbane. Traversée par la rivière du même nom, cette ville aérée fait écho à Chicago. Je retrouve cette grandeur d'espaces américains avec une touche européenne plus prononcée. Nous déambulons dans les rues, heureux de ce prélude touristique.

Après deux jours d'acclimatation, nous retrouvons le reste du collectif artistique. Tous réunis dans un van, nous prenons la route pour la zone d'entraînement, destination Toogoolawah. Cette consonance, vestige du peuple ancestral auquel nous nous rallions, m'envoûte déjà ! Rapidement, la ville s'estompe pour laisser place à de grandes plaines vertes parsemées d'eucalyptus. Perdus dans les terres du Queensland, nous arrivons sur la *drop zone*. Skydive Ramblers ne manque pas de place pour atterrir ! Les installations paraissent simples, mais pratiques. Un *club-house* nous permettra de dormir sur site. Après les enregistrements, nous déballons nos bagages, dans des chambres rudimentaires : à cinq dans la même pièce, nous dormirons sur des lits superposés, encastrés dans les murs. Les sanitaires se trouvent à l'extérieur et l'eau chaude des douches est payante, mais ça fera l'affaire pour les cinq jours à passer ici.

Le lendemain matin, Greg me réveille aux aurores :

— Viens voir, il y a des kangourous !

Je descends en courant. Des lueurs rosées magnifient l'horizon. Soudain, je découvre le troupeau de marsupiaux. Les observer de près, dans leur environnement naturel, est particulièrement émouvant. Nous passons quelques minutes, tapis dans l'herbe, à les observer puis rejoignons le groupe pour le petit déjeuner. Le jour se lève et la *drop zone* entame son activité. L'heure de dévoiler nos costumes est enfin arrivée ! Nous sortons nos habits de lumière et nous équipons sous les yeux ébahis de nos concurrents. L'effet de surprise va bien au-delà de ce que nous avions anticipé ! En dehors d'eux, tout le monde vient nous complimenter.

Par contre, à l'entraînement, c'est moins concluant ! Nos sauts paraissent bancals, nous ne retrouvons pas notre fluidité habituelle. Je sens naître le stress, comme une pointe acérée au cœur de ma cage thoracique. Chaque jour, elle s'enfonce davantage. *Je ne dois surtout pas laisser mes peurs prendre le dessus. Il est encore assez tôt pour gérer mes émotions et ne pas me laisser submerger par la panique. Allez, allez !* Je respire profondément pour calmer mon rythme interne. Mon mental reprend les commandes : *je connais nos programmes par cœur, et grâce à ces sauts imparfaits, je vois où porter particulièrement mon attention. Je sais voler, je sais comment me rattraper. Confiance !*

Tout l'enjeu repose sur ma capacité à garder mon calme, à rester concentrée. Afin d'assurer nos arrières, nous dressons la liste des imprévus qui pourraient se produire durant nos sauts et déterminons un plan d'action pour chacun d'eux. Puis, je stocke ce protocole dans un coin de ma tête et me concentre sur le programme réussi. Ce *back up* me rassure, le stress s'estompe, je me sens à nouveau prête à tout affronter. Après quelques nuits peu confortables, l'entraînement touche à sa fin. Il est temps de nous diriger vers la Gold Coast (la Côte d'Or), où se déroule le championnat.

Quel nom ! L'or, c'est justement ce que nous venons chercher ! Sur place, Baptiste, Greg et moi partons pour un peu de repérage. Les Australiens ont carrément transformé un centre sportif en *drop zone* temporaire pour bénéficier de la vue unique qu'offre le littoral. Des tentes dédiées à chaque délégation sont réparties tout autour du stade d'athlétisme. Au centre, une pelouse bien entretenue et à côté un grand terrain de rugby, comme piste d'atterrissage. Aujourd'hui, nous pouvons effectuer des sauts de reconnaissance. Une fois les documents officiels remplis, nous nous installons dans l'espace « France », qui deviendra notre fief pour les prochains jours.

J'apprivoise les lieux : pieds nus, je quadrille le *green* central, dont l'herbe touffue glisse entre mes orteils… *douce sensation.* Je respire à pleins poumons en observant tout ce qui m'entoure, je prends mes marques. De retour auprès de Greg et de Baptiste, je m'apprête. Le *staff* nous escorte jusqu'à un bus qui nous conduit à l'aérodrome. D'abord urbaine, la route se prolonge par un chemin de terre bordé d'eucalyptus. J'ai compté quinze minutes de trajet. Nous descendons devant des ombrelles face aux pistes, où nous attendons sagement notre avion. Ce laps de temps, entre le moment où l'on s'équipe et l'embarquement, n'est pas commun. Je dois l'intégrer dans ma préparation mentale pour économiser mon énergie. La concentration a une durée limitée qu'il faut gérer judicieusement.

Le Cessna Caravan arrive enfin. Nous nous élevons pour découvrir un paysage sublime. Une barre de sable blanc s'étire à perte de vue, tout le long de la côte. Des dégradés de bleu ornent la mer dont les bras turquoise sillonnent la terre. Sous nos pieds, des lotissements lacustres dessinent des motifs primitifs. Nous ne pouvions pas rêver mieux ! Je profite de ces sauts de reconnaissance pour me délecter de toute cette beauté. Je ne pourrai pas me laisser déconcentrer, pendant la compétition. Nous réalisons trois sauts de mise en jambes et retrouvons nos réglages. *Quel soulagement !*

Un convoi s'organise pour déposer nos affaires à l'hôtel. Nous suivons les voitures jusqu'à arriver sur le parking… d'un *resort* cinq étoiles ! La clé de notre chambre en main, nous parcourons de longs couloirs extérieurs bordés de jardins exotiques, avant d'arriver au bon numéro. Je pousse la porte et découvre une suite !

Comme à Chicago, nous avons notre chambre personnelle. *Quelle aubaine !*

À l'extérieur, une plage artificielle au sable blanc recrée un vrai petit coin de paradis. Plus haut, des arches végétales mènent à une immense fontaine. Plusieurs bassins descendent en cascade sur différentes terrasses où se dressent piscines et jacuzzi… *c'est majestueux !*

Éblouis par tant de luxe, nous rejoignons nos quartiers pour nous préparer en vue de la cérémonie d'ouverture. Nous enfilons nos survêtements d'équipe de France et partons rejoindre le *show* qui a lieu en ville. Toutes les délégations sont présentes. Nous défilons dans les rues, les uns derrière les autres, sous les encouragements chaleureux de la foule venue nous accueillir. Puis tout le monde se rassemble sur la plage. Assis sur des serviettes, un bruit familier nous fait lever la tête. Un énorme avion militaire déverse sa cargaison de parachutistes. Les voiles se déploient aussitôt et des drapeaux de chaque nation se mettent à flotter en plein milieu du ciel. Le spectacle commence fort ! Entre deux discours, on nous explique qu'un rituel va avoir lieu. Arrive alors un Aborigène tenant une grande écorce fumante dans ses mains. Mes poils se dressent. Je le regarde passer entre les athlètes comme un prophète. *L'univers nous envoie son soutien : quel plus beau clin d'œil aurions-nous pu recevoir ?* Notre thématique est dans l'air du temps. Ces dernières années, le gouvernement australien a reconnu les erreurs passées et cherche à rendre un peu de leur terre aux Aborigènes, tout en revalorisant leur culture. Il s'agit d'un sujet sensible, au cœur de l'actualité du pays.

7 octobre 2018 — Gold Coast — Australie — 7 heures : concentrée !

Le réveil sonne et le mode « machine » s'enclenche. Greg dans son espace, moi dans le mien, nous nous conditionnons. Tout en m'habillant, je concentre mes pensées sur l'unique objectif de la journée : notre performance. Dès notre arrivée sur le stade, je me mets dans ma bulle, direction la tente de l'équipe de France. J'évite toute distraction, salue les personnes en chemin, mais reste concentrée. Nous organisons « notre coin » : matériel prêt, réglages de la caméra effectués, combinaisons enfilées. Nous nous échauffons. Je suis tellement concentrée que j'ai l'impression d'avoir un bouclier d'énergie, qui me rend hermétique à l'agitation ambiante. Seuls mes coéquipiers peuvent entrer dans mon champ. Désormais, c'est nous, c'est moi.

Le premier appel retentit. En mode martial, nous enfilons nos parachutes et nous dirigeons vers le bus. Je profite du trajet pour faire le vide. À l'aérodrome, nous attendons en silence. Toutes les équipes s'observent. J'ai *Hells Bell* d'AC/DC dans la tête, qui passe en boucle. Ce rythme lent, guerrier, correspond à mon *set up* (réglage) mental. *Garder mon calme, sentir monter la puissance…*

À l'arrivée de l'avion, l'embarquement se fait en file indienne. *Ça y est, je ne touche plus terre.* Commence alors mon protocole : visualisation du saut, pause musique dans ma tête, *check* des autres équipes, renforcement de notre bulle à trois, en nous encourageant, puis dernière visualisation. La porte s'ouvre, je ralentis ma respiration. La lumière verte clignote, je me place. Une main sur la barre intérieure, le pied gauche en appui dans le coin de la porte, mon corps est tourné face à Baptiste qui me regarde, accroché sur la carlingue de l'avion. Greg s'installe dans mon dos et donne la secousse de départ : *show time* !

Entièrement dans le moment présent, je lâche l'appareil. Bras ouverts, j'étire mon corps et bascule en arrière, tandis que Greg, accroché sous moi, envoie une roue. Je me réceptionne sur le ventre, une jambe pointée vers le bas, l'autre tendue à l'horizontale, et sens sa tête qui appuie sur mon sac. Je m'équilibre avec les bras pour rester le plus droit possible, tandis qu'il pivote sur place et retombe les jambes crochetées dans les miennes. Ne formant qu'un, nous envoyons un *loop* arrière avant de nous lâcher pour retomber côte à côte. Redressés, nous basculons tête en bas et entamons une danse avec Baptiste. Je calque mes mouvements sur Greg et ajuste l'énergie de mes déplacements en fonction de lui. Chaque seconde marque un *tempo* que je connais par cœur. Nous basculons sur la tranche pour nous réceptionner en position debout et envoyons une acrobatie en synchro avec Baptiste, qui passe en dessous. Bascule aller-retour, puis tourbillon dos à dos, avant de bloquer l'inertie. Je donne un pied à Greg qui m'installe sur ses épaules. Accrochés, nous partons en *loop* avant le final. Pour surprendre les spectateurs, nous avons prévu une sorte de porte humaine. Greg me tient par les pieds, bras tendus au-dessus de sa tête, créant ainsi un triangle que Baptiste traverse comme un portail vers la réalité. Mais alors que nous préparons cette figure, c'est l'effroi : au lieu d'attraper mes chevilles, Greg m'attrape les genoux, rendant le passage de Baptiste impossible. Saisie d'une énorme sueur froide, je ne peux rien faire pour l'aider… Rapidement, je sens ses mains glisser jusqu'à mes pieds, il tend les bras et la fenêtre s'ouvre, Baptiste fonce entre mes jambes. *On l'a!* J'ouvre ma voile et pousse un grand cri de soulagement. *C'est bon, on a assuré ce premier saut !*

Au sol, nous nous serrons dans les bras, heureux d'avoir réalisé le programme sans trop d'erreurs, et surtout, d'avoir rattrapé le final. Des voiturettes de golf nous attendent pour nous ramener au stade. Intrigués de savoir si la dernière figure se tient dans les temps, nous visionnons la vidéo sur le petit écran de la caméra, avant de la déposer au stand informatique. Greg a su réagir vite, on voit ses mains glisser, mais on a le final en entier. Nous félicitons Baptiste qui a effectué un travail de titan sur ce saut libre. Au fil des entraînements, il a affûté ses réglages pour obtenir un niveau proche de la perfection. La précision de ses déplacements et de son cadrage fait toute la différence : sans les effets vidéos, les sauts artistiques ne seraient pas aussi spectaculaires. Il fournit le fichier aux juges et nous rentrons plier nos parachutes sous la tente de notre délégation.

Afin de rester la plus concentrée possible, j'ai décidé de ne pas regarder les sauts des autres équipes. Je veux éviter toute comparaison, toute pensée parasite. Je ne veux même pas connaître nos notes, elles seront ce qu'elles sont. Je m'applique juste à faire de mon mieux. Les appels pour la deuxième manche arrivent. *Allez, allez, on y va pour cette première clé d'imposés.*

Lumière verte. Je souffle un grand coup et m'élance. Les figures déroulent bien jusqu'à la dernière où Greg et moi mettons un trop plein d'énergie sur nos déplacements, ce qui nous écarte légèrement l'un de l'autre. *Garder son sang-froid !* Calmement, nous nous rapprochons et fonçons pour entourer Baptiste et clore le saut. Mais alors que nous entamons ce final, les sonneries retentissent.

Aïe ! Qu'est-ce que ça va donner ? Ce saut est tellement parfait d'habitude ! Greg s'en veut terriblement et sombre dans la boucle négative du hara-kiri. Baptiste et moi essayons de le raccrocher, ce n'est pas le moment de lâcher !

Sur place, une équipe média couvre l'événement et diffuse les infos du Mondial en *live* sur les réseaux sociaux. Le présentateur de Skydive TV profite de la pause pour nous interviewer. J'apprends alors que nous étions *ex aequo* avec France 2 sur la première manche et que l'imposé nous place seconds, à seulement 0,1 point derrière eux. L'imperfection du dernier saut ne nous a pas autant pénalisés que je le craignais ! *Nous allons remonter !* J'affiche notre détermination face aux caméras et explique au journaliste que cette compétition est notre *all in* (tapis). Il nous félicite pour notre programme créatif, qui fait l'unanimité du public et notre thématique aborigène, qui fait sensation. Ces tenues font parler de nous.

Reboostés par son enthousiasme, nous sortons de l'interview, prêts à remonter sur le ring.

Troisième manche. Cette fois, nos mouvements deviennent plus fluides, le plaisir s'ajoute à la précision. Tout s'enchaîne dans les temps. Nous nous posons, heureux de notre travail d'équipe, et la journée s'arrête sur ce libre. Alors que nous plions bagage, des collègues courent vers nous :

— 9/10 sur cette manche, vous êtes en tête !

Une montée d'excitation m'électrise le corps et fait naître l'espoir. Je sais bien que rien n'est joué d'avance, mais je me permets de savourer cet instant de grâce. Nous retournons à l'hôtel, remplis de bonnes ondes. Le Graal est juste là, nous pouvons y arriver ! Le lendemain, un ciel couvert nous donne quartier libre. Que demander de mieux qu'un jour *off* dans notre superbe hôtel ? En programme détente, nous trinquons à ce début de compétition. Conscients que tout peut changer, nous restons positifs pour gérer la pression.

9 octobre 2018 — Gold Coast — Australie — 8 heures : martiale !

Tous les athlètes se préparent. Le ciel reste encore un peu voilé, mais on nous appelle tout de même pour la quatrième manche. *Focus !* La sortie déroule bien jusqu'au moment où Greg vient se connecter par les jambes. Il retombe plus haut que d'habitude, ce qui bloque la rotation. *Rester calme, gérer la situation.*

Je prends alors plus d'élan, tandis qu'il pose une main sur mon sac pour se repousser. Nous sauvons la figure et le *timing,* mais notre rattrapage va certainement être perçu par les juges. Forts de nos expériences passées, nous restons concentrés sur les mouvements à venir et finissons ce libre, appliqués et dans les temps. Je pars marcher pieds nus pour évacuer mon stress. L'herbe est douce. Je m'apaise, me recentre, fais le vide.

Nous nous appliquons du mieux possible, les notes seront ce qu'elles sont. Le ciel s'améliore, nous allons repartir pour la deuxième clé de la compétition, cette fameuse manche n° 5, qui peut tout faire basculer. Projection mentale, visualisation… ce qui m'entoure n'a plus d'importance.

Je ferme les yeux et répète mes mouvements comme un « hakka », j'augmente mon énergie et *booste* ma confiance. Je me sens invincible.

Greg et Baptiste sont concentrés, une puissance commune émane de notre trio. Notre osmose nous fait vibrer au diapason. Déterminés, nous partons à l'embarquement.

Lumière verte : j'ai l'œil du tigre ! Cette force intérieure rend mon vol fluide et me rend encore plus solide. Alerte, je m'assure de la coordination avec mes coéquipiers. Ça déroule, nous volons chacun les uns pour les autres. Le final arrive… un sans fautes ! Ma voile s'ouvre, je relâche la pression. Une immense fierté s'empare de moi : c'est la première fois que je ressens autant de lucidité dans un saut. Il faudra que je reproduise ce *set up* (préparation mentale) pour les prochaines manches. À peine posés, nous nous félicitons avec enthousiasme, pour le beau travail d'équipe ! Nous savons à quel point ce saut peut se révéler une charnière de la compétition.

Bien que je reste hermétique aux performances des autres équipes, je brûle d'envie de connaître notre *score* pour cet imposé. Baptiste part se renseigner et m'annonce :

— On a obtenu 9/10 !

Mon cœur bat la chamade, car la bonne nouvelle ne s'arrête pas là. Lors de la manche précédente, même avec la main de Greg sur mon sac, nous avons marqué 8,8/10. Nous prenons donc la tête avec 0,4 point d'avance ! J'ai des papillons dans le ventre et de la samba dans la tête. La victoire n'a jamais été si proche !

Fin de journée. Il nous restera deux libres à présenter demain. Nous retournons à l'hôtel, dans la surexcitation totale… la première marche nous tend les bras !

En passant devant la fontaine des jardins, Baptiste annonce :

— Si on devient champions du monde, je saute dedans !

Nous savons qu'il ne faut pas se réjouir trop vite, mais nous avons cette sensation particulière, ce truc au fond de nous qui nous dit : « Cette fois-ci, c'est la bonne ! »

Le dernier saut m'a énormément appris sur les attitudes à adopter :

- rester solide ;
- se dire que quoi qu'il arrive, on le rattrapera ;
- ne pas focaliser sur moi, voler à trois, les uns pour les autres.

10 octobre 2018 — Gold Coast — Australie — 7 heures : transcendée !

La journée s'annonce radieuse, pas un nuage dans le ciel ! L'heure est venue d'aller chercher ce que l'on désire par-dessus tout… bulle, gazon, hakka, œil du tigre, je suis prête !

À l'appel de la manche n° 6, je retourne dans la tente enfiler mon parachute et trouve Greg dans un état d'exaltation jamais vu auparavant. Je m'inquiète. *Est-ce qu'il n'est pas en train de craquer ?*

À ma demande, il me répond qu'il se sent juste euphorique parce qu'il sait que l'on va gagner. Lui aussi s'est mis en mode invincible et a la certitude qu'il ne lâchera rien. *Cela me rassure. À chacun sa façon de gérer ses émotions*. Nous nous élançons. Ce sixième saut me transcende. Comme portée par quelque chose de plus grand, je danse avec mes partenaires. Tout s'enchaîne avec fluidité, je savoure chaque seconde. La note s'harmonise avec mon ressenti, nous montons à 9,1/10 ! Cette compétition se joue clairement au mental. Plusieurs équipes possèdent les capacités techniques pour gagner, mais la façon dont nous gérons notre stress, nos pensées limitantes et la stratégie que l'on met en place, font toute la différence. Ne reste plus qu'un saut, je ne touche déjà plus terre.

La manche n° 7 arrive. Nous allons exécuter notre libre pour la dernière fois… *alors, faisons-lui honneur !* Dans un état de conscience modifié, je me sens omnipotente. Consciente de tous nos déplacements, j'analyse et ajuste mon vol au rythme de mes partenaires. Les figures s'enchaînent sans accrocs. Face à Baptiste, nous nous déployons pour le final. Je le regarde aligner sa trajectoire et ressens le déplacement d'air de son corps, passant à toute vitesse dans la fenêtre que nous lui présentons. Le temps se fige.

À cet instant précis, je sais que même si nos concurrents sortent leur plus beau saut, nous resterons en tête. Mon corps bouillonne de joie. Je déploie mon parachute et crie :

— Je vous aime !

Ces mots sont destinés à mes coéquipiers, mais également aux potentielles forces, qui ont contribué à la réalisation de ce rêve.

Une gratitude immense m'envahit et ressort de ma poitrine comme une onde de choc se répandant dans l'univers. Nous atterrissons tous les trois ensemble et nous prenons longuement dans les bras… *tellement fiers de notre travail d'équipe !* Pour la première fois dans toute notre carrière, nous n'avons pas cédé à la pression.

Nous fonçons devant l'écran géant pour assister à la notation finale. Je découvre les sauts libres des onze autres équipes. France 2 vient de réaliser sa meilleure performance. Nous les applaudissons. Il ne reste plus que notre vidéo. Après un silence, la note s'affiche… 9,1/10 !

Nous sommes officiellement CHAMPIONS DU MONDE !

J'embrasse Greg avec ferveur, Baptiste nous serre fort, des larmes de joies brillent sur nos visages.

Le directeur technique de la fédération française s'avance vers nous, bras ouverts, sous les yeux émus et bienveillants de nos confrères *freestylers*. Sincère et remplie d'émotion, cette embrassade hautement symbolique vient définitivement enterrer la hache de guerre. Les étreintes et les félicitations abondent de toute part.

Cette solidarité humaine me transporte. Comme en lévitation, je me sens dans une autre dimension. Nous partageons notre victoire en visitant les tentes de chacun de nos *sponsors*, tandis que les autres disciplines terminent leurs sauts. Puis nous rentrons tous à l'hôtel pour la cérémonie de clôture. De retour dans notre suite, nous enfilons nos survêtements tricolores, et avec fierté, rejoignons la plage du *resort*. Toujours aussi grandioses, question organisation, les Australiens ont carrément installé une scène flottante sur la plage artificielle. Des flammes jaillissent de part et d'autre à l'annonce du vainqueur de chaque discipline : un vrai *show* pyrotechnique ! Nous acclamons les athlètes qui défilent et gravissent le podium pour recevoir leur décoration.

Notre tour arrive. Nous traversons le ponton, sous la lumière des projecteurs, et saluons les Norvégiens installés sur la troisième marche, puis les autres Français sur la deuxième. Nous grimpons au centre et déployons le drapeau français. Ce moment tant espéré et visualisé devient réalité. Je ressens alors comme une impression de « déjà vu ». Mes pensées se sont concrétisées…

Un membre officiel me félicite et passe la médaille autour de mon cou… *elle est sublime !* Je redresse la tête et accompagne *La Marseillaise* qui retentit. Mon cœur pulse, mes sens entrent en effervescence, comme les bouteilles de champagne, dont les bouchons fusent en même temps que nos cris de victoire. Quelle consécration !

Nous nous retrouvons tous au cocktail organisé sous un chapiteau, puis la fête commence dans la salle de réception où des musiciens jouent en *live*. L'ambiance bat son plein quand le groupe annonce son dernier morceau. Nous attendons un relais par un DJ, qui ne vient pas… fin des festivités.

Mais il n'est que minuit… qui a perdu sa chaussure ? Les voitures vont-elles se transformer en citrouille ?

L'hôtel essaye de préserver un peu de calme pour les résidents venus jouer au golf. Nous partons alors en mission à travers le *resort* pour continuer à célébrer notre titre comme il se doit. Baptiste tient sa promesse et s'immerge dans la fontaine. Nous enchaînons ensuite les petites soirées clandestines dans les chambres, tandis que le *staff* de l'hôtel cherche à reprendre le contrôle.

Quelques heures plus tard, nous finissons par rejoindre notre lit. Finalement, mon foie les remerciera. L'aube se lève sur notre rêve éveillé. Perchés sur un petit nuage, nous raccompagnons Baptiste, qui part retrouver son travail d'instructeur de soufflerie à temps plein. Nous le saluons chaleureusement et nous envolons vers de nouvelles épopées.

12

Temps du rêve

Mission accomplie. Après dix ans de labeur, je dépose mon armure. Allégée d'un énorme poids, l'heure est venue de savourer la douceur de la vie.

17 octobre 2018 — Cairns — Australie — 14 heures : détendue !

La porte de l'avion s'ouvre à peine que l'air chaud et humide s'engouffre dans la cabine. En seulement deux heures et demie, nous avons changé de saison : du printemps, nous voilà en été. Je me délecte de cette atmosphère tropicale. Un rassemblement de parachutistes nous attend sur la petite *drop zone* de Tully, en Australie. Nous descendons sur le bitume brûlant et louons une voiture pour rejoindre l'animation.

Toujours dans le Queensland, mais bien plus au nord de la côte australienne, nous longeons la fameuse barrière de corail par la terre. Les kilomètres défilent et les champs de bananiers se multiplient au fur et à mesure que nous approchons de l'aérodrome.

Far North FreeFall ressemble à une petite construction colorée enveloppée de nature exotique. Accueillis chaleureusement, l'équipe nous propose de nous installer tranquillement : ici, le rythme est insulaire. Dans cette ambiance ultra détendue, je réalise à quel point ces derniers mois ont été stressants et apprécie de ne plus ressentir cette oppression permanente.

Je commence doucement à réunir les participants et forme des groupes par niveaux équivalents. Nous les informons du programme de sauts, tout en les conseillant sur les postures à adopter, depuis la porte de l'avion jusqu'à l'ouverture du parachute. Tout est expliqué avec les consignes de sécurité à respecter. Ce travail ne me demande pas d'effort particulier, tout se déroule naturellement. Je me trouve dans mon élément. Nous embarquons dans le Cessna Caravan. La proximité avec la côte nous offre une vue sur la mer de Corail. Je regarde le paysage attentivement, quand un parachutiste se penche vers moi :

— Attends de voir Mission Beach !

Pour l'instant, nous sautons sur la *drop zone*, un vaste terrain entre deux collines recouvertes de forêts. Pour seul voisin, un terrain de golf. Des cônes installés sur le gazon délimitent une zone plus précise, servant de cible aux participants, qui reproduit la taille du *cay*, m'explique-t-on. Sans savoir exactement de quoi il s'agit, j'imagine que la fameuse plage, sur laquelle nous sauterons en fin de semaine, présentera des proportions similaires. Le quatrième jour, tout le monde se lève de bonne heure pour assister à un *briefing* spécial. Aujourd'hui, nous allons sauter sur Dunk Island puis redécoller pour survoler Taylor's Cay, situé… en plein milieu de la grande barrière de corail ! L'organisateur affiche alors une image éblouissante sur l'écran. Sur fond bleu roi, des massifs coralliens apparaissent par transparence, en dessinant des formes turquoise abstraites. Seul au milieu de ce tableau, se trouve un petit banc de sable émergé, dont la silhouette ressemble à un haricot… un *cay* !

Béate, je contemple l'image. Je ne m'attendais pas à ce cadeau. J'adore les sauts spéciaux, qui vont de pair avec l'aventure. Cette part de surprise mêlée au risque les rend particulièrement excitants. On a beau essayer de prévoir et d'anticiper les différents scénarios – le vent, les procédures en cas d'amerrissage, les aléas potentiels – au moment de quitter l'avion, il reste toujours une part d'inconnu. Le grand *challenge* consiste à rester en alerte et précis malgré l'euphorie.

Par mesure de sécurité, tout le monde portera un gilet de sauvetage enroulé dans une petite banane accrochée autour de la taille. Au sol, des fumigènes nous indiqueront la direction du vent. S'ensuit un *briefing* détaillé pour l'île puis le *cay,* les groupes se préparent et nous décollons pour ces deux sauts paradisiaques. Dunk Island est une petite île verdoyante sortie d'un film de pirates. Marquée d'un trait d'asphalte, il ne reste de la civilisation que cette piste d'atterrissage, qui desservait un ancien *resort*. Ses reliefs, recouverts d'une forêt dense, sont soulignés d'une fine bande de sable clair qui teinte l'eau de turquoise. L'avion enroule ce joyau avant de prendre l'axe de largage et nous donne le feu vert pour l'ouverture de porte. Je sors la tête, vérifie notre position, et fais signe au groupe de se positionner.

Nous sautons tous ensemble, pour créer une figure particulièrement technique et esthétique : Greg reste accroché sous deux personnes à l'horizontale, puis glisse ses pieds dans leurs sangles de poitrine et se déploie en position tête en bas. Je rejoins la structure volante et pose délicatement un pied sur la base à plat de chaque parachute, pour me maintenir debout, en équilibre. Tous les quatre, nous formons une architecture humaine en forme de losange, autour de laquelle viennent tourner sept autres *flyers*, comme des satellites.

Après cinquante intenses secondes, les altimètres sonores retentissent. Je me retourne face au sol et aperçois un petit nuage un peu plus loin. Je descends en flèche pour ouvrir mon parachute juste à côté, avant de le traverser, voile déployée. Cette sensation me fait toujours de l'effet : la visibilité s'estompe, je me retrouve plongée dans un blanc opaque. L'humidité m'enveloppe alors dans sa nappe rafraîchissante, puis la brume me rend progressivement la vue. Je distingue la petite langue de sable rose orangé, qui ressort de la végétation comme une goutte perlant dans la mer. Suspendue dans le ciel, je m'imprègne de ce paysage féerique avant de plonger en virage, de caresser le sol, et de me poser délicatement sur ce sable magnifique. Je rejoins Greg, tout autant émerveillé que moi. Les membres de notre groupe arrivent les uns après les autres, complètement euphoriques par le saut que nous venons de partager. Ensemble, nous nous faufilons dans la végétation pour replier les voiles à l'ombre. Mon corps vibre encore d'émotions…

L'avion nous attend sur la petite piste privée. Je replace mon parachute, attache le gilet de sauvetage et embarque. À mesure que le Cessna Caravan s'élève, les visages se collent aux hublots. Nous regardons la côte s'éloigner et l'île rapetisser jusqu'à disparaître. L'heure est venue de me replonger dans le *briefing* du *cay*. Situé à deux heures de distance des côtes en bateau rapide, le moindre incident peut prendre de grandes proportions.

Je visualise l'axe de largage en fonction des silhouettes turquoise aperçues sur Google Maps, elles seront mon unique repère au milieu de la mer. Je me projette sur mon point de sortie, puis ressasse la procédure d'amerrissage et l'utilisation du gilet, en cas de besoin. J'espère ne pas m'en servir, mais il faut toujours anticiper les éventualités, comme en compétition. De cette façon, en cas d'incident, je pourrai rester concentrée sur la procédure à suivre, au lieu de céder à la panique. Après la dernière vérification du matériel, tout l'avion se souhaite « bon saut ». À la fois excités et concentrés, nous nous tenons prêts à l'action. La porte se lève et le décor se révèle. On a beau l'avoir visionné sur des photos satellites, le découvrir de ses propres yeux est au-delà des mots.

Après le repérage des formes, la confirmation de l'axe et la mise en place des *flyers*, je lance le décompte :

— *Ready, set, go !*

Le temps se suspend. En silence, toute la beauté de la scène me submerge. D'un côté, le ciel avec sa fine ligne d'horizon claire, de l'autre, la mer et ses massifs coralliens aux couleurs phosphorescentes. Et nous, humains, en train de flotter dans ce paradis, à partager ces instants de grâce, en totale béatitude. Visages éclairés, nous savourons chaque instant, avant de déployer nos voiles, un peu plus haut que d'habitude. Le spectacle continue : l'eau calme et translucide transforme la mer en véritable miroir. Des nuages superposent leurs reflets comme une dernière touche de peinture sur l'œuvre. J'absorbe toute la magnificence de ce moment.

Les chiffres de mon altimètre me rappellent à l'ordre, je prépare mon virage et m'élance en direction du *cay*. L'eau fait défiler son dégradé sous mes pieds avant de laisser place au sable. Un à un, nous nous posons sur ce lieu de conte de fées, complètement envoûtés. Des embarcations ont apporté pique-nique et boissons, que nous dégustons à l'ombre des tentes fraîchement montées.

Un bateau rapide nous récupérera d'ici deux heures. Nous partons alors avec Hayden, un très bon *freeflyer* australien, explorer les coraux. En échangeant nos expériences récentes, nous lui racontons l'improbable opportunité qui s'est offerte à nous : lors des Championnats du monde, un bénévole de l'événement est venu nous communiquer son enthousiasme pour notre thématique aborigène. Il se trouve qu'il gère une activité de tandem au cœur de l'Australie et nous invite à sauter sur l'Ayers Rock, grand site sacré du peuple originel. Nous avons donc prévu de le rejoindre juste après cette mission. Hayden nous confie qu'il n'a toujours pas visité ce site mythique, et peut s'arranger pour venir nous filmer. Nous acceptons avec grand plaisir. Quelques heures plus tard, nous retrouvons la terre ferme, dans une ambiance de colonie de vacances, et prenons un bus pour rentrer à la *drop zone*. L'heure de quitter cette joyeuse bande approche. Les yeux brillants et le cœur rempli de nouvelles amitiés, nous nous envolons pour le Territoire du Nord.

1er novembre 2018 — Alice Springs — Australie — 9 heures : honorée !

L'hôtesse d'accueil du comptoir de location nous remet les clés d'un 4 × 4. Nous devons rouler quatre cent cinquante kilomètres depuis Alice Spring pour rejoindre le parc national d'Uluru-Kata Tjuta. Nous nous lançons donc sur l'unique route traversant les immenses plaines du bush australien. Rapidement coupés de toute civilisation, nous avalons les kilomètres sur cette ligne droite à perte de vue.

Le sol orangé, qui borde le bitume, s'intensifie à mesure de notre avancée, pour devenir rouge éclatant. Son aspect irréel nous pousse à nous arrêter pour le toucher. Je prends une poignée de cette terre sablonneuse et l'examine attentivement. Elle ressemble à de la poudre de colorant : authentification faite, nous reprenons la route.

Quelques heures plus tard, je l'aperçois enfin. Dressé au milieu de nulle part, le monolithe surgit à l'horizon. De plus en plus imposant, sa robe rouge orangé s'embrase avec le soleil. Nous rejoignons Hayden puis Sam, le propriétaire de Skydive Uluru, qui a déjà prévu un avion juste pour nous trois. Comme le site est protégé, nous sauterons aux limites de la réserve. Le pilote profite de son ascension pour nous rapprocher. Nous découvrons alors les différents visages du rocher sacré. Vieux de plus de cinq cent cinquante millions d'années, ce monolithe représente bien plus que l'emblème de l'*outback* australien. Pour les Aborigènes, il s'agit d'un portail, qui relie le présent aux origines. Chaque courbe, chaque creux racontent une histoire du *dreamtime*, contenant les origines de la création du monde.

Me trouver là représente un véritable recueillement pour moi. Quelle plus belle symbolique que de sauter au cœur de cette culture qui m'a tant inspirée ! Honorés, nous nous élançons et exécutons notre figure *Down Under*. Hayden vient se placer et s'applique pour filmer de belles images. Puis nous nous plaçons côte à côte, à genoux, la tête inclinée vers le bas en signe de respect et de remerciement.

J'ouvre ma voile dans le souffle chaud qui émane du désert. Après le bruit de la chute, place au calme absolu. Je profite de ce temps pour réaliser ce que nous vivons ; le panorama, qu'offre ce privilège d'être suspendue à mille mètres de hauteur, est sans pareil !

Il trône là, massif et majestueux, comme le gardien bienveillant de ces grandes étendues désertiques. En bas, la terre rouge ressemble à de la peinture séchée. Nous nous posons, les yeux éblouis et le cœur débordant d'émotion. Sam nous attend pour assister au coucher de soleil. Dans un silence religieux, nous admirons le spectacle, qui se déroule sous nos yeux. Magnifié par les derniers rayons de l'astre, Uluru se colore d'orange, de rouge, de rose, avant de se teinter de violet.

En contemplant ce lieu mystique, un rythme de *didgeridoo* (instrument à vent australien) naît dans ma tête. Plongée dans mes pensées, je me revois dix ans plus tôt, en pleine discussion avec Greg sur notre balcon niçois. Des *flashs* m'apparaissent : nos premiers sauts d'entraînement, nos premières compétitions, nos réjouissances, nos désillusions, notre retour en équipe de France et notre victoire. Toutes les émotions associées à ces moments marquants me traversent une dernière fois comme un bouquet final, puis laissent place à l'apaisement.

Je savoure toute la splendeur du moment présent… Désormais liés à cette île, nous quittons l'Australie, comblés de gratitude.

Assise à douze mille mètres d'altitude, j'admire le ciel depuis le hublot de l'A330, et pense à nos familles, à nos amis, à tous les messages incroyables que nous avons reçus. *S'ils savaient combien ces mots sont précieux !*

Nous rejoignons triomphants mes parents, qui nous attendent à l'aéroport. Pour toutes ces années à nous accompagner, à nous soutenir dans les moments de joie ou de découragement… cette victoire est aussi la leur !

Je pousse la porte de la maison et ressens alors une étrange impression : les lieux n'ont pas changé et pourtant, tout me semble différent. Transformée, les expériences vécues ces dernières années ont modifié mon regard. Je suis fière de nous, de moi. Fière d'avoir eu le courage de quitter les conventions pour vivre ma passion, fière d'avoir su briser les plafonds de verre pour me réaliser. Je me sens parfaitement alignée, comblée.

Suite au titre, de nombreuses portes s'ouvrent à nous. Nous recevons une multitude d'opportunités, dont certaines dépassent ce que j'aurais pu imaginer… Rappelée pour l'événement du Kenya, j'organise le saut spécial sur le petit trésor de Chale Island. Mahmoud, un parachutiste égyptien, arrive en courant. Il s'excuse pour son retard, mais souhaite vraiment rejoindre mon groupe. J'hésite, car le *briefing* vient de se terminer. Nous sommes déjà tous équipés, prêts à monter dans le bus pour rejoindre l'avion.

Je lui demande son nombre de sauts pour connaître son expérience et décide de l'embarquer. Dans le bus, je lui communique les instructions détaillées sur l'île et l'approche sous voile. Afin de ne pas modifier nos plans et de ne pas perturber les participants, je lui octroie une place de *cameraman*. L'avion s'élève et nous voilà rapidement au-dessus de la petite plage en croissant de lune. J'ouvre la porte, fais signe au pilote de remettre légèrement l'avion dans l'axe, puis nous sautons. Appliqués, mes *flyers* se placent pour former une ronde. Nous savourons ces précieuses secondes, tous connectés, avant de basculer en position assise. Les sourires font resplendir leurs visages. Je surveille notre *cameraman* du coin de l'œil, qui suit mes consignes à la lettre. Puis nous nous séparons.

À peine posé, Mahmoud, les yeux pleins d'étoiles, me remercie. Il m'explique alors qu'il va organiser un événement international dans son pays, pour sauter au-dessus des grandes pyramides de Gizeh, et souhaiterait que j'y participe. Incrédule, j'acquiesce. *Sauter au-dessus des pyramides, mais bien sûr !* Un mois plus tard, je reçois une invitation pour l'événement *Jump like a Pharaoh*.

17 février 2019 — Le Caire — Égypte — 10 heures : émerveillée !

— Je n'en reviens pas d'être ici !

Je serre la main de Greg, en traversant l'aéroport du Caire. L'Égypte antique me fascine depuis l'enfance. *Comment des hommes d'une époque si ancienne ont-ils pu développer une telle finesse et une telle précision dans le design, l'architecture, la médecine et l'astrologie ?*

Tant de questions sur leurs connaissances et techniques de construction restent encore aujourd'hui sans réponse... Mahmoud nous attend derrière les portes vitrées. Enthousiaste, il nous conduit à l'hôtel où nous retrouvons Ewan, un photographe professionnel parachutiste. Privés de Baptiste, nous avons accueilli cet Écossais talentueux dans l'équipe, pour nos missions exotiques. Une centaine de participants sont regroupés à l'accueil pour le *briefing* général. Les organisateurs présentent le programme des prochains jours et nous invitent à monter dans des bus, direction le plateau de Gizeh. Les cars franchissent le portail du site, passent devant la pyramide de Khéops et s'arrêtent sur une aire dégagée, devant sa voisine, Khéphren. Les portes s'ouvrent et je descends, émerveillée.

Les organisateurs sifflent pour capter notre attention :

— Vous atterrirez ici, une manche à air vous indiquera le sens du vent et vous trouverez des tapis pour plier votre matériel. Demain matin, nous partirons directement en bus pour l'aéroport militaire et enchaînerons les sauts.

À ce moment-là, je me dis encore qu'ils *bluffent*, mais ils paraissent pourtant bien sûrs d'eux ! C'est incroyable de voir ce lieu immense et emblématique, de ses propres yeux ! Aussi imposantes qu'énigmatiques, les pyramides nous laissent tous bouche bée. En plus des trois protagonistes, Khéops, Khéphren et Mykérinos, on peut découvrir toute une nécropole excavée encore en fouilles, d'autres édifices plus petits, et le fameux Sphinx en contrebas. Nous profitons du reste de l'après-midi pour visiter le site. *Je ne réalise toujours pas que nous allons vraiment sauter ici !* Nous devons profiter de ces sauts de démonstration pour immortaliser le moment et rapporter des clichés hors norme. *Nul ne sait si d'autres occasions comme celle-ci se présenteront !*

En raison de la logistique et du coût de l'opération, nous ne pourrons effectuer que deux sauts par jour, ce qui nous laisse peu d'essais pour réussir nos photos. De retour à l'hôtel, nous lançons un *brainstorming* à trois pour établir le programme en chute. Nous imaginons des figures en lien avec le décor et Ewan définit son emplacement pour obtenir la bonne orientation.

Levés aux aurores, nous montons dans le bus, qui nous emmène à l'aéroport militaire. Les groupes sont formés et les ordres de sortie fixés. Nous traversons le tarmac où s'alignent plusieurs C-130, dénommés « Hercules » pour leur taille gigantesque. Réservés habituellement à l'usage militaire, il est très rare de pouvoir les utiliser pour des sauts. Nous embarquons par la grande bouche ouverte de la tranche arrière. *Le volume est considérable ! J'ai l'impression d'entrer dans un hangar plus que dans un avion.* Chacun s'assied au sol, entre les jambes de celui ou de celle, qui se trouve derrière, en amont. Le groupe compte soixante-dix personnes à bord et, malgré tout, il reste encore de la place ! La porte se referme et nous voilà lancés sur la piste de décollage.

Mon altimètre s'affole, les numéros n'ont jamais défilé aussi vite. On grimpe comme une fusée ! Privés de visuel sur l'extérieur, nous sommes tous impatients de découvrir ce qui nous attend. À quatre mille cinq cents mètres, des vérins automatiques déclenchent l'ouverture du pan arrière. Debout, nous nous tenons prêts à sauter, dès le signal du *spotter,* qui contrôle le sol et assure le point de largage.

Top départ ! Nous nous suivons à petits pas rapides, puis nos pieds quittent l'appareil. Après un instant de « vide », la « claque » du vent nous saisit. Les sorties de tranche arrière ont cette particularité : l'avion nous abrite du vent horizontal créé par son déplacement. La vitesse de largage est proportionnelle à la grandeur de l'avion. On a beau le savoir, cela surprend toujours ! Je souris dans mon casque. *La vache ! C'est fort quand même ! Allez, il faut que je reste concentrée.* Pas le temps de contempler la vue, à ce moment précis, tout est flou autour de moi : je focalise sur Greg.

Je m'approche pour surfer sur son dos et m'efforce de garder l'équilibre. Nous tenons la posture pour laisser à Ewan, le temps de trouver le bon alignement. Toujours concentrée, je regarde l'horizon. Mon altimètre sonore retentit, je bascule sur le dos avant de me retourner sur le ventre. Le sol se révèle : mon regard tombe d'abord sur la ville du Caire à la densité folle, puis sur la ligne nette qui la sépare du site historique. Et soudain, juste au-dessous de moi apparaît la pyramide de Khéops. « C'est pas possible ! », dis-je à haute voix. Me voilà littéralement plongée au cœur de l'Égypte ancienne !

Subjuguée par ce privilège incroyable, des larmes de joie coulent dans mon casque. Les battements de mon cœur pulsent dans ma poitrine. Comme si un portail temporel s'était ouvert pour me connecter à cette civilisation, j'en ressens toute l'éternelle splendeur. J'entame le vol le plus majestueux qu'il m'ait été donné de réaliser, en direction du sommet de la grande pyramide. Qui peut observer ces merveilles du monde depuis ce point de vue ?

Véritables chefs-d'œuvre d'ingénierie, j'observe chaque pierre soigneusement taillée et assemblée, j'admire la symétrie parfaite des plans inclinés, la précision des arêtes, et l'impressionnante finition du chapeau de Khéphren. Ces instants suspendus m'offrent différentes perspectives que je savoure pleinement avant d'entamer mon atterrissage.

En plein anachronisme, je me pose aux pieds de ces géants de l'histoire, émue, le cœur rempli de gratitude.

Chaque personne qui se pose affiche un sourire béat. Ces sauts hors norme marqueront à jamais nos vies.

Nous rentrons en France, des étoiles plein les yeux. Comment se remettre d'une telle expérience ?!

Toujours perchés sur notre petit nuage, les bonnes nouvelles continuent à affluer.

Les contrats de travail à l'étranger s'enchainent. Nous sommes rappelés au Portugal, en Australie, et je découvre de nouvelles destinations : le Koweït, le Canada et un nouvel état du Brésil. Entre deux voyages, nous recevons des demandes de *coaching* en soufflerie. *C'est grisant !*

Chaque matin, au réveil, j'ouvre les yeux et me répète : *on est champions du monde, ce n'est pas un rêve, on y est vraiment arrivés !*

Après ces longues années de labeur, j'éprouve toujours quelques difficultés à concevoir que nous sommes enfin sortis d'affaires. Quel bonheur ! Je savoure le fruit de notre travail, qui me permet de vivre de ma passion. J'adore le côté créatif du *coaching*, pour trouver le meilleur moyen de faire progresser les élèves, et la méthode psychologique à prendre en compte pour développer ma pédagogie. J'aime aussi cette spécialité d'encadrement à l'étranger. En aéronautique, particulièrement, partager ses expériences d'un pays à l'autre permet d'éviter de reproduire certaines erreurs, de transmettre et de recevoir d'autres façons de faire.

Je partage nos aventures avec mes parents, enthousiasmés par notre rayonnement. Toutes mes réalisations ne les surprennent pas, outre mesure, mais je sens leur fierté à chaque fois que je vais au bout de mes rêves.

Si mes rapports avec ma famille n'ont pas changé, pour d'autres, le fait de devenir champions du monde a donné un sens à cette vie que nous menions et qu'ils ne comprenaient pas. Nous avons gagné leur respect et avons droit à plus de crédit. *C'est curieux de constater les différentes réactions que génère cette nouvelle étiquette !* Je sens parfois des regards déstabilisés, intimidés. On dirait que certains hésitent à rester aussi familiers qu'avant. Pourtant, je n'ai pas l'impression d'être différente. On me fait souvent le compliment de rester accessible. *Pourquoi serais-je distante ? Garder les pieds sur terre,* serait-ce un comble pour une parachutiste ?

13

Et maintenant ?

13 mars 2020 — Katowice — Pologne — 12 heures : déboussolée !

La première semaine d'accompagnement en soufflerie bat son plein quand l'atmosphère change brutalement. Derrière les parois de verre, je remarque les employés, qui se penchent sur leurs écrans de téléphone, l'air grave. Nous sortons. J'enlève mon casque et les interroge :

— Qu'est-ce qu'il se passe ?

— Un virus se propage à une vitesse folle… le pays est en alerte.

En quelques heures, c'est l'escalade. Sortis de nulle part, deux hommes en combinaison d'astronaute débarquent dans le bâtiment. Dans notre groupe, deux élèves toussent depuis quelques jours et le *staff*, inquiet, a appelé l'hôpital le plus proche pour signaler les potentiels cas de COVID-19. Pris à part, les urgentistes procèdent à un test PCR et les gardent enfermés dans leur chambre jusqu'au retour des analyses. La soufflerie s'est arrêtée et les employés sont rentrés chez eux. Les informations se déchaînent, la situation empire d'heure en heure. Personne ne sait exactement de quoi il s'agit ni ce que nous sommes censés faire.

D'ici peu, la nuit va tomber. Dans le doute, je pars acheter des vivres : graines et fruits secs. Au supermarché local, c'est déjà l'apocalypse ! Les rayons sont vidés, les chariots remplis de… papier toilette ? *On n'a pas tous les mêmes inquiétudes !* Lorsque je reviens, Greg est absorbé sur son ordinateur. Il nous cherche des billets pour rentrer en France avant qu'il ne soit trop tard.

Nos élèves de la première semaine ont déjà tous leur retour assuré et les prochains ont bien évidemment annulé leur déplacement. Il ne reste plus que nous, dans un pays affolé par la situation. Le bâtiment se vide, nous ne sommes plus qu'une dizaine. Greg passe une bonne partie de la nuit à chercher des billets retour, et finit par dénicher les dernières places *in extremis*. Les résultats PCR arrivent enfin… négatifs. *Ouf!* Libérés, nous sautons dans un taxi pour l'aéroport… où c'est le chaos ! Des gens fourmillent dans tous les sens, les compagnies aériennes sont saturées. Tout le monde se toise, le regard anxieux et méfiant. On entend les interrogations silencieuses : « Est-il contaminé ? » Les personnes enrhumées sont considérées comme des pestiférées… Je croise des Chinois enveloppés de sacs en plastique, comme pour afficher « Ne vous inquiétez pas, je garde le virus pour moi ! ». Je franchis le seuil de l'avion et ressens un premier soulagement. Puis, on décolle. *C'est bon ! Nous avons pu passer les frontières juste à temps !*

À peine débarqués en France, les annonces de confinement commencent à être diffusées. Nous devons réagir vite : où allez ? Un locataire occupe notre appartement à Nice depuis trois ans, je sais que mes parents nous accueilleraient à Lyon, mais nous épluchons les options… *eurêka* !

Le grand-père de Greg possède une maison de vacances dans le Var. *Quelle aubaine !* Nous demandons l'aval de la famille pour trouver refuge là-bas. Les secteurs se ferment à vue d'œil, il faut se dépêcher. Nous prenons la route et arrivons dans cette villa, inoccupée depuis plus de six mois. Greg se dirige vers le disjoncteur, à la lumière de son téléphone. J'ai vraiment l'impression de vivre un film au scénario catastrophe. Nous posons nos affaires et je prépare mon expédition pour la supérette du village : veste étanche, masque chirurgical et gants de jardinage… je suis parée ! Dehors, pas une voiture ni un piéton à l'horizon, il règne un silence inquiétant. Je traverse les rues désertes et pousse la porte du magasin, heureuse de le trouver ouvert. Nous ne sommes que quatre personnes. Nous nous saluons, comme les derniers survivants de la planète, et je remarque, au passage, que les gants de jardin sont à la mode. Le caissier, quant à lui, est barricadé derrière plusieurs masques et sent le produit désinfectant. Je lui souhaite « bon courage » et retourne à mes quartiers.

Par précaution, je laisse mes courses à l'extérieur et lave chaque emballage avant de me servir de leur contenu. Perplexes, nous ne savons quoi penser. Les échanges avec nos amis étrangers confirment le phénomène pandémique de la maladie… *la situation est partie pour durer ! Quelle angoisse ! Et maintenant, que faire ?* Face à moi-même, nulle part où m'échapper, je dois affronter la réalité. Aux différentes étapes de ma vie, j'ai toujours eu un objectif clairement défini devant moi : passer dans la classe supérieure, monter en grade au karaté, avoir mon bac, apprendre à sauter, passer mon diplôme, trouver un travail, gagner des places en compétition… devenir championne du monde. Mais depuis quelques mois, j'avance dans le flou artistique.

J'ai atteint un des plus hauts sommets, que chercher de plus ? Quelle est la suite ?

Le gouffre existentiel n'a jamais été aussi grand. Greg n'en mène pas large non plus. Nous, qui sommes habituellement toujours occupés, que faire de cette pause forcée ? Nous devons retrouver un objectif, un nouveau projet de vie.

En nous lançant dans la compétition à l'âge de vingt-huit ans, nous n'avions aucune idée où cela nous mènerait. Devenir maman n'était pas un objectif en soi ni une envie particulière, mais j'imaginais que ce serait dans l'ordre des choses. Puis, chemin faisant, notre évolution à deux dans le parachutisme se révélait trop palpitante pour envisager quoi que ce soit d'autre. Pour autant, en tant que sportive de haut niveau, je n'ai pas été épargnée de l'éternelle question posée à chaque femme dans la trentaine :

— Alors le bébé, c'est pour quand ?

TOUT le monde, hormis mes parents (que je ne remercierai jamais assez), m'a rebattu les oreilles avec :

— Il faudrait se dépêcher… tic-tac, l'horloge biologique tourne !

Cette pression constante a abouti à une aversion… pourquoi tant d'acharnement ? Plus on avançait vers le titre, moins j'acceptais les remarques. Une femme en couple dans la trentaine n'aurait-elle pas le droit d'avoir d'autres objectifs que celui de devenir mère ?

Depuis 2015, constamment en déplacements entre les cours en soufflerie et les encadrements à l'étranger, nous avons dû louer notre appartement à Nice. De passage en France, nous dormons là où les événements ont lieu, ou bien nous passons voir la famille. Comment pourrais-je continuer cette vie trépidante avec un enfant ?

Mais voilà qu'une pandémie s'abat sur le monde et stoppe net toute activité pour un temps indéterminé. *S'il y a UN créneau pour construire une famille, c'est maintenant !* Non pas que je me sente appelée, mais comme tout est mis sur «pause», je pourrais éviter de sortir de l'action trop longtemps, et reprendre ma place plus facilement. Malgré le contexte peu rassurant, j'évoque donc cette possibilité à Greg. Mais il livre ses propres batailles et est déjà parti sur autre chose. Ce n'est pas le bon moment pour lui. Nous retournons donc chacun dans notre bulle, à gérer cette crise comme on peut. Je décide alors de m'occuper de moi, pour :

- prendre le temps d'analyser tout ce qui s'est passé ces dernières années;
- faire un point avec la personne que je suis devenue;
- définir de nouveaux objectifs.

Pour maintenir mon équilibre mental, je mets en place des séances de sport quotidiennes et limite ma consommation d'alcool. *Surtout, ne pas se laisser aller, ne pas tomber dans la compensation émotionnelle, et éviter ce qui pourrait m'empêcher de penser clairement. En temps de crise, il faut être capable d'analyser les choses !*

Je profite aussi de cette période pour une introspection sur ma vie, mes envies, mes besoins. En parallèle, afin de garder contact avec notre communauté de parachutistes, je poste sur les réseaux mon top 10 des plus belles destinations de sauts. À l'heure d'Instagram où s'affichent des photos éblouissantes au titre vendeur, je publie des vidéos sans montage, prends le temps d'expliquer l'histoire qui m'a menée dans ces lieux et les ressentis qu'ils m'ont procurés.

Un flot de messages venant des quatre coins du monde me remercie de ces partages. S'évader mentalement lorsqu'on est confiné se révèle salutaire. J'ai eu cette chance de voyager et d'avoir vécu des choses extraordinaires, l'heure est venue de les partager. Un ami aventurier, Philippe Mistral, me lance sur une nouvelle piste :

— Karine, s'il te plaît, écris un livre !

Sur le moment, je suis surprise. *Qui s'intéresserait à mon histoire* ? Mais la graine étant plantée (il faut croire que j'ai l'esprit fertile), l'idée fait son chemin. Nos péripéties peuvent peut-être redonner espoir à quelqu'un qui traverse une mauvaise passe. Par curiosité, je commence à poser les événements marquants sur papier, puis décide de les développer. Cet exercice, très bénéfique, va de pair avec mon introspection, car il me permet de prendre du recul. Je m'adonne donc à l'écriture, ravie de retrouver un projet. *On verra bien où il me mène !*

Comme repères dans ce contexte morose, je mets en place des routines solides. Chaque matin, je commence par boire un verre d'eau, déguster un café, puis je pratique un peu de yoga pour réveiller mon corps et enfin je médite. Après ces activités, je désactive le mode avion de mon téléphone, trie les informations par ordre d'importance et établis ma *to do list* pour la journée.

Cette pratique quotidienne me transforme ! Alors que le monde s'effondre, je me redresse. Les mois passent, les vaccinations arrivent, puis les interdictions se lèvent... à moitié. Dans notre milieu, la remise en route est difficile. En aéronautique, rester au sol trop longtemps devient dangereux. Nous avons besoin de pratique pour entretenir nos réflexes, garder les bonnes appréciations de hauteur et de vitesse. Si les pilotes s'aident de simulateurs de vol, les parachutistes sont seuls pour la navigation sous voile et les atterrissages. Les avions ont aussi besoin de tourner. Timidement, l'activité reprend, avec beaucoup de restrictions. Nous devons quitter la France pour retrouver du travail et assurer un certain rythme de sauts. Fort à propos, les organisateurs égyptiens nous rappellent. L'événement international tombe à pic, tout le monde a besoin de souffler ! Nous partons juste à temps... un nouveau confinement vient d'être annoncé.

29 octobre 2020 — Gizeh — Égypte — 11 heures : chanceuse !

Face à Khéops, les bras ouverts, j'inspire à pleins poumons. Liberté ! Le site est vide. Nous ne sommes qu'une poignée de touristes. *C'est lunaire...*

Notre événement, en revanche, est plein ! Les parachutistes de toutes nationalités, en « état de manque », nous ont rejoints pour s'élancer du C-130 sur ce site mythique. Les autochtones mènent leur vie de façon tout à fait habituelle. Hormis les touristes manquant à l'appel, on oublierait presque la pandémie. Cet intermède profite à tout le monde. Au sein de notre groupe, c'est la liesse. Le ronronnement de l'avion et le parfum du kérosène n'ont jamais paru aussi doux. Bien que je vienne sur ce site pour la seconde fois, chaque saut reste époustouflant. L'émerveillement et le privilège incroyable de pouvoir côtoyer ces merveilles du monde ne s'estompent pas.

Cette année, une expérience unique nous attend : sauter de nuit sur les pyramides ! Consciente de l'opportunité en or qui se présente, mais également des risques encourus, je prépare un *briefing* solide au petit groupe d'amis que je m'apprête à embarquer.

Assise dans le noir, sous les faibles lumières de la carlingue de l'Hercules, mon cœur pulse. L'adrénaline se forge toujours un chemin, lorsque je me retrouve dans des situations présentant un danger supplémentaire. J'active donc mon mode compétition pour gérer le stress et rester en pleine possession de mes moyens. La porte s'ouvre sur un paysage extraordinaire. Plongée dans la nuit, une mer de petits nuages rétroéclairés par la ville du Caire s'étend devant nous. Cette vue, hors du commun, nous donne l'impression de nous tenir encore plus haut.

Je rassemble mon groupe d'hommes fluorescents pour avancer à petits pas vers le « vide ». Nous nous élançons dans le silence de la nuit.

Privés d'horizon, le manque de repères visuels procure cette sensation de flotter dans un fluide embryonnaire. Nous nous retrouvons, à tâtons, et rapprochons nos têtes jusqu'à apercevoir l'émail de nos dents briller. L'émotion est palpable !

Je me décale pour ouvrir ma voile. Au sol, les pyramides forment trois carrés éclairés sur le fond noir.

À côté, les lumières du Caire cessent brusquement en bordure du site. Je me dirige au-dessus de Képhren et vise le terrain à ses pieds. Malgré les projecteurs, j'ai l'impression d'atterrir à la bougie…

Quelques pas de course accompagnent mon freinage. Je me retourne et regarde attentivement les participants en approche. Un à un, ils se posent en respectant les recommandations et lâchent des cris exutoires, tandis que leur voile se dégonfle doucement avant de retomber au sol. Nous venons encore de vivre une aventure d'une intensité folle, qui marquera nos cœurs et nos esprits à jamais !

31 mars 2021 — Les Issambres — 11 heures : perplexe !

Après un début d'année instable, voilà qu'un autre confinement vient d'être annoncé. *Quand va-t-on sortir de cette spirale ?* Notre activité, déjà au ralenti, reprend un coup dans l'aile. Les gens sont à bout.

Avec d'innombrables tests PCR, nous sommes arrivés à nous échapper pour travailler dans quelques endroits encore ouverts, mais là, c'est retour à la case départ. Je maintiens mes rituels de méditation, sport et écriture pour rester saine d'esprit. Ils sont salvateurs !

Puis, tout doucement, l'activité reprend timidement. Nous donnons quelques cours en soufflerie, avec un masque dans nos casques intégraux. *C'est suffocant ! J'ai l'impression de courir un cent mètres avec une cagoule ! Qu'est-ce qui est le plus dangereux : perdre connaissance en volant ou respirer sans masque dans mon casque à visière fermée ?* Je n'adhère pas toujours aux mesures imposées, mais cela semble notre seule option pour pouvoir travailler.

Avec toutes ces circonstances, posséder un chez-moi, un cocon où me ressourcer se révèle capital. Je récupère donc l'appartement de Nice, qui devient mon écrin.

J'alterne écriture et cours en soufflerie, dans l'attente des tentatives de record national, qui se dérouleront à Maubeuge. La dernière fois qu'une figure verticale a été validée en France, c'était en 2014, avec une formation à quarante-huit. Depuis, des essais ont eu lieu en 2017, mais n'ont pas été fructueux. Les Français sont impatients de se retrouver pour écrire une nouvelle page dans l'histoire et mettre fin aux restrictions liées à la COVID-19.

Sur place, nous nous retrouvons… sous la pluie. À Maubeuge, il tombe des cordes sans discontinuer. En cinq jours, pas un seul saut possible ! À croire que le sort s'acharne. Nous repartons donc bredouilles et frustrés. La malédiction a assez duré !

Je pars encadrer quelques événements et commence à co-organiser des entraînements spécifiques « grande formation ». L'année prochaine, deux records mondiaux sont prévus : un mixte et un 100 % féminin. De nombreux parachutistes se sont fixé l'objectif d'y participer et se préparent dès aujourd'hui.

2022 commence sur les chapeaux de roue ! La décompression post-COVID remplit notre calendrier. Cette effervescence me fait l'effet d'une renaissance après deux années hors du temps. La vie reprend enfin ! *Merci !*

Parmi tous les événements, Greg et moi en attendons un avec impatience…

11 mars 2022 — Swakopmund — Namibie — 17 heures : transportée !

Après quatre heures de bus, nous posons nos valises à Swakopmund, face à l'océan Atlantique sud. Pas de sable blanc ni d'eau turquoise, mais une côte sauvage, intense. Une odeur puissante et iodée envahit nos poumons. Ici, la côte abrite des colonies de phoques, qui cohabitent avec les surfeurs. Au matin, nous roulons une vingtaine de minutes dans les terres pour trouver la *drop zone*, perdue au milieu d'une grande plaine désertique. Un chapiteau, aux rayures blanc et rouge, se dresse à côté de quelques installations en dur. La piste se distingue aux traces rectilignes formées sur le sol. L'ambiance paraît insolite. Bien que Swakopmund ne soit qu'à quelques kilomètres, j'ai l'impression d'être isolée de toute civilisation.

Nous prenons de la hauteur à bord de leur petit avion, un Atlas, aux couleurs flamboyantes, qui grimpe vite. Je découvre alors toute la richesse naturelle de cet endroit. Nous survolons d'abord un désert de dunes orangées, qui longe la côte au sud de la ville. Sa proximité avec la mer est impressionnante ! Puis, derrière la vitre de la porte coulissante, le paysage défile et le sol se transforme. Nous voilà, à présent, au-dessus de strates rocailleuses, dessinant un paysage lunaire. La nature à l'état brut, intouchée. L'avion prend alors son axe pour nous larguer. On se fait un *check*, impatients de s'immerger dans cette atmosphère atypique. En chute, je prends mes repères. À l'est, les rochers, au sud, les dunes, à l'ouest, l'océan. En ouvrant ma voile face à la côte, des taches colorées attirent mon attention. À peine posée, je me renseigne. Il s'agit de salines, qui se teintent de rose lorsque le soleil se trouve au zénith. Je contacte alors le propriétaire des lieux et obtiens l'autorisation de sauter juste au-dessus. Adolescente, j'ai passé de nombreuses heures à mélanger mes couleurs sur ma palette de peinture à l'huile… aujourd'hui, je vais sauter dedans !

Lorsque le pilote me donne le *go*, j'ouvre la porte et penche la tête pour vérifier notre position. J'expérimente physiquement l'expression « en prendre plein les yeux » ! Les couleurs me sautent au visage. En l'air, nous nous retrouvons avec mon petit groupe pour former une ronde à plat et admirer ce tableau, qui grossit au fur et à mesure de notre chute. Les voiles s'ouvrent, nous atterrissons sur l'une des grandes étendues, qui se présente à nous, sidérés par le spectacle offert !

La dimension poétique de ce saut m'inspire. Je veux la partager, pouvoir la diffuser au plus grand nombre. Nous préparons alors un *shooting*, en tenue élégante, sous l'objectif d'Ewan Cowie. Une amie me prête un ensemble blanc au tissu fluide, qui devrait flotter au vent… *c'est parfait !* Exceptionnellement, je sauterai sans casque.

Je m'élance sur le dos, allongée dans le flux d'air, comme sur le plus confortable des matelas. Je ressens l'enveloppe du vent, les clappements du textile sur mes jambes. Si le sol ne se rapprochait pas, je pourrais m'endormir. Il existe dans cette vitesse une douceur insoupçonnée. Mon métronome interne veille à ne pas me laisser partir dans les bras de Morphée. Ewan, quelques mètres au-dessus de moi, se place à différents endroits, puis donne le signal de fin de saut.

Nous entamons alors une valse, en tournoyant au-dessus des lacs colorés. *Je suis dans un véritable conte de fées !* J'aimerais que ma voile puisse remonter comme celles des parapentistes au gré des thermiques, mais les nôtres ne sont pas conçues pour rester longtemps en l'air.

Mes pieds touchent le sol, retour à la réalité ! Mon photographe se pose tout près et fait quelques pas pour terminer par une accolade amicale. Quel vol incroyable ! Je ne peux m'empêcher d'imaginer l'une de ces photos exposées sur les grandes avenues des villes. Si notre sport inspirait les grandes marques, nous pourrions tellement capter les regards des passants, leur offrir un moment d'évasion poétique.

L'événement continue avec des sauts sur les dunes et Moon Landscape (la Vallée de la lune), nom officiel de l'endroit céleste, qui forme un paysage lunaire grandiose. Au cœur de ces terres dépourvues de traces humaines, nous nous sentons réellement sur une autre planète. Les strates de roches à perte de vue nous transportent dans un univers fantastique. Je savoure toute cette diversité que nous offre la nature atypique de Namibie et ressens une gratitude immense pour avoir la chance de voir ces paysages depuis le ciel.

Rien n'existe de plus émouvant que d'observer notre terre d'en haut, sa magnificence, sa diversité… Quelle est la probabilité pour qu'une planète réunisse toutes les conditions nécessaires à notre existence ? Semblable à ce que ressentent les astronautes, on se rend compte du miracle de la vie, de son équilibre fragile, et de l'importance de prendre soin de ce « vaisseau ». Je n'ai pas sauté proche de l'Amazonie ou des pôles pour constater la transformation du paysage, mais nous avons malheureusement noté la dégradation environnementale sous différentes formes. Particulièrement, au niveau des déchets plastiques. Je me souviens d'un saut dans les archipels des Maldives, au-dessus d'une petite île sauvage. À mille mètres d'altitude, elle semblait paradisiaque, mais, en atterrissant, nous avons trouvé le sable jonché de débris plastiques. Impossible de quitter ce lieu en l'état, nous avons tout rassemblé dans des sacs et rapporté les déchets pour les déposer dans les poubelles de l'île principale. *Mais qu'advient-il des ordures dans des coins si reculés ?*

Il reste beaucoup à faire pour limiter la pollution sur bien des plans. Le parachutisme aide à cette prise de conscience. Dans mon quotidien, je compense comme je peux, même à petite échelle (réduction des achats d'objets et de vêtements, absence de viande rouge dans l'alimentation, tri systématique, réparation plutôt que remplacement, transports en train, covoiturage...).

En aéronautique, des solutions alternatives sont en train d'être mises au point pour réduire l'impact écologique. D'une part avec l'utilisation de carburants durables (SAF – *Sustainable Aviation Fuel*), d'autre part, avec la propulsion électrique et hydrogène. Ces systèmes hybrides, déjà certifiés sur les Cessna Caravan et Dornier, permettront à notre sport de suivre la transition écologique. *J'ai vraiment hâte de pouvoir utiliser ces aéronefs !*

8 avril 2022 — Pamiers — 8 heures : appelée !

Depuis notre titre, les records ont pris le relais de la compétition. Très similaires, j'ai plaisir à retrouver le *challenge* de la pression, du vol de précision et du travail d'équipe. Chaque record diffère : ambiances, difficultés, succès, avec systématiquement, une aventure singulière à la clé. Participer à ces sauts spécifiques demande une mise à jour régulière et beaucoup d'entraînement pour s'y atteler. Avec les deux rassemblements mondiaux en approche, je suis sollicitée sur de nombreux entraînements pour préparer les freeflyers, qui aspirent à repousser les limites.

J'alterne donc *coaching* en soufflerie et encadrement pour grande formation. L'année défile à une allure folle et nous voilà déjà à destination de Chicago, pour un *challenge* de taille : neuf avions en formation, deux cents *freeflyers*, qui tenteront de s'accrocher les uns aux autres, en chute libre, la tête en bas !

Depuis 2015, le record de notre figure à cent soixante-quatre n'a toujours pas été battu. Bien que les membres sélectionnés figurent parmi les meilleurs mondiaux, la prouesse n'est pas facile. Il faut que tout le monde sorte son meilleur jeu et performe en même temps. Beaucoup ont perdu leur rythme durant la pandémie et ont eu peu de temps pour se remettre dans le bain. Ça se ressent sur les vols. La pression pèse sur de nombreuses épaules, la peur d'être remplacé demeure omniprésente. En effet, quelques *flyers* sur le banc attendent de pouvoir participer. L'agitation vient perturber les performances. Malgré dix-neuf tentatives, impossible de compléter la figure ! Il manque toujours quelques personnes sur les extérieurs.

L'organisateur a attendu sans doute trop longtemps avant de réduire la formation à cent soixante-dix. Usés, les participants se sont retrouvés avec un moral affaibli et les sauts n'ont pas été concluants.

Je me demande s'il n'y aurait pas une recette gagnante comme pour la compétition. Un moyen de maintenir le mental du groupe, de pouvoir dépasser l'*ego* pour favoriser l'équipe… Il semble toujours facile de pouvoir faire mieux, mais rien ne garantit que cela fonctionne avant d'être testé. Néanmoins, je pense à quelques points clés.

L'année finit en beauté avec un événement féminin très particulier. Pour célébrer le centenaire du droit de vote accordé aux femmes aux États-Unis, les organisatrices américaines ont rassemblé cent porteuses d'espoir, unies dans un objectif puissant : briser les plafonds de verre et inspirer la gent féminine à vivre une vie audacieuse.

20 novembre 2022 — Skydive Arizona — États-Unis — 9 heures : solidaire !

L'organisatrice Amy Chmelecki donne le ton dès le *briefing* général :

— Nous sommes une équipe de battantes, solidaires. Chaque personne dans cette salle a été sélectionnée, parce que nous savons qu'elle a les capacités pour ce record. Et s'il arrive à l'une d'entre nous de rater un saut, nous ferons tout pour l'aider à mieux performer au prochain.

L'ambiance est remplie d'énergie élévatrice. Avant même de commencer à sauter, nous formons un groupe uni. Bien que nous visions une formation à cent pour la symbolique du chiffre, nous commençons à consolider le cœur de quarante personnes, tandis que les pétales extérieurs s'entraînent en parallèle. Ensuite, nous effectuons des sauts ensemble, pour démystifier les approches et le visuel qui peut se révéler impressionnant. Puis rapidement, nous tentons d'établir un premier record, avant d'atteindre progressivement l'objectif final. Cette stratégie rejoint mes aspirations sur tous les plans !

Un premier record à soixante-douze tombe au premier saut du troisième jour, élevant le moral de toute l'équipe au plus haut, puis dans la foulée, un deuxième à quatre-vingts… émotion générale ! Si le *freefly* est surtout pratiqué par les hommes, de par sa difficulté et son apprentissage de longue haleine, voilà de quoi faire tomber les clichés ! Le lendemain, nous sommes à un doigt de fermer une figure à quatre-vingt-dix-sept, mais le soleil se couche sur cet exploit. Pour nous toutes, l'objectif principal est atteint. Nous avons pu démontrer que :

- Lorsque les femmes s'entraident, une force incroyable voit le jour.
- Le *leadership* féminin est un atout.

Bienveillance et détermination collective, voilà des ingrédients clés pour un succès en équipe.

12 avril 2023 — Nice — 20 heures : absorbée !

Face à mon ordinateur, les heures défilent et m'échappent. Tout juste rentrée d'un événement, je replonge dans mon livre. Afin de retrouver le fil, je relis les chapitres précédents et ne peux m'empêcher de modifier ce qui a déjà été posé. *Corriger, affiner… c'est sans fin !* Je crois qu'il faut accepter l'imperfection. L'exercice n'est pas facile, mais très intéressant.

Cette année, les encadrements d'événements m'amènent à découvrir de nouveaux pays : l'Argentine, l'Afrique du Sud, les Seychelles, l'Indonésie, l'Estonie, la Roumanie. Ces bains de culture aux contrastes passionnants se révèlent de réels catalyseurs de conscience. Plus que jamais, je comprends les différences et les respecte. L'histoire, le contexte, l'éducation et le conditionnement sont autant de facteurs qui forgent nos réalités. Et parfois, cela peut créer des situations surprenantes. En Estonie, par exemple, une expérience m'a marquée. À la fin de ma première journée de *coaching*, je rejoignais les installations communes de notre camp pour une douche, quand j'ai réalisé qu'il s'agissait d'un espace ouvert. Me voilà donc sous l'eau, sans rideau, en plein milieu d'un couloir, où tous les participants sont amenés à passer. Rien pour préserver son intimité. Quelques heures plus tard, les autochtones se sont retrouvés pour un sauna collectif mixte, tous dénudés, et ça n'étonnait que moi !

Le lendemain matin, j'ai rejoint le groupe et salué les participants avec une accolade, comme j'ai coutume de le faire dans de nombreux pays, mais j'ai senti, à leur crispation, qu'ils n'étaient pas habitués à cette proximité. Partager des saunas, en totale nudité, ne pose aucun problème, mais une accolade, tout habillé, se révèle trop intime ! *Comme quoi… chacun ses mœurs !*

Pour ce qui est des records, cette année, nous avons une mission nationale. Il est temps de redorer le blason !

21 août 2023 — Nancy — 18 heures : optimiste !

Malgré tous les aléas des années précédentes, l'équipe française est présente, et je me sens fière de cette résilience ! Notre groupe d'organisateurs accueille les participants et présente le déroulé des prochains jours. Un peu traumatisés par la météo de nos dernières tentatives, nous surveillons les prévisions, pour adapter la cadence. Le plan consiste à s'inspirer du record féminin, tant pour l'approche que pour la stratégie. Je suis impatiente de voir le résultat sur un groupe mixte.

L'objectif serait d'arriver à construire une formation à soixante. Mais auparavant, nous voulons nous assurer d'un « cœur quarante » solide, qui réussisse à se connecter systématiquement. Nous partons donc pour les premiers sauts avec, d'un côté, ce groupe qui s'entraîne, et de l'autre, les pétales extérieurs, qui construisent leurs secteurs. Comme le résultat se révèle très positif, nous réunissons l'ensemble avec un saut collectif à cinquante-huit, pour que tout le monde puisse prendre ses repères.

Le lendemain, nous commençons les essais avec une figure à cinquante-neuf, quand le directeur de séance vient nous annoncer une mauvaise nouvelle. L'un des avions rencontre un problème technique. Nous n'aurons plus que deux aéronefs au lieu de trois pour un temps indéterminé. Catastrophe ! *Comment expliquer ça à l'équipe, sans miner définitivement le moral de tout le monde ?*

Avec deux avions volant en formation, nous sommes limités à une quarantaine de personnes. Pas assez pour battre la figure de 2014. Je cherche une alternative pour sauver la situation et propose de partir pour un record de séquence avec le cœur quarante. En effectuant deux figures différentes pendant la même chute libre, nous pourrions valider un record national de séquence, tandis que les extérieurs continueraient leur entraînement par secteur. Au vu des bons sauts réalisés jusqu'à présent, c'est tout à fait jouable, et cela permettrait de garder une dynamique malgré les circonstances. Au deuxième essai, nous réussissons la performance. Les Français ont enfin un nouveau record ! Le moral est au plus haut. Cette victoire motive le reste du groupe. Entre-temps, le directeur technique a remué ciel et terre pour nous dénicher un avion de remplacement, qui sera là demain. Soulagement général !

Allégés d'un poids, nous reprenons les sauts, au matin, à soixante. Mais les tentatives, bien qu'encourageantes, restent sans succès. La météo fait pression et nous ne sommes pas sûrs de pouvoir sauter les prochains jours. Il faut prendre une décision rapidement. Nous décidons alors de réduire la formation à cinquante-deux, pour assurer un record, qui détrônerait le quarante-huit de 2014. Les secteurs se construisent, il ne manque vraiment pas grand-chose, mais l'heure de la séparation arrive. Nous relançons l'action, mais cette fois, à cinquante et un. La figure est validée *in extremis*.

Au matin, le ciel demeure praticable. Nous tentons alors un cinquante-huit, puis un cinquante-sept, et enfin un cinquante-quatre… qui fonctionne ! Troisième record ! Je regarde les visages s'illuminer, les gens se prendre dans les bras, les yeux s'embuer… *la mission est réussie.*

Stages en soufflerie et animations à l'étranger nous propulsent en 2024. L'année s'annonce particulièrement exaltante avec un événement complètement fou, qui va avoir lieu prochainement.

21 mars 2024 — Arizona — États-Unis — 12 heures : intimidée !

Mon cœur pulse d'excitation et d'appréhension. Je ne me suis pas sentie autant impressionnée depuis longtemps. Un groupe de parachutistes américains, très expérimentés, travaillant avec l'armée, a lancé cette idée folle de réaliser des vols en grande formation, tête en bas, de nuit, avec de la pyrotechnie. Ce qui revient à cumuler tous les risques de notre sport dans un même saut !

Sauter de nuit apporte déjà son lot de dangers. À cela, on ajoute des parachutistes lancés à 300 km/h, en train de rejoindre la formation pour l'apponter. Avec les notions de distances altérées sans lumière, le risque de collision est accru. On surenchérit avec le transport de fusées pyrotechniques dans des avions équipés en oxygène. Sur le papier, tous les voyants virent au rouge ! Je n'ai que deux sauts nocturnes à mon actif : le premier en 2008, d'un DC3, pour la nouvelle année, et le second, au-dessus des pyramides, en C-130. À chaque fois, je m'étais arrangée pour partir en premier, afin d'éviter le trafic sous voile. Mon expérience s'arrête donc à un groupe de six personnes, mais là, nous sommes quarante-cinq !

Nous entrons dans le hangar et retrouvons le petit groupe sélectionné pour cet audacieux *challenge*. Triés sur le volet, tous les aspirants devaient répondre, des mois auparavant, à un questionnaire détaillé : nombre d'années de compétition, de records en grande formation, confiance ou non en son vol, points forts et points faibles, peur ou non à l'idée d'être une quarantaine, en chute libre et sous voile, de nuit, etc.

Les organisateurs américains veulent monter une équipe solide et efficace pour limiter tout aléa. Car il ne suffit pas d'être bon *flyer*, il faut aussi de l'expérience pour gérer les à-côtés. Performer sous pression, gérer son stress, réagir correctement et rapidement en cas d'imprévu, ne s'improvise pas. Sans surprise, nous retrouvons donc toutes les têtes connues de nos précédents records.

Pas de temps à perdre, le *briefing* commence… silence dans la salle.

Nous écoutons attentivement la présentation du matériel pyrotechnique que nous porterons au pied gauche. Il s'agit de quatre fusées, sous forme de bâtons, branchées à deux boîtiers récepteurs, le tout fixé sur une plaque de carbone s'accrochant à la cheville par des sangles réglables. Un système de libération permet de le détacher pour qu'il pende en dessous du pied, s'il venait à prendre feu. Les étincelles produites restent froides, en revanche, une flamme sort des embouts et les gerbes sont brûlantes sur un demi-mètre. Pour les déclencher, nous porterons deux petites télécommandes fixées aux poignets. Les boutons seront protégés par des clapets de sécurité, à ouvrir à la dernière minute.

Nous devons impérativement respecter la séquence suivante : allumer les *LED* de nos combinaisons à l'annonce des quatre minutes avant largage. Comme les pilotes volent en formation à deux avions, on évite de les éblouir. À deux minutes du largage, nous ouvrirons la porte, remonterons les bancs et activerons nos boîtiers récepteurs aux pieds. Avec une précaution maximum, nous ferons coulisser les clapets des télécommandes en veillant à ne pas toucher les boutons.

Une fois sortis de l'avion, nous devrons appuyer sur le détonateur « A » qui déclenchera trois fusées pour la partie en chute libre. Les étincelles durent environ trente-cinq secondes. Puis une fois sous voile, nous pourrons appuyer sur le bouton de la télécommande « B », qui actionnera la fusée restante, afin de se signaler durant une partie de la navigation.

La partie facile du saut, finalement, c'est la formation ! Nous serons quarante-deux parachutistes, tête vers le bas. Trois *cameramen* se placeront autour de nous pour rapporter les images aux juges. La figure ressemble à une hélice avec un cœur de huit personnes en cercle, sur lequel se greffent huit branches de quatre ou cinq *flyers*. Greg sera le premier de notre branche à s'accrocher sur la base. Je viendrai m'apponter sur lui, et derrière moi, deux autres personnes compléteront notre ligne.

Pour nous donner plus de temps, nous monterons à cinq mille quatre cents mètres, avec de l'oxygène — un point supplémentaire à gérer. Je réalise la charge mentale de toutes ces actions qui se superpose à un saut de nuit « normal », déjà loin d'être ordinaire !

Effectivement, il faut que tout le monde reste lucide à 100 % pour exécuter toutes les séquences dans le bon ordre, tout en pensant à son approche, son vol dans la formation, sa séparation, et sa navigation dans l'obscurité.

Une montée d'adrénaline s'empare de mon corps. Durant toute la montée, je serai assise au fond de l'habitacle, vers le pilote… et la bouteille d'oxygène. *Un déclenchement prématuré des fusées serait une catastrophe !*

Justement, le *briefing* des plans B arrive. Sur les parois intérieures, des couvertures anti-feu ont été accrochées tous les mètres. En cas d'activation accidentelle d'une fusée, nous devrons diriger le talon à l'opposé du pilote et étouffer le feu au plus vite avec les couvertures.

Tout le monde saisit l'enjeu et sa responsabilité. En mode commando, nous acquiesçons de la tête.

Là-dessus, nous sommes invités à nous équiper pour une répétition de jour, avec tout le matériel. Nous enfilons nos combinaisons sur lesquelles nous avons fixé deux tubes transparents garnis de ruban *LED*. Le premier court le long des bras, le second, le long des jambes. Je glisse la télécommande dans une poche interne, qui me permettra de verrouiller la couleur. J'enfile mon parachute, attache le dispositif à mon pied, et prends mon casque équipé d'une lampe *flash*.

Le rendez-vous est donné sur le gazon pour former la figure et prendre ses marques. Puis nous nous plaçons dans nos avions fictifs et révisons les gestes à suivre. Concentrés, nous demeurons chacun dans notre bulle à emmagasiner un maximum d'informations pour pouvoir être efficace.

Nous embarquons dans l'avion de *lead*, un Skyvan. Je me sens confiante. À quatre mille mètres, je récupère le tube d'oxygène au-dessus de ma tête, et l'approche de mes narines. Cinq mille quatre cents mètres, le largage est imminent. Nous nous levons, simulons nos procédures et nous élançons dans le ciel d'Arizona.

Je bascule dans l'air, à l'affût de mes ressentis. Le dispositif au pied est léger et ne me perturbe pas. Les tubes LED semblent bien tenir malgré la pression du vent. J'accélère ma descente vers la formation et apponte en douceur. Puis mes deux collègues s'accrochent, tour à tour, derrière moi. Devant, la formation se complète juste avant la séparation. Sous voile, je simule l'allumage de ma lampe *flash* et de la dernière fusée. Au sol, nous nous retrouvons dans la salle de *debriefing*... joli travail général, de bon augure pour la suite.

Maintenant, nous attendons que le soleil se couche. Le prochain saut sera notre première tentative de nuit. Après un ravitaillement et les derniers ajustements, nous accrochons les bâtons fluorescents sur nos sacs harnais pour la navigation sous voile. Rouge devant, vert derrière. Et c'est parti pour une ultime répétition sur le gazon. Dans la pénombre, *LED* allumées, nous semblons tout droit sortis d'un film de science-fiction.

L'ambiance est singulière, on ressent toute l'adrénaline qui grimpe au sein du groupe. Nous embarquons en silence. Maintenant, il va falloir assurer ! Pyrotechnie au pied, « détonateurs » aux poignets, je m'assieds au fond de l'avion, collée à la bouteille d'oxygène. Une mauvaise manipulation, et tout peut basculer. *J'ai l'impression de porter une bombe !* Je respire profondément, visualise la séquence, révise les procédures et imagine le déroulement parfait. Concentrée, je contrôle mon rythme interne et conserve mon sang-froid. Complètement lucide, j'apprécie de posséder toute mon expérience dans ce sport, mais surtout, d'être entourée de personnes dans le même état de conscience que moi. Plus que jamais, nous nous confions nos vies.

— *Four minutes !*

La voix du pilote retentit dans l'habitacle. J'allume ma combinaison et la bloque sur le bleu, couleur de mon secteur. *Focus*.

— *Two minutes !*

Nous nous levons, j'attache le banc en position relevé, tandis que d'autres ouvrent la porte, puis je me penche pour faire glisser les boutons des récepteurs sur « ON ». Je mets en route ma caméra, fixée sur mon casque, et très précautionneusement, fais glisser les clapets des détonateurs. Mon pouls s'accélère, en mode sentinelle, prête à l'action. Le décompte est lancé. Je cours à petits pas pour sauter dans le vide… noir. Le vent m'enveloppe, je déclenche mon matériel de pyrotechnie et fonce vers le feu d'artifice géant offert en spectacle devant moi. *Je n'en crois pas mes yeux !* Les gerbes d'étincelles produisent d'immenses traînées lumineuses. Difficile de rester concentrée face à un tel *show* !

Les approches se révèlent plus difficiles à estimer, car la notion de distance, dans le noir, mais éblouie par la lumière, est faussée. J'arrive enfin au niveau de la formation et prends la main de Greg. Hypnotisée, je regarde les silhouettes colorées, qui produisent « du feu », et n'en reviens toujours pas. Dignes d'une hallucination, ces quelques secondes n'en finissent pas de m'émerveiller !

La sonnerie de mon altimètre me rappelle à l'action, je me retourne et m'éloigne dans le noir total pour ouvrir mon parachute.

Rapidement, j'allume le *flash* au-dessus de mon casque et enclenche le deuxième matériel pyrotechnique. J'entame ma navigation en ouvrant grands les yeux pour discerner les autres parachutistes. Ceux qui ont encore leur fusée active ressemblent à des étoiles filantes. La zone de posé éclairée demeure bien visible. Le sol se rapproche, mes pieds glissent sur l'herbe humide, je fais quelques pas et me voilà de retour sur terre. *Waouh !*

Quelle expérience extraterrestre ! Cris d'exaltation et regards ahuris, nous avons peine à croire ce que nous venons de vivre.

Nous déposons nos dispositifs pyrotechniques sur une table à l'extérieur du hangar, aidés par une équipe de sept personnes. Indispensables au bon déroulement de l'événement, ils sont en charge de vérifier tous les systèmes, de débrancher le matériel de pyrotechnie et de réinstaller les nouveaux lots en un temps record. Tandis qu'ils s'occupent de connecter les fils des cent quatre-vingts nouvelles fusées (quatre pour chacun des quarante-cinq participants), nous plions nos voiles et *debriefons* les vidéos.

Les images sont incroyables ! On aperçoit les silhouettes fluorescentes s'approcher les unes après les autres, avec leur faisceau de lumière, et fusionner avec le puits central. La dernière personne ne se tient plus qu'à quelques centimètres quand la séparation commence. *So close* (si près) ! *Il ne manquait vraiment pas grand-chose... c'est beau !* Nous repartons dans la foulée.

Cette fois, un de nos coéquipiers arrive trop vite sur la formation et vient bousculer la base, qui oscille avant de se restabiliser. Les vols s'agitent, les lignes tardent à se reformer, le temps est écoulé.

Cette première journée, chargée en émotion, entame aussi notre résistance à la fatigue. Une fois réunis dans le hangar, nous voulons surtout nous assurer que notre co-équipier va bien. Pas de dégâts majeurs, mais une belle brûlure : sa combinaison a fondu au contact du pied de la personne devant lui... c'est impressionnant !

Fini pour cette nuit, le rendez-vous est donné demain à quatorze heures.

Reposés, mais surexcités, nous nous retrouvons dans le hangar. Sans perdre de temps, nous nous équipons pour le saut de jour, en guise d'échauffement. Cette fois, la formation se complète rapidement et vole dix bonnes secondes avant la séparation. Nous avons une équipe solide et efficace ! Puis, quartier libre jusqu'au coucher du soleil.

Impatients, nous vérifions tout le matériel, prêts à l'action.

À dix-huit heures, nous nous équipons et répétons à l'extérieur, accompagnés des derniers rayons colorés. C'est parti pour la troisième tentative. Rodés, mais toujours concentrés, nous nous élançons, assez confiants. Je ne me lasse pas de ce spectacle ! Appontée sur Greg, je sens mes partenaires qui complètent notre ligne. En face, tout le monde me paraît connecté, des regards s'échangent, mais une personne dans la base fait « non » de la tête. Que la figure soit fermée ou pas, n'enlève rien à mon plaisir. Chaque opportunité me paraît incroyable ! Au *debriefing*, effectivement, il manque une personne… ça se joue à rien ! Déterminés, nous remontons au plus vite dans les avions. Les approches sont rapides, mais le vol reste calme. La formation se complète et vole quelques secondes avant de se séparer en feu d'artifice… objectif atteint !

Les vidéos confirment nos ressentis. Quel spectacle de nous voir tous connectés ! Filmés par en dessous, on voit bien notre figure, qui forme une hélice colorée d'où jaillissent des étincelles. Les images percent l'écran. Nous passons les différents points de vue des trois *cameramen*, tous plus impressionnants les uns que les autres.

Rapidement, le juge officialise notre record. Pour la plupart d'entre nous, c'est la cerise sur le gâteau, car nous sommes venus pour vivre ces sauts si spéciaux, record ou pas.

Il nous reste encore deux *kits* de pyrotechnie. Malheureusement, la météo s'annonce capricieuse pour les prochains jours.

Lorsque nous rejoignons l'équipe, le lendemain, nous réfléchissons sur les possibilités. Le vent fort, qui empêchait toute activité durant la journée, est maintenant redescendu, mais un plafond nuageux commence à se former. C'est la course contre la montre, car ces nuages risquent de nous bloquer l'accès à haute altitude. Partir à quarante-deux semble donc peu judicieux. Nous scindons le groupe en deux équipes de vingt et un membres. Chacune tentera de fermer deux figures différentes au cours de la chute libre. Si nous réussissons, nous pourrons établir un deuxième record nocturne, cette fois-ci, de séquence.

Greg et moi restons ensemble. Nous répétons dans la précipitation et embarquons au plus vite. Effectivement, à trois mille huit cents mètres, le pilote nous demande de nous préparer. On tente le tout pour le tout. Tous à fond, la première formation se ferme rapidement, le signal est donné, et la deuxième formation est en cours. Lorsque l'altison retentit, nous nous retenons deux secondes avant de réagir. *Je crois qu'on tient le record !* Séparation, navigation, mes pieds touchent l'herbe éclairée. Le second groupe se pose à son tour, et le ciel se ferme.

L'aventure pyrotechnique se termine sur ce saut. L'équipe au sol, déguisée en *Minions*, nous rejoint sur le gazon pour clore cet événement en photos. Des fusées éclairent nos visages illuminés de joie et d'accomplissement. Le juge s'avance alors et nous annonce que le premier groupe, dont nous faisons partie, a validé le record de séquence. Double cerise sur le gâteau ! Épuisés, mais heureux, nous nous retrouvons au Bent Prop, le *saloon* de la *drop zone*, pour passer encore quelques moments, tous ensemble.

Je ne me remets toujours pas de cette expérience… Ce que j'ai vu et vécu n'appartient pas à ce monde. On pourrait penser que ressentir une telle intensité rendrait blasé. Bien au contraire, elle ne fait qu'attiser ma quête d'aventure et de sublime. On n'a jamais fini de rêver, de grandir, d'ouvrir de nouveaux champs, et de rendre possible l'impossible.

14

Clés

Nous avons en chacun de nous une force insoupçonnée, une lumière à faire briller. Si ces années riches en émotion m'ont portée au plus haut, elles m'ont d'abord poussée dans mes retranchements. J'ai dû plonger en moi chercher les ressources nécessaires pour briser les plafonds de verre qui m'empêchaient d'atteindre mes objectifs.

Je vous partage ces clés, qui m'ont donné la liberté de gagner et une approche pour les développer. À vous de révéler votre magie…

S'ÉCOUTER

Le rythme d'entraînement et l'exigence de la compétition m'ont vite rappelée à l'ordre : alternant activité professionnelle et *training*, il fallait enchaîner, tenir, recommencer. Le repos n'avait pas sa place. À plusieurs reprises, mon corps essayait de me parler : douleurs physiques, fatigue, tension, stress… Mais comme je ne l'écoutais pas, il a fini par me mettre à l'arrêt. Lorsque dans la même année, j'ai cumulé perte d'énergie, sinus bloqués et entorse du genou, j'ai finalement compris que je devais réagir. J'ai utilisé ma convalescence pour effectuer un bilan sur moi-même. Sous forme de *check-list*, j'ai inscrit sur papier les points essentiels à mon équilibre physique comme mental.

Matérialiser mes pensées par l'écriture fut une étape fondamentale. Poser les choses, noir sur blanc, transcrire l'immatériel en matériel a mis en évidence une réalité. Ces prises de conscience m'ont permis de savoir où poser mes limites pour ne plus me retrouver dans le rouge. Dans mes points fondamentaux, j'ai listé :

Le sommeil

À la source de tout, une carence en sommeil, et c'est la cascade d'un mauvais fonctionnement en général. Alors au risque de manquer quelques bonnes soirées, je fais passer ma santé en priorité. Tous les trois à quatre jours, au lieu de continuer à tirer sur la corde, je me permets une réinitialisation salutaire, en me couchant le plus tôt possible pour recharger mes batteries.

L'alimentation

J'ai découvert que le gluten me sabotait. L'enlever de mon alimentation s'est avéré plus facile que je ne le pensais. Il m'a fallu un petit temps d'adaptation pour trouver des options nourrissantes, mais entre le riz, les pommes de terre, le quinoa et les légumineuses, il y a de quoi faire.

En prêtant plus attention à ce que je mangeais, j'ai remarqué que :

- Je me sens en forme lorsque je consomme principalement des légumes et des légumineuses.
- Mes pensées s'éclaircissent lorsque je ne mange plus de sucre raffiné.
- La viande rouge me fatigue et me prend beaucoup trop d'énergie.

Si se sevrer du sucre demande beaucoup d'effort, surtout les premiers jours, rapidement, celui qui est contenu dans les fruits prend le relais et devient entièrement suffisant.

La douceur qu'apporte le sucre, je la trouve ailleurs.

L'émotionnel

En prenant le temps de me remémorer les moments les plus joyeux de ma vie, j'ai pu mettre en évidence ce qui m'était bénéfique. En repensant aux moments durs, j'ai identifié les choses ou les gens qui m'étaient toxiques. De là, j'ai commencé à prendre des mesures pour prioriser mon équilibre mental et émotionnel.

J'ai le pouvoir de me protéger

Comment se reconnecter à soi ?

Cela commence par se libérer du temps pour soi. Pas toujours facile, mais possible : à la pause déjeuner, avant de dormir, tôt le matin…

Se munir d'un carnet pour répondre aux questions suivantes. Jouez le jeu si vous voulez ressentir le potentiel de votre transformation.

Sommeil

Combien d'heures de sommeil vous faut-il pour être opérationnel ?

Et vous sentir en pleine forme ?

Alimentation

Pouvez-vous identifier un aliment (ou plusieurs) que votre corps digère mal ?

Sur les prochains repas, observez comment vous vous sentez après avoir consommé, tour à tour, des produits laitiers, du gluten (pâtes, pain, flocons d'avoine, etc.), de la viande rouge, du sucre.

Effectuez ces tests : trois jours sans l'un, trois jours sans l'autre, etc. Restez attentif à votre digestion, à votre état de santé.

Dressez la liste des aliments qui vous conviennent le mieux. Sont-ils alignés avec les objectifs que vous visez ?

Ressource

Replongez dans des moments où vous vous êtes senti bien. Pour chacun, décrivez leur contexte : dans quel endroit étiez-vous ? Que faisiez-vous ? Qui était présent ?

Identifiez ce qui vous ressource : les lieux, les ambiances, les activités, les personnes. Posez tout ça, noir sur blanc.

Protection

Connaissez-vous des personnes toxiques dans votre entourage ? Si oui, quels sont leurs leviers et leur influence sur vous ?

Pour chacun des points évoqués, notez une ou plusieurs actions à mettre en place pour mieux respecter vos besoins et poser vos limites.

CULTIVER SA BIENVEILLANCE

Moi aussi, j'entends cette petite voix intérieure qui donne son opinion sur tous mes faits et gestes.

Je n'y prêtais pas plus attention que ça, mais au fil des entraînements, elle est devenue de plus en plus sévère. La barre de mon exigence étant très élevée, je ne voyais plus que mes lacunes, tout ce qui me manquait. Et puis un jour, tout a basculé.

En plein vol dans la soufflerie, je travaillais sur un blocage de position, car je ne réussissais la figure que d'un côté. J'avais pourtant l'impression de réaliser exactement la même chose des deux côtés, et je ne comprenais pas.

Comme d'habitude, j'ai commencé à m'énerver contre moi-même. Plus je m'acharnais, plus ma température s'élevait. Ma voix intérieure me scandait : *C'est pas possible ! T'es même pas capable de réaliser un blocage tout simple !* Je sentais mon sang bouillir. J'ai alors exagéré mes postures, mais plus ça allait, rien n'allait. Je me suis retrouvée dans un état de nervosité tel que j'en tremblais de colère, comme un volcan sur le point d'exploser. *Ça va beaucoup trop loin... STOP !*

Je me suis alors posée et j'ai respiré profondément. Clairement, rien de bon ne pouvait sortir de cette spirale autodestructrice. Ma réaction était démesurée. *Et si j'inversais la machine, en mode autodérision ?*

J'ai relâché mes attentes et me suis mise à sourire. *Oui, c'est incompréhensible que je ne réussisse pas à réaliser ce mouvement dans l'autre sens, mais c'est tellement absurde que cela en devient finalement comique !* J'ai décidé de passer à autre chose… *ça finirait bien par se débloquer un jour !* Place aux vols « détente », j'ai laissé mon corps agir et retrouvé le plaisir de voler.

Lorsque l'entraînement touchait à sa fin, par curiosité, j'ai réessayé le blocage initial, sans me focaliser sur le résultat. Et là ! magie… il est passé ! Plus détendue, j'ai ressenti de nouveaux appuis et le bon mouvement a suivi. Paradoxalement, l'acceptation de « j'ai le droit de ne pas tout réussir » m'a permis d'y arriver. Et quand bien même cela ne se serait pas débloqué, je m'accordais du temps : ça passerait quand je serais prête.

Depuis ce jour, j'ai compris l'importance de rester bienveillant avec soi-même. Tout fonctionne tellement mieux quand je cesse de me mettre la tête sous l'eau ! Oui, je suis imparfaite, je ne réussis pas tout aussi facilement que je le voudrais et il existe des tas de choses que j'aimerais changer chez moi. Mais voilà ce que je suis aujourd'hui, avec mon passé, mes vécus, mes cicatrices. Me rabaisser ou m'insulter n'aidera en rien.

Aujourd'hui, je ne laisse plus ma voix intérieure me rabaisser. Je l'ai remplacée par une alliée. Et lorsque l'ancienne se fraye un chemin, je la reprends immédiatement. En faisant preuve de douceur et de compréhension vis-à-vis de moi-même, j'ai aussi transformé mon regard sur les autres.

Ayant grandi dans un environnement où les jugements allaient bon train, j'ai moi aussi passé une grande partie de ma vie à juger et à critiquer tout ce qui différait de ma façon de penser. *Mais finalement, qui suis-je pour juger ?* Sachant que je vois le monde à travers mes propres filtres, mon jugement n'est de toute façon pas objectif. Pour l'avoir vécu, je sais que la critique négative attaque, rabaisse, abîme. Alors j'essaye d'être plus tolérante envers ce que je trouve étrange, en faisant preuve de plus de respect et d'empathie. J'ouvre mes perspectives et apprends à m'exprimer de manière constructive.

J'ai le pouvoir d'être indulgent

Comment développer sa bienveillance ?

Envers soi

Prêtez attention à votre voix intérieure : est-elle plutôt encourageante ou dévalorisante ? Si elle tend à vous insulter, à vous rabaisser, reformulez chaque mot ou chaque phrase en des termes d'encouragement. Ne laissez plus une seule remarque négative passer. Faites basculer cette voix de votre côté, transformez-la en alliée.

Envers les autres

Développez votre empathie, en essayant de vous mettre à la place de quelqu'un qui vous semble très différent de vous. Imaginez sa vie, ses interrogations, ses tristesses, ses joies. Qu'a-t-il bien pu vivre ? Que traverse-t-il ?

Convertissez l'envie ou le sentiment d'injustice en moteur. Inscrivez le nom de deux personnes que vous jalousez secrètement, puis énumérez leurs qualités, ce qui fait leur succès à vos yeux. Observez ce que cela fait résonner en vous. Notez ce qu'ils font différemment de vous. Dressez alors une liste de ce que vous pourriez mettre en place.

Apprendre à s'aimer

J'ai eu la chance de grandir dans un environnement qui m'a permis d'avoir une bonne estime de moi-même. Malgré tout, comme la plupart des êtres humains, j'étais en recherche permanente d'amour. Sans même m'en rendre compte, je me confortais au regard d'autrui, m'oubliais pour correspondre aux attentes des personnes que j'estimais, prête à tout pour gagner leur affection.

Puis, en commençant à modifier ma voix intérieure et en faisant preuve de plus d'indulgence, j'ai réalisé que tout partait de moi : je peux tout créer, tout initier. *Et si je devenais la source de ce que je cherche à l'extérieur ? Si je m'acceptais simplement pour ce que je suis ?*

Facile à dire, moins facile à faire ! Au fil du temps, la liste de mes mauvaises décisions, de mes paroles et des actions, dont je ne suis pas fière, s'agrandit. Inscrites dans mon histoire, elles finissent par former un fardeau de culpabilité, qui me plombe.

Dans ma recherche de performance et mon désir d'évolution, j'ai réalisé l'importance de me libérer de ces poids du passé. Alors, face à la dure réalité du « ce qui est fait est fait », je me suis armée de courage pour affronter mes démons. Avec recul et bienveillance, j'ai cherché ce qui avait engendré ces situations, pris conscience de leur contexte, reconnu ma part de responsabilité.

Pour chaque tort, j'ai pris le temps de m'excuser par écrit, par oral ou en pensée, en me promettant de ne plus reproduire le même scénario.

Des erreurs, j'en ai fait et j'en ferai encore, selon mon état du moment, ma capacité à entendre et à comprendre. L'important, c'est d'analyser et d'ajuster mon comportement. Je sais, par exemple, que je dois particulièrement me méfier lorsque je me sens attaquée ou bien en colère, pour ne pas réagir à chaud.

Je fais donc tout mon possible pour me laisser un temps de « descente » avant toute réaction, puis à tête reposée, recherche la meilleure conduite à adopter. *Ce n'est pas toujours simple... mais vraiment bénéfique !*

En m'engageant à évoluer et en transformant petit à petit mon attitude, je regagne mon estime et apprends à m'aimer.

J'ai le pouvoir de me pardonner

Comment s'accepter ?

Je ne prétends pas détenir la solution magique, mais les quelques étapes, ci-dessous, peuvent vous aider.

Changez votre regard sur vous-même

Énumérez vos qualités. Écrivez tous vos points forts, vos domaines de connaissance, vos habiletés, comme par exemples, avoir le sens du rythme, la main verte, être fort en maths, savoir mémoriser, écouter, cuisiner, dessiner, pratiquer un sport, etc.

Prenez le temps de noter chaque petite faculté qui vous concerne. Puis, listez vos défauts. À côté de chacun d'eux, notez la qualité qui se cache derrière. Par exemple : « exigeant » signifie que vous avez le souci du détail ; « bavard », que vous tenez une conversation, etc. Trouvez leur correspondance, car vos défauts seraient des qualités poussées à l'extrême. Tout est question de dosage.

Inscrivez trois choses qui vous sabotent

Trait de caractère, comportement, addictions… Soyez spécifique et honnête avec vous-même, puis laissez infuser. Sauriez-vous expliquer en quoi ils vous limitent ?

Pardonnez-vous

Pardonnez-vous pour toutes les paroles, les actes, les comportements dont vous n'êtes pas fier. Cette étape peut prendre du temps et beaucoup de sujets ne peuvent se traiter, seul. Pour tout ce qui vous submerge, aidez-vous d'un thérapeute : par hypnose, somatothérapie, kinésiologie, psychologie, etc. Testez et utilisez la méthode qui vous convient le mieux. Le résultat en vaut la peine.

Passez un pacte avec vous-même

Relisez les éléments qui vous sabotent. Attribuez-leur un numéro selon leur importance à vos yeux. Pour chacun, que pourriez-vous améliorer de manière générale puis concrètement ? Quels choix pourriez-vous faire pour transformer votre comportement ? Développez un plan d'action. On est d'accord qu'en faisant évoluer ces points, vous vous sentirez mieux ? Alors, bougez-vous et façonnez votre nouveau vous !

Respectez vos valeurs

Notez vos trois valeurs fondamentales. Puis, vérifiez si vos paroles et vos actions quotidiennes sont en phase avec elles. Gagnez votre propre estime en restant loyal envers vous-même, ne vous laissez plus influencer.

Apprenez à dire « non »

Pour protéger votre santé mentale et physique, pour vous sortir des emprises, pour votre bien-être… posez vos limites.

Sélectionner ce qui nous nourrit

J'ai reçu un électrochoc lors de cette triste journée du 11 septembre 2001. Un ami m'appelle en panique et me conseille d'allumer la télévision. Toutes les chaînes en direct évoquent les attentats du World Trade Center de New York. Soudain, j'aperçois un homme se jeter d'une fenêtre pour échapper aux flammes. Façon boomerang, on le voit remonter, retomber, remonter, retomber. La scène tourne en boucle et sert de fond aux commentaires du journaliste. Comme si l'information en elle-même ne suffisait pas, il fallait la surenchère du choc, la bataille d'audience au-delà de tout respect, de toute dignité.

Ce moment a fait écho à mon enfance. Je me souviens du journal télévisé qui retentissait dans la cuisine à l'heure du dîner en famille. Son *jingle* au rythme saccadé et stressant me nouait déjà le ventre. C'était parti pour quarante minutes d'actualités et d'images indigestes : crimes, guerre, pauvreté, insécurité… suscitant une énorme angoisse. Cette intrusion, qui tombait dans un moment de convivialité familial, me sapait le moral et nous volait tous les soirs de précieux instants. J'ai décidé de ne plus laisser ce pouvoir aux médias !

Il ne s'agit pas de faire l'autruche en se coupant totalement des actualités, mais de pouvoir choisir les périodes où je reçois ces coups durs, et trouver des sources de qualité. Je préfère lire différents points de vue pour avoir une idée un peu plus objective de la situation, que de recevoir le flot écrasant, déjà orienté, de la télévision ou de la radio. Je veux surtout réduire leur fréquence pour laisser plus de place à d'autres types d'information.

Ce que je regarde, ce que je lis, et ce que j'écoute, m'influence et impacte ma réalité. J'entretiens ce qui m'élève : moins de ce qui me plombe, plus de ce qui me *booste* ! Je nourris ma curiosité avec des livres, des *podcasts*, des documentaires, des conférences, qui encouragent mon élan personnel.

J'ai le pouvoir de choisir

Comment faire son tri ?

Vos abonnements

Notez les chaînes YouTube auxquelles vous êtes abonné, les magazines et livres que vous achetez, les émissions, les films que vous aimez, les musiques que vous écoutez le plus. Pour chacun, observez ce qu'ils suscitent en vous : la curiosité, le bien-être, la motivation, la peur, la frustration, la rage, etc.

Posez-vous la question de ce qu'ils entretiennent.

Que voudriez-vous réduire ou favoriser ?

Votre entourage

Listez les gens qui font partie de votre quotidien. Pour chaque personne (ou groupe), identifiez la nature du lien. Avec qui vous sentez-vous le mieux ? Pour quelles raisons ?

Croire en soi

Lorsque je me suis retrouvée dans le petit Cessna 182 pour mon premier saut sans ouverture automatique, je ne me sentais pas confiante. Je pensais à tout ce qui pouvait mal tourner. *Et si je ne réussis pas à tenir la position, que je m'enroule dans les suspentes à l'ouverture ? Si je ne trouve pas ma poignée de secours ? Si ma radio ne fonctionne pas, comment vais-je me poser ?*

L'adrénaline ne suffisait pas à couvrir la peur et le doute, j'étais dans le rouge. Je doutais de ma capacité à restituer ce que j'avais appris, je ne me sentais pas prête. Alors j'ai repensé à toutes ces autres fois où j'avais l'impression de ne pas être assez préparée : examen, entretien, combat de karaté, présentations… Forcée d'affronter ces instants redoutés, j'ai fait ce que j'ai pu, avec mes ressources du moment. Et finalement, ces situations d'inconfort, de *challenge*, ont été mes plus grandes sources d'évolution.

Dans l'avion, je me raisonne. Le risque zéro n'existe pas, mais je peux le mesurer et le limiter. Les probabilités pour qu'un problème survienne restent faibles, et j'ai répété tous les protocoles à suivre en cas d'incident. J'ai alors focalisé sur le bon scénario, et revu chaque étape de ma « mission » : mise en place à la porte, regard sur l'horizon, cambrure de mon bassin, symétrie de mon corps, repère visuel, contrôle de l'altimètre, geste d'ouverture, vérification de la manœuvrabilité de ma voile. J'ai respiré profondément et me suis lancée.

Explorer, découvrir ce qu'il y a de l'autre côté de ses peurs, c'est aussi voir de quoi on est capable. En l'air comme au sol, grâce à ces « pas dans le vide », je récolte de précieuses informations sur mes réflexes. Mon instinct de survie me pousse à agir, je dois m'adapter, et par là même, développer de nouvelles capacités. *Qui ne tente rien n'a rien !* Mes peurs existent, mais je vais avancer avec elles.

J'ai le pouvoir de surmonter la situation

Comment développer sa confiance ?

Enfant, on est confronté à de nombreuses premières fois : aller à l'école, prendre le bus tout seul, apprendre à faire du vélo, à nager, à mettre la tête sous l'eau, à sauter d'un muret, etc. Aussi effrayantes ont-elles pu être, on les a surmontées.

En grandissant, la fréquence des expériences qui nous poussent dans nos retranchements diminue. On a de moins en moins d'occasions de sortir de notre champ de connaissance ou de savoir-faire.

Réintroduisez les premières fois

Visitez un endroit inconnu : un quartier, un théâtre, un monument, prenez des chemins différents pour vous rendre sur les lieux que vous fréquentez. Essayez un art martial, de l'escalade, du yoga, etc. Si vous manquez d'expérience en cuisine, lancez-vous dans la confection d'un plat, etc.

Entretenez votre courage

Introduisez des petits *challenges* quotidiens qui nécessitent de dépasser un inconfort passager, tels que : pratiquer une séance de sport, terminer ses douches à l'eau froide (excellent pour renforcer l'immunité), s'attaquer à ce qu'on repousse sans cesse, etc.

Listez les petites choses que vous évitez par ce qu'elles vous mettent mal à l'aise comme : demander quelque chose à quelqu'un, dire à ses proches qu'on les aime, etc. Puis réalisez-en une par jour. Répétez ces actions pour surmonter l'inconfort, avec pour mantra : « J'en suis capable ! »

Développez votre audace

Entamez une discussion avec un parfait inconnu, complimentez un employé dans un magasin, prenez la parole dans un groupe, etc. Lancez-vous des petits défis, et renouvelez l'expérience au maximum. Observez vos réactions et vos ressentis, après avoir osé.

GÉRER SON STRESS

Lors de mon premier championnat de France, cela faisait longtemps que je ne m'étais pas retrouvée dans une telle situation de stress. L'enjeu, la sensation de ne pas être prête, la comparaison, la peur du jugement, la peur de décevoir… tout y était ! Gérer mon mental, tout en exécutant des enchaînements en trois dimensions, devenait sacrément complexe. Dépourvue d'outils, j'étais dépassée. Ce n'est qu'en multipliant les compétitions que j'ai appris à mieux me connaître, et petit à petit, pu identifier ce qui provoquait mon stress ainsi que la façon dont il se manifestait. Chaque mauvaise expérience, chaque erreur, me fournissait de précieuses informations. J'ai alors compris ces points essentiels :

- En se focalisant sur ses craintes, on augmente les chances qu'elles se réalisent.
- En constante évolution, on a toujours l'impression de ne pas être assez entraîné.
- L'ambiance extérieure peut affecter et distraire.
- L'effet de surprise peut se révéler très déstabilisant.

Lorsque Greg s'est retrouvé coincé à la porte, lors du saut décisif pour le Championnat de France en 2015, nous avons compris l'importance de préparer une liste proactive pour pallier les incidents. Plus nous anticipons les problèmes et prévoyons une réponse adéquate, plus nous sommes à l'aise pendant la compétition. Cet exercice nous aide aussi à mieux réagir face à un imprévu : « trouver une solution » devient comme un réflexe.

Aux Mondiaux d'Australie, tout s'est mis en place. Nous avons puisé dans toutes nos expériences pour compenser ces éléments qui venaient gêner la performance.

Pour éviter toute comparaison et ne pas me laisser déstabiliser par la prestation de nos concurrents, j'ai décidé de regarder les sauts des autres équipes, une fois la compétition terminée. De cette façon, mon attention et mon énergie restaient focalisées sur « ma mission ».

Quant à l'ambiance extérieure et à mes émotions, je me suis créé mon *set up* :

Dans ma bulle

Je commence par me rendre hermétique à tout ce qui peut me distraire. Je m'isole pour me connecter à moi-même et canaliser ma concentration. Focalisée sur ma respiration, je fais le vide, je me recentre. L'air qui descend et remonte forme comme une colonne interne, solide. Je me *booste*, en pensant à mon amour du vol, à mes envies profondes, à ce pour quoi je me bats. J'active le mode guerrière en visualisant un champ d'énergie qui émane de moi et devient mon bouclier. Je m'encourage. *Je vais l'avoir, je me suis entraînée, j'ai toutes les capacités pour y arriver !* Puis j'associe une musique à cet état, qui deviendra mon ancrage durant toute la compétition.

Mon ancrage

Je garde toute mon attention sur la tâche à accomplir. Ma détermination est si forte que les distractions ne m'atteignent pas. Je reste dans ma bulle. Pendant la montée, je me repasse mentalement ma musique avec mes exercices de visualisation. Puis, le dos bien droit, j'inspire par le nez en respiration ventrale sur cinq secondes, je bloque deux secondes et expire sur cinq secondes jusqu'à vider entièrement mon air, en marmonnant un « mmm » semblable à un « om » de mantra bouddhiste. Cette vibration m'apaise et me maintient dans le moment présent. Je pratique cet exercice, le plus longtemps possible jusqu'à l'action.

J'ai le pouvoir d'apprivoiser mes peurs

Comment avancer avec son stress ?

Identifiez les causes

Listez les situations qui vous ont mis en état de stress et décrivez comment celui-ci se manifeste ainsi que vos ressentis. Essayez de remonter à la source. Que craignez-vous ? Ne vous arrêtez pas à la première réponse, mais creusez plus loin. Qu'est-ce qui se cache derrière, à quoi fait-elle référence ?

Si cela vous dépasse, consultez un professionnel.

Apprivoisez vos peurs

Effectuez des petits pas en avant, en vous exposant très progressivement à des situations que vous craignez. Petit à petit, elles peuvent s'atténuer. La peur ne disparaîtra peut-être pas complètement, mais sera plus gérable.

Anticipez

Avant de vous rendre à un entretien, à un examen, à une présentation..., imaginez différents scénarios.

Prévoyez un plan pour chacun des cas. Plus vous couvrirez les différentes situations possibles, mieux vous réagirez si elles se produisent. Cette gymnastique vous aidera à vous adapter et à provoquer de bons réflexes. Vous deviendrez alors beaucoup plus agile face à l'imprévu.

Relativisez

Ce stress, cette sensation de ne pas être prêt, vous n'êtes pas seul à les ressentir. Derrière les *poker faces*, tout le monde a ses craintes et ses incertitudes. Ôtez cette toute-puissance que vous octroyez à ceux qui vont vous évaluer, ils possèdent, eux aussi, leur part de vulnérabilité.

Oui ! Vous auriez pu vous entraîner plus, dormir mieux pour vous sentir au top, mais vous aurez rarement toutes les conditions idéales réunies le jour J ! Si ça déroule, tant mieux, si ça accroche, ce n'est pas la fin du monde, il y a pire comme situation. Ce qui reste en votre pouvoir, c'est de faire de votre mieux avec vos facultés du moment.

Respirez

Reprenez le contrôle de votre respiration pour calmer votre organisme, le faire redescendre de son pic d'agitation. Fermez les yeux si possible. Ralentissez le rythme en amplifiant la profondeur de chaque inspiration et de chaque expiration. En réduisant la cadence, vous allez vous sentir un peu plus apaisé et vous serez plus apte à réfléchir correctement. C'est l'élément clé avant et pendant une situation stressante.

De nombreuses techniques de respiration existent. Avez-vous déjà entendu parler de la « cohérence cardiaque » ? Il s'agit d'une méthode facile à adopter et surprenante de bienfaits. En plus de vous aider à gérer votre stress, elle apporte une réelle amélioration à votre vie quotidienne.

Encouragez-vous

Au lieu d'imaginer tout en négatif et de vous rajouter de la pression, concentrez-vous sur vos capacités. Devenez votre plus grand *supporter* ! Répétez-vous : « J'en suis capable, je vais y arriver ! » Trouvez une musique qui vous inspire ou un passage de film, et faites remonter cette force en vous.

Puisez dans vos envies profondes

Pourquoi êtes-vous là ? Qu'êtes-vous venu chercher ? Laissez cette motivation prendre le dessus.

Se relever

Lorsque je me suis réveillée pour découvrir l'équipe d'urgence penchée sur moi, mon moral s'est écroulé. Je savais que je venais de tout gâcher. Arrêtée net dans un si bel élan, notre projet d'équipe venait de s'envoler.

Non seulement j'avais failli à ma mission de nous emmener en compétition, mais j'avais peut-être altéré mes capacités physiques à vie. À terre, il fallait que je me sorte de là.

Je me suis alors raccrochée à l'espoir d'avoir le moins de séquelles possible. Puis j'ai essayé de dédramatiser la situation : cet accident aurait pu m'être fatal, j'aurais pu perdre mes facultés mentales.

Plus tard, en écoutant les patients de l'hôpital de jour, j'ai réalisé à quel point ressasser les problèmes amplifiait le mal-être. Vouloir sortir d'un état négatif en macérant dedans, c'est comme s'agiter dans du sable mouvant. Il faut trouver quelque chose à laquelle s'accrocher.

Pour éviter de m'apitoyer sur mon sort, j'ai fait diversion en m'occupant l'esprit. Apprendre et me sentir productive, malgré mon immobilité physique, était la corde qui allait m'aider à sortir du sable.

Travailler sur la théorie du niveau 3 de plongée et du permis bateau s'est révélé très efficace. Ne sachant pas quand je pourrais ressauter, ces activités représentaient de superbes objectifs.

À ces savoirs récemment acquis, j'ajoutais la projection mentale. Régulièrement, je m'imaginais en train de les mettre en pratique, je me visualisais en bonne santé. Focaliser sur ces activités m'était salutaire.

J'ai le pouvoir de transformer les choses

Comment se redresser ?

Même si les incidents et les accidents peuvent blesser, vous pouvez « ressusciter » et même en sortir plus fort.

Prenez du recul

En restant factuel, décrivez la situation sans interprétation ni affect. Restez factuel et demandez-vous : « Si cela arrivait à mon meilleur ami, qu'est-ce que je lui dirais ? »

Gardez la foi

Acceptez que la situation puisse s'améliorer, même si vous n'en voyez pour l'instant pas l'issue. Imaginez-vous après l'avoir surmontée. Donnez-vous une chance d'y arriver, en permettant ce revirement.

Bougez-vous

Sortir de l'environnement où vous vous trouvez vous aidera à sortir du gouffre. Changez d'air, quittez votre appartement quelques jours, explorez un nouvel endroit. Respirez l'air frais, marchez, grimpez, nagez, courez, faites du vélo… ce que vous voulez, mais remettez-vous en mouvement !

Reconnectez-vous

Rendez visite à un ami, participez à une activité. Sociabilisez-vous.

Faites place à la nouveauté

Aller vers la nouveauté vous aidera à rompre avec votre marasme. Apprenez quelque chose qui ajouterait une corde à votre arc.

Reprenez le contrôle

Fini le laisser-aller ! *Mens sana in corpore sano* (un esprit sain dans un corps sain). Commencez ou reprenez une activité sportive quotidienne, même sur de courtes séances. Montez le cardio, défoulez-vous ! Cette remise en route physique fera l'effet d'une réinitialisation mentale.

Rendez-vous votre pouvoir

Ne laissez pas le passé vous définir. Vous n'êtes plus victime, mais acteur de vos pensées et de vos actions. La personne que vous êtes se construit chaque jour.

PERSÉVÉRER

Alors qu'on venait enfin d'être promus comme équipe de France, notre *cameraman* s'est blessé, et les coups durs se sont enchaînés. Bannis du collectif pour avoir désobéi en préférant suivre notre éthique, nous avons été désinscrits de la Coupe du monde. L'année suivante, en candidats libres, après avoir gagné le championnat européen, la fédération a changé la réglementation pour mettre fin à ce droit. *Blacklistés*, nous nous sommes retrouvés isolés par notre propre communauté. Impossible de trouver un *cameraman* pour nous suivre. Puis la perte du père de Greg a été le coup de grâce.

Cette succession « d'échecs », malgré toute l'énergie déployée, avait fini par me mettre à terre. Accablée, j'avais l'impression qu'aucune issue n'était possible.

C'est Greg qui m'a aidée à garder le cap en me rappelant pourquoi nous participions à des compétitions et combien il était important de ne pas céder à la pression. Je me suis alors remémoré mes débuts en parachutisme, ma troupe d'El Paso, tout ce que j'aimais dans ce sport et tout ce qu'il m'avait apporté de bon. Puis j'ai repensé à cet astronaute qui avait été refusé trois fois par la NASA et qui, pour autant, n'avait pas abandonné. À la quatrième tentative, il avait été accepté et envoyé dans l'espace.

J'ai alors converti ma frustration en carburant, ma sensation d'injustice en rage de vaincre et suis allée me défouler dans le sport. L'activité physique constitue l'élan qui m'aide pour tout, c'est mon moteur. Elle éclaircit mes idées, m'apporte du bien-être, me redonne un second souffle. Il n'a pas suffi d'une seule séance pour retrouver mes esprits. J'ai dû me forcer à rester régulière, disciplinée, surtout quand je n'en avais pas envie. Mais connaissant le pouvoir bienfaisant de cette remise en route, je me suis fait violence et j'ai remis un pied à l'étrier.

L'esprit aéré, on a pu ouvrir notre champ de vision et aborder le problème différemment pour trouver une alternative : former un nouveau *cameraman*. Cela demandait de la patience, mais nous permettait d'atteindre nos objectifs. Quatre ans plus tard, nous devenions champions du monde.

J'ai le pouvoir d'y arriver

Comment ne rien lâcher ?

Souvenez-vous que les personnes qui réussissent ont elles-mêmes été confrontées aux échecs. Les erreurs, les refus et les obstacles font partie du processus de croissance et ne remettent pas en question sa valeur !

Listez vos échecs

Analysez les circonstances. Une fois les causes extérieures établies, recherchez votre part de responsabilité. Qu'est-ce qui vous a fait défaut : la théorie, l'expérience, la discipline ?

Pensez-vous que cet échec puisse être lié à un autosabotage (inconsciemment, une partie de vous n'assumerait pas ce qu'entraîne cette réussite) ? Si tel est le cas, transformez cette croyance limitante avec l'aide d'un thérapeute. L'échec parle de votre situation du moment, rien n'est figé, tout peut évoluer.

Revalorisez-vous

Reprenez votre liste de qualités et relisez chacune de vos petites facultés. Vous n'êtes pas rien ! Vous êtes déjà tout ça !

Inscrivez maintenant chaque petite victoire et prenez le temps de vous replonger dans le moment, de revivre la scène.

Redéfinissez votre motivation

Écrivez vos objectifs, soyez précis. Identifiez ce qui vous motive : pourquoi est-ce important pour vous ? Êtes-vous prêt à trouver une solution pour y arriver ?

Ouvrez votre champ des possibles

Sortez de « l'effet tunnel », du conventionnel. Cherchez plus large, plus loin, développez votre créativité. Inspirez-vous de ce qui se fait ailleurs pour trouver d'autres approches. Établissez un plan d'action, avec plusieurs étapes.

Disciplinez-vous

Mettez de l'ordre dans votre tête et dans votre vie en créant des rituels bénéfiques : pratiquer un sport, manger mieux, ranger son espace de vie, dormir plus, etc.

Déterminez des lignes de conduite au quotidien en répétant un enchaînement d'actions simples et précises.

Voici quelques suggestions :

- Exercice physique : fixez-vous un horaire dans la journée pour bénéficier au minimum de sept minutes d'activité sportive. Suivez un programme ou une application au besoin. Le principe est de s'y tenir : mettez une alarme, habillez-vous en tenue à heure fixe, ouvrez le programme ou l'application et suivez-le.
- Alimentation : au moment des courses, évitez le rayon des sucreries et remplacez un produit industriel sucré par un fruit. Introduisez des légumes dans vos repas.
- Espace de vie : rangez et nettoyez les plans de travail avant de vous coucher : débarrassez ce qui traîne, passez un coup d'éponge, lavez la vaisselle. Vous pouvez agrémenter les tâches en écoutant de la musique, des *sketchs*, des *podcasts*, etc.
- Sommeil : appuyez sur la touche « avion » de votre téléphone portable avant de vous glisser dans les draps, prenez le livre que vous avez stratégiquement placé et lisez pour remplacer Netflix.

Déterminez les rituels à mettre en place. Chaque petite action accomplie constitue un pacte tenu avec soi-même. En suivant vos engagements, vous gagnez en confiance et en estime.

La clé, c'est la régularité : en cas de dérapage, reprenez-vous en main. Cette discipline quotidienne vous permettra de développer des automatismes que vous pourrez appliquer à plus grande échelle.

Renforcez votre volonté

- L'engrenage : vous manquez de motivation pour votre séance de sport ? Chaussez vos baskets et lancez-vous dans une courte séance. Ce sera toujours mieux que rien ! Il y a de fortes chances pour que vous finissiez la séquence, une fois débutée.
- Le plan B : prévoyez une bouée de sauvetage pour vous aider à résister à la tentation. Par exemple, si vous surveillez votre alimentation, placez une pomme dans votre placard ou votre frigo. En cas de forte envie de grignotage, fixez le fruit et souvenez-vous de votre pacte. Vous savez que manger cet aliment gras ou sucré qui vous fait envie ne va rien vous apporter de positif et que vous allez vous sentir coupable d'ici peu. Pensez aux efforts déjà fournis, saisissez cette pomme et mordez dans votre victoire ! Chaque petit pas va vous aider à en réaliser d'autres et augmenter votre résistance.
- L'accès : rendez ce qui vous tente difficile d'accès : à la cave, au garage, ou débarrassez-vous-en. Au contraire, laissez tout ce qui fait partie de votre « mission » dans votre champ visuel : baskets, tapis de gym, fruits, livres, etc.
- Le plus un : développez votre résistance dans vos séances de sport en ajoutant un mouvement supplémentaire. Si vous avez prévu un *footing* de vingt minutes, rajoutez une boucle, allez jusqu'à l'arbre, etc.

Tout se joue à l'instant où vous avez envie de lâcher. Focalisez votre attention sur votre détermination. Puisez en vous ! Encouragez-vous !

Personne ne peut vous enlever votre volonté. La force de votre mental est illimitée. En résistant, en vous dépassant, vous franchissez des paliers. Cette maîtrise sur soi deviendra votre plus grande force.

Gardez le cap

Ne perdez pas de vue votre objectif, battez-vous pour lui ! Rappelez-vous que : « Celui qui veut réussir trouve un moyen. Les autres trouvent une excuse. » Vous vous êtes égaré ? Ce n'est pas une raison pour tout lâcher, revenez en piste. Devenez votre propre forteresse, cette personne sur qui vous pouvez toujours compter.

Se projeter

Avant chaque saut de compétition ou de démonstration, nous répétons notre gestuelle au sol pour nous coordonner sur la chorégraphie et le *tempo*. J'en profite pour me transporter mentalement dans les airs, et me souvenir des points de détail à ne pas négliger pour chaque figure (tendre les bras, donner une impulsion avec ma jambe, relever la tête…). Puis, une fois dans l'avion, je visualise le saut sous deux perspectives :

En interne

Il s'agit de ce que je vois, de ce que j'entends et de ce que je ressens, depuis la mise en place jusqu'au final.

Je m'imagine à la porte de l'avion, lancer le décompte et commencer mes enchaînements. Pour chaque figure, je ressens les parties de mon corps à activer, les muscles à contracter. J'évoque chaque détail auquel je dois faire attention.

En externe

Je visualise ensuite cette même scène réussie d'un point de vue extérieur. Comme un drone qui nous suivrait de près, je nous vois avec mes coéquipiers en train d'exécuter le programme, parfaitement synchronisés. Puis je rebascule en vision interne. Grâce à cette projection, je trace des repères, crée un chemin que je n'aurais plus qu'à suivre une fois lancée, comme insérée sur des rails.

Ce procédé a fait ses preuves dans tous les sports à haut niveau : la projection mentale et la visualisation augmentent clairement les performances. Alors, pourquoi ne pas étendre son champ des possibles ?

En 2015, lorsque nous obtenons une des meilleures notes au Championnat de France et que nous égalons les deux équipes officielles sans aucune aide, je rêve plus grand. Je commence à imaginer devenir un jour championne du monde. Je me projette alors dans cette perspective et l'angoisse me serre le ventre. Au lieu de ressentir joie et accomplissement, je deviens intimidée, impressionnée. Facile à rêver, moins facile à assumer. Il me faut accepter l'idée de devenir championne du monde, et pour ça, je dois me libérer de mes croyances limitantes.

Un an plus tard, je peux enfin commencer à créer le film de ce que je souhaite accomplir, sans éprouver ni doute ni résistance. Je ferme alors les yeux et nous vois en train de hurler de joie face aux écrans de jugement. Puis nous nous tenons debout sur le podium, dans nos survêtements d'équipe de France, les bras en l'air, avec le numéro 1 inscrit en gros sur notre marche.

Tout est tellement vif que les émotions envahissent réellement mon corps. Je peux ressentir cette joie et cette fierté qui me transcendent, cette satisfaction d'être arrivée au bout de notre objectif, d'avoir accompli ce rêve. J'expérimente l'image de cet événement comme une réalité.

En arrivant au championnat en Australie, je ressens en mon for intérieur que c'est notre moment. Nous avons pourtant de sérieux concurrents et chaque saut peut faire basculer le classement, pourtant j'ai comme une profonde conviction que nous allons gagner. Lorsque les résultats finaux s'affichent sur l'écran géant, j'ai l'impression d'avoir déjà vécu la scène à de multiples reprises. Sur le podium, *idem*. Toutes mes projections se concrétisent dans cette sensation de « déjà-vu ». En me projetant mentalement et émotionnellement, c'est comme si j'avais fait « exister » le scénario dans un monde parallèle, invisible à nos yeux.

En gardant mon objectif en tête et en me repassant régulièrement le film, j'ai encouragé sa réalisation. Consciemment et inconsciemment, tous mes faits et gestes ont œuvré dans cette direction.

Une citation bouddhiste décrit ce phénomène : « Ce que tu penses, tu le deviens. Ce que tu ressens, tu l'attires. Ce que tu imagines, tu le crées. »

J'ai le pouvoir de matérialiser mes pensées

Comment utiliser sa magie ?

Visualisation

Pour apprendre à visualiser, appuyez-vous sur votre vécu. Fermez les yeux. Imaginez-vous en train de pratiquer une activité que vous connaissez bien, qui vous plaît. Laissez venir les images du lieu, reconstituez le décor. Si vous éprouvez des difficultés à le mettre en images, mettez-le en mots.

Ressentis

Dans la scène que vous visualisez, de quelles parties du corps vous servez-vous ? Identifiez les muscles en action, les sensations physiques au contact de l'environnement dans lequel vous vous trouvez, des vêtements que vous portez, des objets que vous touchez, d'une odeur que vous sentez.

Vibration

Replongez-vous dans les émotions qui vous habitent. Ressentez-les s'installer dans votre corps, votre cœur, votre esprit. Respirez-les. Entraînez-vous ensuite à visualiser cette même scène d'un œil extérieur, comme si un *cameraman* ou un drone vous suivaient.

Imagination

Maintenant, exercez-vous à projeter ce que vous souhaitez. Mettez-vous en scène. Imaginez un décor réaliste, peut-être s'agit-il d'un endroit que vous connaissez déjà. Évoquez un maximum de détails, en tant que réalisateur du scénario.

Le but consiste à rendre cette projection la plus réaliste possible, comme si elle avait déjà eu lieu. Observez le déroulé depuis votre propre point de vue : environnement, sensations physiques et émotionnelles. Puis, reprenez au début en visualisant la même chose d'un point de vue externe. Replongez-vous régulièrement dans votre film jusqu'à sa concrétisation.

Ritualisation

Chaque matin, prenez un moment, avant de commencer la journée, pour faire votre *setting* mental. Commencez par quelques respirations lentes et profondes, puis évoquez les choses ou les situations pour lesquelles vous ressentez de la gratitude. En respirant lentement et profondément, définissez l'humeur que vous souhaitez. Repensez à des situations qui vous mettent dans cet état. Immergez-vous dans un lieu qui vous porte et inspirez profondément. À chaque expiration, imaginez comme une couche de protection qui vous enveloppe. Plus vous respirez, plus cette couche s'épaissit et se densifie. Elle vous protège, comme une bulle sur laquelle le négatif n'a plus de prise. Souvenez-vous que l'agressivité des gens parle de leurs propres peurs et mal-être, liés à leur vécu. Ça leur appartient.

Puis, posez vos intentions du jour. Que souhaitez-vous voir s'accomplir ?

Vous pouvez aussi le réaliser sous forme de méditation, en position assise, le dos bien droit, les yeux fermés. Ce rituel transformera votre quotidien.

Se réaliser

Lorsque j'ai appris à sauter seule à vingt-trois ans, tout mon monde a été chamboulé. Ce sport avait éveillé quelque chose en moi. Je me sentais plus vivante que jamais, entièrement épanouie. Bien au-delà d'une activité de loisirs, elle faisait désormais partie de mon équilibre. En études de *design* à ce moment-là, je n'imaginais pas l'ampleur que ce sport allait prendre…

Lorsque je rencontre Greg et que nous nous lançons dans la compétition, nous sommes tous deux installés dans une vie confortable : activités professionnelles stables et agréables, lieu de vie idéal. De plus en plus immergés dans notre passion, nous progressons, montons sur tous les podiums, mais rapidement, nous nous trouvons limités dans nos ambitions. Car pour basculer en international, il faut pouvoir se dédier entièrement à cette progression.

En le rejoignant sur un stage de soufflerie, Greg me glisse cette phrase fatidique : « Il faudrait que tu quittes ton travail. » À peine avait-il prononcé ces mots, que j'ai ressenti comme une sorte d'implosion intérieure. La peur de perdre cette vie avec tout son confort m'envahissait. N'ayant pas envisagé l'option, je me suis dit : « Je ne vais quand même pas quitter ma stabilité professionnelle pour l'incertitude de gravir les échelons mondiaux dans mon sport ! Ce serait fou ! »

Mais la graine avait été plantée et l'idée commençait à germer. Au fond de moi, quelque chose m'appelait. Piquée par la curiosité de voir jusqu'où on pourrait aller, j'avais envie de nous donner une chance. Ce pas dans le vide était nécessaire pour notre évolution.

À trente-quatre ans, j'ai donc lâché ma carrière de *designer* de yachts pour miser sur ma passion. Les semaines suivantes se sont révélées plutôt angoissantes, je me demandais si j'avais pris la bonne décision. Puis rapidement, notre nouvelle vie est devenue une évidence. Chaque entraînement me débloquait des aptitudes, j'avais littéralement l'impression de développer de « super pouvoirs ». Dans ce sport à la progression illimitée, j'apprends en permanence. Cet essor exaltant est ma « sève », mon épanouissement.

Je pense sincèrement qu'il n'y a pas d'âge pour se réaliser. Il existe toujours un moyen, une solution, même si elle ne paraît pas évidente, pour développer ce qui nous anime et nous épanouir. Certes, il faut être prêt à s'armer de courage, à faire preuve de créativité et d'adaptation, mais en se mettant dans l'état d'esprit que « tout est possible », des miracles peuvent naître.

J'ai le pouvoir de me réinventer à n'importe quel âge

Comment se lancer ?

Il y aura toujours des personnes pour vous décourager et projeter leurs peurs sur vos envies. Peu importe ce que la société, vos voisins, vos collègues, votre famille en pensent, votre vie vous appartient ! Vous êtes l'acteur de votre présent, le créateur de votre futur, votre propre héros.

- Qu'est-ce qui vous fait vibrer ?
- Au-delà de toute pensée limitante, définissez la personne que vous voulez devenir. Quelles améliorations souhaitez-vous apporter dans votre vie ? Décrivez vos motivations profondes.
- Préparez un plan d'action. Quelles étapes pour atteindre ces objectifs cibles ? Comme un escalier,

chaque marche doit vous permettre d'accéder à la suivante.

- Faites ce premier pas ! Lancez-vous dans la première étape.
- Continuez à avancer. Même si le rythme ralentit, restez concentré sur les motivations de vos objectifs. Les mots d'ordre : discipline à respecter (rituel, régularité), cap à tenir (objectifs, voie), honneur à conserver (loyauté, fidélité). Le désistement n'est pas une option.

« Je crois qu'on ne peut mieux vivre qu'en cherchant à devenir meilleur, ni plus agréablement qu'en ayant la pleine conscience de son amélioration (Socrate). »

Remerciements

Je tiens à remercier :
Philippe Mistral, pour m'avoir insufflé l'idée d'écrire ce livre et m'avoir lancée dans cette belle aventure.
Matthieu, pour tout ce que ces récits ne peuvent décrire.
Mes parents, qui m'ont donné des ailes pour voler vers mon bonheur.
Greg, pour avoir cru en nous.
Bernard Werber, pour sa bienveillance.
Jean-François Clervoy, pour son soutien et son enthousiasme.
Frédéric Veille, pour sa confiance.

Ce livre est le partage de mon vécu, inscrit dans le contexte du moment. Chacun des acteurs de ce récit, moi y compris, a fait leur bout de chemin, laissant place à une nouvelle énergie et à de nouvelles possibilités.
Aujourd'hui, la fédération a fait peau neuve et nous nous efforçons de mettre en lumière toute la beauté de notre sport.

Retrouvez l'autrice sur les réseaux sociaux :

Instagram : karinejoly.airwax

Facebook : Karine Joly

Youtube : Greg Crozier & Karine Joly

Retrouvez-nous sur les réseaux sociaux :

City Éditions

www.city-editions.com
@cityeditions
www.facebook.com/cityeditions/
@CityEditions
@cityeditions

Achevé d'imprimer en octobre 2024
sur les presses de la Nouvelle Imprimerie Laballery
58500 Clamecy
Numéro d'impression : 409440

Imprimé en France

La Nouvelle Imprimerie Laballery est titulaire de la marque Imprim'Vert®